THE CHINESE MIRACLE
IN THE NEW ERA −
A HUMANITARIAN
ECONOMICS PERSPECTIVE

新时代中国奇迹的人文经济学观察

新华通讯社
编著

新华出版社

图书在版编目（CIP）数据

新时代中国奇迹的人文经济学观察 / 新华通讯社编著 .
北京：新华出版社，2023.11
ISBN 978-7-5166-7176-4

Ⅰ.①新… Ⅱ.①新… Ⅲ.①中国经济—经济发展—研究 Ⅳ.① F124

中国国家版本馆 CIP 数据核字（2023）第 218983 号

新时代中国奇迹的人文经济学观察

编著：新华通讯社
出版发行：新华出版社有限责任公司
（北京市石景山区京原路 8 号　邮编：100040）
印刷：河北鑫兆源印刷有限公司

成品尺寸：170mm×230mm 1/16	印张：34.25　　字数：340 千字
版次：2024 年 8 月第 1 版	印次：2024 年 8 月第 1 次印刷
书号：ISBN 978-7-5166-7176-4	定价：98.00 元

版权所有·侵权必究
如有印刷、装订问题，本公司负责调换。

微店

视频号小店

抖店

京东旗舰店

扫码添加专属客服

微信公众号

喜马拉雅

小红书

淘宝旗舰店

目录

001 《新时代人文经济学》智库报告

065 高质量发展中的人文经济学观察

093 文润京华谱新篇
　　——人文经济视野下的北京观察

117 风起东方日日新
　　——人文经济视野下的上海观察

137 "一城千面"汇巴渝
　　——人文经济视野下的重庆观察

155 "赶考"之路启新程
　　——人文经济视野下的石家庄观察

175 **一城锦绣越千年**
——人文经济视野下的太原观察

195 **"冰城"缘何成"热点"？**
——人文经济视野下的哈尔滨观察

215 **双面"绣"姑苏**
——人文经济视野下的苏州观察

235 **太湖明珠，何以生辉**
——无锡高质量发展中的人文经济学观察

267 **满淮诗情征蓝海**
——人文经济视野下的淮安观察

297 **最"熠"是杭州**
——解码新时代杭州的人文经济学

321 **老绍兴　今更兴**
——人文经济视野下的绍兴发展观察

337 向新写意中国风
——人文经济视野下的黄山观察

359 山海"实"业共潮生
——人文经济视野下的烟台观察

379 赓续文脉　向"新"而行
——人文经济学"潍坊实践"

393 一城文韵共烟火
——人文经济视野下的开封观察

411 极目江城万象新
——人文经济视野下的武汉观察

433 风华正茂是长沙
——人文经济视野下的长沙观察

453 商都气脉雄如此
——人文经济视野下的广州观察

473 天马起势再奔腾
——人文经济视野下的武威观察

491 大江焕新颜
——人文经济学视野下的长江经济带高质量发展观察

513 奏响新时代的"弦歌之治"
——江苏人文经济学新实践

540 编后记

《新时代人文经济学》智库报告

2023年12月3日,《新时代人文经济学》智库报告在第五届世界媒体峰会发布。

智库报告总结了在推进中国式现代化过程中,以人民为中心、文化与经济交融互动的发展新范式,以大量实践案例阐释了人文与经济共生共荣的实践逻辑,探讨了推动人、文化、经济三大要素共同发展的方法论意义,回答了在全球经济复苏乏力、各种矛盾日益加深的当下,中国秉持人文理念、推动经济发展的时代价值。

报告全文约3万字,包括引言、一种发展的新范式、以人民为中心的发展旨归、人文经济共生共荣的生动实践、人文经济交融发展的方法论、创造人类文明新形态的世界贡献和结语等7个部分。

新时代中国奇迹的人文经济学观察

引 言

2023年8月15日是中国首个全国生态日。这一天，联合国前副秘书长兼环境规划署执行主任埃里克·索尔海姆再次来到阔别已久的浙江省湖州市安吉县。他发现，在"绿水青山就是金山银山"理念指引下，安吉让竹林变"碳库"，空气换"真金"，在走向绿色的同时也创造了文化经济的繁荣。2023年上半年，安吉旅游总收入已达225.2亿元。同时，良好的人文环境，助推安吉经济发展，"数字型""平台型"新经济企业积极入驻安吉，已有6家新经济企业上市。

安吉的变迁是观察中国式现代化蕴含的独特世界观、价值观、历史观、文明观、生态观等的一个窗口。以文化文明视角透视，中国式现代化的发展始终聚焦于"人"的因素，实现了创造主体和价值主体的内在统一。中国正在践行这样一种发展的新范式——新时代人文经济学。即：在现代化道路中融入人文底色，将经济发展和文化繁荣融合，从"人"的视角回答发展是为了谁、依靠谁、发展成果由谁共享的命题。

新时代人文经济学立足习近平新时代中国特色社会主义思想，以人民为中心，促进人文与经济交融互生，为实现中国式现代化，助推构建中华民族现代文明，创造人类文明新形态提供雄厚物质基础和磅礴精神动力。

新时代人文经济学以实现人民对美好生活的向往为出发点，以促进全体人民共同富裕为着力点，以人口高质量发展为动力源，以人与自然和谐共生为发展支撑点，将"以人民为中心"贯穿中国式现代化的发展全过程。

新时代人文经济学赋予经济发展深厚的人文价值，注重人文与经济的相互激荡、彼此生发。文化成为经济高质量发展的深厚底蕴和"催化剂"，以文化人、以文化物、以文化世，不仅实现自身繁荣，也带动经济、社会等整体繁荣，在现代化道路的探索中满足人民群众多样化、多层次、多方面的需求和期盼。

新时代人文经济学蕴含着深刻的方法论，围绕人、文化、经济三大要素，把握物质与精神、传统文化与现代文明传承发展、公平与效率、自立与互鉴等辩证关系，超脱以"物"为载体的社会客体性现代化，聚焦以"人"为载体的主体性现代化。

作为一种"世界通用语言"，新时代人文经济学的"版权"属于中国，但创新成就和迈向现代化的机遇属于全人类。新时代人文经济学回应经济学"人文回归"的呼声，打破经济增长的"人文悖论"，为世界经济注入"人文韧性"，传承发扬传统文化中的"人文基因"，以图增进人类命运共同体的"人文认同"，推动创造人类文明新形态、塑造世界文明新格局。

新时代中国奇迹的人文经济学观察

"起而明之,足以经济。"① 穿过数千年历史长河,中国语境中的经济学,始终承载着经世济民的使命和福济苍生、实现大同的终极梦想。

让经济融入人文,让人文浸润经济,让文明之光照耀世界、照亮未来。

第一章　一种发展的新范式

"第二个结合"是又一次的思想解放,让我们能够在更广阔的文化空间中,充分运用中华优秀传统文化的宝贵资源,探索面向未来的理论和制度创新。

——习近平

时代发展呼唤理论创新,理论创新引领时代发展。

中国共产党第十八次全国代表大会以来,以习近平新时代中国特色社会主义思想为根本遵循,中国共产党深刻把握人文与经济的融合互动关系,坚持以人民为中心的发展思想,大力推进中国特色社会主义文化建设,建设中华民族现代文明,为经济发展注入深厚人文底蕴,有力促进物的全面丰富和人的全面发展,不断丰富和发展人类文明新形态。在这一宏伟壮阔的实践中,逐渐探索形成一种发展的新范式——新时代人文经济学,为推进中国式现代化提供了坚实的文明逻辑。

---

① 《晋书·殷浩传》。

一、什么是新时代人文经济学

新时代人文经济学坚持以人民为中心的发展思想,以繁荣的中国特色社会主义文化赋予经济发展深厚的人文价值,推动文化与经济的交融互动、融合发展,揭示了高质量发展的根源动力,是认识中国式现代化的一把钥匙。

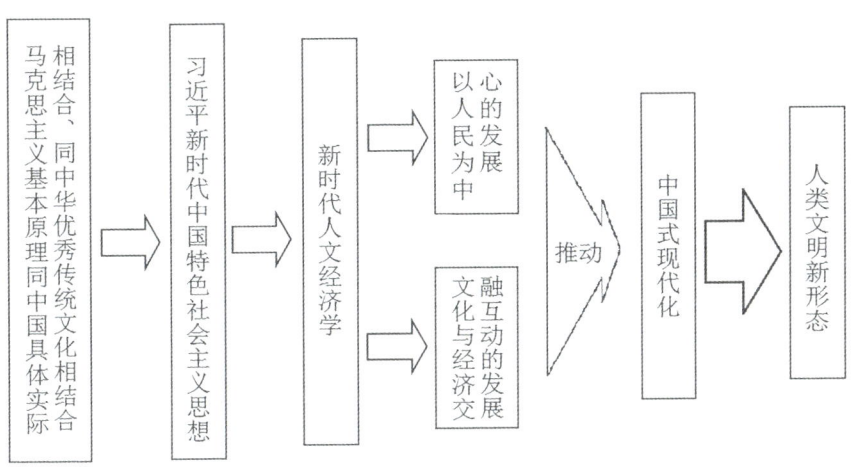

新时代人文经济学是马克思主义基本原理同中国具体实际相结合、同中华优秀传统文化相结合的智慧结晶。发展为了人民,是马克思主义政治经济学的根本立场。马克思主义政治经济学把劳动价值论作为理论基石,揭示了社会财富的真正源泉,把实现人的自由而全面的发

新时代中国奇迹的人文经济学观察

展作为价值目标,是典型的"以人为本"的发展学。在文化与经济的关系方面,马克思主义认为,经济基础决定包含文化在内的上层建筑,但同时上层建筑反作用于经济基础。

中华优秀传统文化与马克思主义高度契合,源远流长的中华文明蕴藏着的丰富民本思想与马克思主义人民立场价值理念相通。中共中央总书记、国家主席习近平在为《复兴文库》所作的序言指出:"修史立典,存史启智,以文化人,这是中华民族延续几千年的一个传统。"[1]早在距今两三千年前的商周时期,中国政治就开始了神本向人本的转化,产生了"民之所欲,天必从之"[2]等思想观点。春秋时期,老子曰:"圣人无常心,以百姓心为心。"孔子曰:"因民之所利而利之。"数千年来,"民惟邦本,本固邦宁"[3]等民本思想代代相传,始终是中国文化的重要特质。与此同时,中华民族自古就重视文化在国家治理和发展中的作用,《礼记·祭法》云:"文王以文治,武王以武功。"以文化人、安社稷而定天下,是古代中国为政施治的基本途径。

西方人文传统源于古希腊和古罗马,西方经济学创建之初,同样有着较多的人文内容。亚当·斯密认为,同情心是人的一种道德天赋,他关心劳动者的生存状况,"有大部分成员陷于贫困悲惨状态的社会,

---

[1] 习近平:《在复兴之路上坚定前行——〈复兴文库〉序言》,新华社,2022年9月26日。
[2] 《尚书·泰誓》。
[3] 《尚书·五子之歌》。

绝不能说是繁荣幸福的社会"①。经济与文化的关系也是诸多学者的研究内容。例如，被称为社会学三大奠基人的马克斯·韦伯在《新教伦理与资本主义精神》中认为，注重禁欲的基督教新教对现代西方资本主义的发展起到了重要推动作用。但随着理性主义兴起，西方经济学逐步忽视对人文价值、文化影响的研究，日益走入逻辑世界，"甚至走进一个数学模型构成的公式化世界，从而最终实现了去价值化，成为纯粹的科学经济学"②。对此，诺贝尔经济学奖获得者阿马蒂亚·森认为："随着现代经济学与伦理学之间的隔阂的不断加深，现代经济学已经出现了严重的贫困化现象。"③不少国外经济学家也在呼吁经济学的人文回归。美国经济学家迪尔德丽·南森·麦克洛斯基曾指出，"若想更好地发展经济学，我们需要构建人文经济学。与现有的经济学相比，人文经济学的理论性更开阔且更有力度，其实证性也更宽广且更严谨。"④

从人类的发展历史来看，经济及文明的发展总是波浪式前进、螺旋式上升的。在拥有五千多年文明史的中华大地上，中国共产党从"人类知识的总和"中汲取优秀思想文化，在新时代实践中不断创新和发展中国共产党的理论，逐渐形成新时代人文经济学。新时代人文经

---

① [英] 亚当·斯密著，郭大力等译：《国富论》，商务印书馆2014年版，第73页。
② 高德步：《中国经济学的人文转向》，《光明日报》2018年1月23日，第11版。
③ [印] 阿马蒂亚·森著，王宇等译：《伦理学与经济学》，商务印书馆2018年版，第13页。
④ [美] 迪尔德丽·N.麦克洛斯基著，赵晓曦译：《糟糕的经济学》，中译出版社2022年版，前言第1页。

新时代中国奇迹的人文经济学观察

济学强调,"站稳人民立场、把握人民愿望、尊重人民创造、集中人民智慧",以一系列具有鲜明时代性、原创性、系统性成果,开拓马克思主义政治经济学新境界。

——始终坚持以人民为中心的发展思想的经济学

中国共产党的十八届五中全会鲜明提出要坚持以人民为中心的发展思想,把增进人民福祉、促进人的全面发展、朝着共同富裕方向稳步前进作为经济发展的出发点和落脚点。[①]"江山就是人民、人民就是江山",人民立场是习近平经济思想的根本立场,充分体现在中国经济发展的奋斗目标、路径选择、主题主线等各方面。中国共产党的二十大报告强调,"必须坚持人民至上。人民性是马克思主义的本质属性,党的理论是来自人民、为了人民、造福人民的理论""维护人民根本利益,增进民生福祉,不断实现发展为了人民、发展依靠人民、发展成果由人民共享,让现代化建设成果更多更公平惠及全体人民"。

——充分吸收中华优秀传统文化"养分"的经济学

中国坚持马克思主义中国化时代化,深入推进中华优秀传统文化创造性转化、创新性发展,把马克思主义思想精髓同中华优秀传统文

---

① 习近平:《不断开拓当代中国马克思主义政治经济学新境界》,《求是》2020年第16期,第8页。

化精华贯通起来、同人民群众日用而不觉的共同价值观念融通起来，促进外来文化本土化，不断培育和创造新时代中国特色社会主义文化，为经济发展理论创新持续注入文化力量，为新时代人文经济学提供深厚底蕴。其中，中华优秀传统文化蕴含的"民惟邦本，本固邦宁"等民本思想，以及"辉光日新""天人合一""兼爱非攻""天下大同"等理念，与创新、协调、绿色、开放、共享的新发展理念高度契合。这些富有生命力的优秀文化因子，被赋予新的时代价值，成为人文经济学的重要内涵和思想宝库。

——推动文化繁荣与经济发展融合互动的经济学

文化和经济好比人类社会发展的两个车轮，经济奠定发展的物质基础，文化提供发展的动力和价值导向。习近平的系列重要论述不断强调发展中的文化作用："以高质量文化供给增强人们的文化获得感、幸福感""推动高质量发展，文化是重要支点""应对共同挑战、迈向美好未来，既需要经济科技力量，也需要文化文明力量"……在发展实践中，中国注重物质文明和精神文明相协调，既追求物质富足也追求精神富有。中共中央办公厅、国务院办公厅印发的《"十四五"文化发展规划》明确指出，必须进一步发展壮大文化产业，强化文化赋能，充分发挥文化在激活发展动能、提升发展品质、促进经济结构优化升级中的作用。

新时代中国奇迹的人文经济学观察

——共建共享共赢创造人类文明新形态的经济学

习近平指出:"中国式现代化,深深植根于中华优秀传统文化,体现科学社会主义的先进本质,借鉴吸收一切人类优秀文明成果,代表人类文明进步的发展方向,展现了不同于西方现代化模式的新图景,是一种全新的人类文明形态。"[①]中国提出构建人类命运共同体理念,创造性地提出一系列关于推动经济全球化健康发展的新理念新思想新战略,以中国新发展为世界提供新机遇,更好惠及各国人民。强调以文明交流超越文明隔阂、文明互鉴超越文明冲突、文明包容超越文明优越,提出全球文明倡议,推动不同文明之间平等交流、互学互鉴,"各美其美""美美与共",携手绘就现代化新图景,创造更加美好的人类文明新形态。

二、为什么提出新时代人文经济学

经济发展如何统筹好速度与质量?现代化的追求能否还原到"人的现代化"这一终极命题,并推动构建中华民族现代文明?发展总量不足、发展动能不足、分配失衡,导致发展成果无法实现普惠和共享,这样的全球发展赤字如何破解?新时代人文经济学,超脱以"物"为

[①]《习近平在学习贯彻党的二十大精神研讨班开班式上发表重要讲话强调 正确理解和大力推进中国式现代化》,新华社,2023年2月7日。

新时代人文经济学

载体的社会客体性现代化，聚焦以"人"为载体的主体性现代化，正在回答中国之问、世界之问、人民之问、时代之问。

——高质量发展的内生要求

进入新时代以来，中国经济实力实现了历史性跃升，但发展不是一帆风顺的，中国仍面临不少困难和问题，包括发展不平衡不充分问题突出，推进高质量发展还有许多卡点瓶颈等。从深层次上说，中国曾经的短缺经济和供给不足的状况已经发生根本性改变，在满足人民对美好生活的向往方面，总体上已经从"有没有"转向"好不好"。

针对经济发展中的问题，顺应社会主要矛盾历史性变化，中国提出并贯彻新发展理念，着力推进高质量发展，推动构建新发展格局，实施供给侧结构性改革。具有中国特色、时代内涵的人文经济学注重在发展中保障和改善民生，以高质量发展满足人们多样化、多层次、多方面的美好生活需要，努力推动全体人民共同富裕取得更为明显的实质性进展，促进人的全面发展、社会全面进步。

——实现中国式现代化的必由之路

新时代人文经济学是实现中国式现代化的发展学。

实现人的自由全面发展，是中国式现代化建设的终极追求。以人民为中心的新时代人文经济学，回答了人口规模巨大国家如何实现均衡发

新时代中国奇迹的人文经济学观察

展、共同富裕，如何避免发展不平衡、不充分的难题；人文与经济融合互动的新时代人文经济学，倡导精神文明与物质文明的协调发展、人与自然的和谐共生，着力避免发展不协调、不可持续；致力于构建人类命运共同体、创造人类文明新形态的新时代人文经济学，将视野投射到全人类和全世界，坚持走和平发展道路，塑造世界文明新格局。

中国式现代化是文明更新的结果，赋予中华文明以现代力量，中华文明赋予中国式现代化以深厚底蕴。新时代人文经济学有助于掌握历史主动，树立历史自信和文化自信，在新时代新征程上建设中华民族现代文明。

——全球发展赤字下的中国答卷

当前，国际形势的不稳定性、不确定性明显增加，经济全球化遭遇逆流，保护主义的负面效应日益显现，收入分配不平等、发展空间不平衡问题突出，发展赤字有增无减。

新时代人文经济学，是破解全球发展赤字的"中国方案"，为世界希望保持自身独立性的国家和民族提供了全新的选择，为更多发展中国家探索适合自己的现代化道路增添了信心。

面对全球发展赤字，中国聚焦发展为了谁、依靠谁、成果由谁共享，强调人在发展中的主体地位和主观能动性，坚持创新驱动，打造富有活力的增长模式；聚焦全人类的命运何去何从，坚持协同联动，

打造开放共赢的合作模式，坚定支持经济全球化；坚持与时俱进，打造公正合理的治理模式；坚持公平包容，打造平衡普惠的发展模式，让世界各国人民共享经济全球化发展成果。

第二章 以人民为中心的发展旨归

以人民为中心的发展思想，不是一个抽象的、玄奥的概念，不能只停留在口头上、止步于思想环节，而要体现在经济社会发展各个环节。要坚持人民主体地位，顺应人民群众对美好生活的向往，不断实现好、维护好、发展好最广大人民根本利益，做到发展为了人民、发展依靠人民、发展成果由人民共享。

——习近平

"民惟邦本，本固邦宁。"

新时代人文经济学，充分吸收了中华优秀传统文化中源远流长的民本思想，深刻把握以人民为中心的发展旨归，是为人民谋幸福的思想体系与时代实践。

"以古人之规矩，开自己之生面。"[①]

新时代人文经济学，将"以人民为中心"贯穿中国式现代化道路

[①] 《芥舟学画编·摹古》。

新时代中国奇迹的人文经济学观察

的发展全过程：政在养民，以实现人民对美好生活的向往为发展的出发点；富民为始，以促进全体人民共同富裕为发展的着力点；功以才成，业由才广，以人口高质量发展、人才强国为发展的动力源；天人合一，以人与自然和谐共生为发展的支撑点。

一、政在养民：以实现人民对美好生活的向往为发展出发点

新时代人文经济学坚持以实现人民对美好生活的向往为出发点，部署经济工作、制定经济政策、推动经济发展，加快高质量发展，把高质量发展成果转化为人民高品质生活，不断把为人民造福事业推向前进。

中共十八大以来，以习近平同志为核心的党中央顺应人民对美好生活的新期盼，将高质量发展作为全面建设社会主义现代化国家的首要任务，将人民幸福安康作为推动高质量发展的最终目的，不断增强人民群众的获得感、幸福感、安全感。

——在推动高质量发展中不断提高居民收入

"2012年67500元、2015年83500元、2018年99000元、2022年115500元……"翻开江西省新余市渝水区姚圩镇湾里村彭家村小组村民彭金华家的"家庭账本"，家里收入情况记得清清楚楚。

新时代人文经济学

彭家村小组是中国农村固定观察点之一，自上世纪80年代开始，包括彭金华在内的50位农户将每天家庭生产生活收支情况，详细记录在记账手册上。

中共十八大以来，中国经济发展中的两条曲线引人关注：一条是GDP增长曲线——从2012年的52万亿元跃升至2022年的121万亿元，另一条是全国居民人均可支配收入增长曲线——从2012年的16510元增至2022年的36883元。[①]

面向未来，中国继续将"居民收入增长与经济增长基本同步"作为经济社会发展的主要目标之一。中国社会科学院经济研究所所长黄群慧说："居民收入增速与GDP增速总体持平这个目标，意味着老百姓充分享受到发展红利。"

——在推动高质量发展中满足人民美好生活需要

今天的中国，人们常谈起餐桌上的新变化：过去只要能"吃饱"就行，农产品主要看产量，如今则越来越追求"吃好"，农产品更多看质量。

进入新时代，中国社会主要矛盾转化为人民日益增长的美好生活需要和不平衡不充分的发展之间的矛盾。顺应这一变化，中国以供给

[①] 国家统计局：《国家统计局关于2012年GDP（国内生产总值）最终核定的公告》；《2022年四季度和全年国内生产总值初步核算结果》。

新时代中国奇迹的人文经济学观察

侧结构性改革为主线,推动高质量发展,不断满足人民的多样化、多层次、多方面需求。

从商超货架品类繁多的优质农产品,到群众家用的手机、空调、新能源汽车,再到乡村兴起的高端民宿……中国立足新发展阶段、贯彻新发展理念、构建新发展格局,加快高质量发展,以高质量供给满足日益升级的中国市场需求。

以汽车为例,随着国产新能源汽车产业的发展,作为现代生活象征之一的汽车加速进入中国寻常百姓家,平均每4个人就拥有1辆汽车。2022年,中国自主品牌乘用车市场占有率接近50%,其中自主品牌新能源乘用车市场占有率79.9%。

高质量发展与高品质生活形成良性循环。统计数据显示,进入新时代,中国消费结构不断优化升级,最终消费支出占国内生产总值的比重连续11年保持在50%以上,国内消费需求成为拉动经济增长的主引擎。

——在推动高质量发展中保障和改善民生

翻开中国的"国家账本",近年来,全国财政支出70%以上用于民生。以2022年为例,教育支出占全国一般公共预算支出15.1%,社会保障和就业支出占14.1%,卫生健康支出占8.7%,农林水支出占

8.6%，一般公共服务支出占8.1%，城乡社区支出占7.4%[①]。

既通过促进高质量就业增加群众收入、创造高质量供给满足人民美好生活需要，又为保障和改善民生奠定更加坚实的物质基础，中国坚持在高质量发展中保障和改善民生。

今日中国，已建成世界上规模最大的教育体系、社会保障体系、医疗卫生体系，并在更高水平上为实现幼有所育、学有所教、劳有所得、病有所医、老有所养、住有所居、弱有所扶持续用力，不断把满足人民对美好生活的向往变为现实。

二、富民为始：以促进全体人民共同富裕为发展着力点

全体人民共同富裕是中国式现代化道路的重要特征。如何在高质量发展中促进共同富裕，是新时代人文经济学回答的重要问题之一。翻开世界经济史，市场经济是强国富民的可行路径，但过分强调市场竞争往往导致贫富两极分化。

在中国，共同富裕不是空泛的政治宣誓，而是一个政党团结带领全体人民进行的一场伟大社会变革：有效市场和有为政府协同发力，全国人民共同奋斗把"蛋糕"做大做好，并通过合理的制度安排把

---

① 中国政府网转引财政部网站：《2022年财政收支情况》。

"蛋糕"切好分好。

——分配制度是促进共同富裕的基础性制度

2023年7月,中国人力资源和社会保障部公布全国各地最低工资标准,共有15个省份第一档月最低工资标准在2000元及以上,而十年前各地最低工资标准最高仅1500元。

中国致力于统筹效率和公平,不断完善分配制度,扩大中等收入群体比重,增加低收入群体收入,合理调整高收入群体税费征收办法,不断缩小城乡、地区和不同群体间收入差距。例如,从2012年到2022年,中国城乡居民收入比从2.88缩小至2.45。

——促进共同富裕,重在共同,也难在共同

凉山曾被称为"中国最贫困角落"之一。2023年全国两会上,位于大凉山深处的四川省凉山彝族自治州布拖县阿布洛哈村党支部书记吉列子日拿出的三张照片引人注目——照片中,2005年,乡亲们住的是小木屋;2007年,大家住上了土坯房;2020年村庄通了路,建起了楼房,还拥有了活动室和卫生室。

中共十八大以来,中国组织实施了人类历史上规模最大、力度最强的脱贫攻坚战,让9899万农村贫困人口全部脱贫,创造了人类减贫史上的奇迹。随着脱贫攻坚战的胜利,一个个像阿布洛哈村这样

的偏远村庄翻越世代难以逾越的"贫困大山",贫困群众的生活变了大模样。

从脱贫攻坚到乡村振兴;从实施西部大开发,到振兴东北老工业基地,再到推动中部地区崛起;从开展对口帮扶到深化东西部协作……中国制定出台和持续推进一系列国家和区域发展战略,着力解决各领域不平衡不充分发展的问题。

——推进共同富裕是一项长期艰巨、需要不断探索的系统工程

"市场上卖3毛钱一斤的榨菜,工坊还是按5毛钱收购?"在浙江省湖州市德清县新安镇宅十堂农创基地"共富工坊",老板沈琦面对村民的询问总是耐心解答:多出的2毛钱是鼓励他们安心种菜,让"共富工坊"有稳定的原材料。浙江共建成"共富工坊"5599家,吸纳27.8万农民就业,人均月增收约2600元。

中国在全国范围内稳步推进共同富裕的同时,选择基础条件较好的浙江建设共同富裕示范区,探索促进共同富裕的政策举措。"共富工坊"、农村科技特派员、山海协作……今年,中国国家发改委总结了浙江高质量发展建设共同富裕示范区第一批六个方面十条典型经验做法,面向全国推广。

新时代中国奇迹的人文经济学观察

三、功以才成，业由才广：以人口高质量发展为发展动力源

2023年5月30日，甘肃酒泉，神舟十六号载人飞船成功飞天。3名航天员中，年仅37岁的北京航空航天大学教授桂海潮格外引人关注。

桂海潮出生在中国西南边陲云南施甸县，一个寂寂无名的小镇，通过刻苦学习，他成为中国空间站首位载荷专家，实现了儿时梦想。他的成长故事激励了无数青年，成为中国重视人才培养、重视人口高质量发展的一个缩影。

习近平指出，人口发展是关系中华民族伟大复兴的大事，必须着力提高人口整体素质，以人口高质量发展支撑中国式现代化。[①]"国有贤良之士众，则国家之治厚；贤良之士寡，则国家之治薄。"[②]中国传统治理文化历来都把人才视为国家兴衰的关键因素。

新时代人文经济学，坚持人是经济社会发展全要素投入中最具活力、最具创造性、最具能动性的要素，以人口的高质量发展不断激发人民群众的积极性、主动性和创造性，为发展提供源源不竭的动力。

教育是提升人口素质的重中之重。当前，中国已建成包括学前教

[①]《习近平主持召开二十届中央财经委员会第一次会议强调 加快建设以实体经济为支撑的现代化产业体系 以人口高质量发展支撑中国式现代化》，新华社，2023年5月5日。
[②]《墨子·尚贤》。

新时代人文经济学

育、初等教育、中等教育、高等教育等在内的世界规模最大的教育体系，教育现代化发展总体水平跨入世界中上国家行列。2022年，中国九年义务教育巩固率、高中阶段毛入学率分别达到95.5%、91.6%。

"地球褶皱"横断山区里的云南省怒江州山高谷深、沟壑纵横，曾是中国贫困程度最深的"三区三州"之一，人均受教育年限仅7年多。2016年，怒江在云南率先实施覆盖从学前教育到高中阶段的14年免费教育，有力保障了当地各民族学生受教育的权利。

"沿着怒江大峡谷行走，沿途每个乡镇、村寨，最漂亮的建筑几乎都是学校。"怒江州泸水市大兴地镇格力小学校长吴金凤自豪地说。

如今的中国，接受高等教育的人口超过2.4亿，新增劳动力平均受教育年限达14年，技能劳动者总量超过2亿人，高技能人才超过6000万人。中国已成为全球规模最宏大、门类最齐全的人才资源大国。

"聚天下英才而用之。"随着人口高质量发展的不断推进，中国数以亿计各类人才的积极性、主动性、创造性正被不断激发。

科技部数据显示，中国研发人员总量从2012年的325万人提高到2022年的超过600万人，规模多年保持世界首位；全社会科技研发经费支出从2012年的1万亿元增加到2022年的3.09万亿元；中国的全球创新指数排名从2012年的第34位上升至2022年的第11位，成功进入创新型国家行列。

四、天人合一：以人与自然和谐共生为发展支撑点

每到夏日，被誉为广州"绿心"的海珠国家湿地公园内绿树成荫、碧波荡漾。

占地1100公顷的海珠湿地是中国特大城市中面积最大的城市中央湿地。在寸土寸金的城区保留如此大面积湿地，不仅没有影响经济，反而提升了区域核心竞争力。湿地旁的琶洲人工智能与数字经济试验区，目前已吸引50多家互联网、数字经济企业入驻。

"绿水青山就是金山银山。"新时代人文经济学，坚持良好生态环境是最公平的公共产品，是最普惠的民生福祉。经济发展不能以破坏生态为代价，生态本身就是经济，保护生态就是发展生产力。

习近平指出，纵观人类文明发展史，生态兴则文明兴，生态衰则文明衰。工业化进程创造了前所未有的物质财富，也产生了难以弥补的生态创伤。杀鸡取卵、竭泽而渔的发展方式走到了尽头，顺应自然、保护生态的绿色发展昭示着未来。[1]

中共十八大以来，中国把生态文明建设作为关系中华民族永续发展的根本大计，开展了一系列开创性工作，美丽中国建设迈出重大步伐。

---

[1] 《习近平在2019年中国北京世界园艺博览会开幕式上的讲话》，新华社，2019年4月28日。

十年来，中国重点城市PM2.5平均浓度下降57%。2022年，中国地级及以上城市空气质量优良天数比例达86.5%，中国成为全球大气质量改善速度最快的国家；全国累计造林10.2亿亩，森林覆盖率达到24.02%，为全球贡献了约1/4的新增绿化面积，成为全球森林资源增长最快最多的国家；中国地表水优良水质断面比例提高23.8个百分点，2022年达87.9%，已接近发达国家水平。

经过顽强努力，中国天更蓝、地更绿、水更清，万里河山更加多姿多彩。

全长5000多公里的中华民族"母亲河"黄河，在历史上曾频繁发生洪灾、断流等自然灾害。遥感调查评估最新结果显示，黄河流域植被覆盖度显著增加，"绿线"向西移动约300公里。2022年，黄河干流首次全线达到Ⅱ类水质，实现连续23年不断流，"母亲河"重焕光彩。

生态文明孕育绿色发展。中共十八大以来，中国单位GDP二氧化碳排放量下降34.4%，煤炭在一次能源消费中的占比从68.5%下降到了56%，单位GDP能耗下降26.4%，是全球能耗强度降低最快的国家之一。

与此同时，中国可再生能源开发利用规模、新能源汽车产销量都稳居世界第一。可再生能源发电装机容量突破10亿千瓦，风、光、水、生物质发电装机容量稳居世界第一；2022年，中国新能源乘用车

产量超过 700 万辆，占据世界新能源车 63%，为中国经济高质量发展与转型注入新动力。

"中华文明历来崇尚天人合一、道法自然，追求人与自然和谐共生"[①] 习近平说。一脉相承于中华优秀传统文化的生态文明，已成为中国式现代化的重要支撑、中华民族现代文明的亮丽底色。

第三章 人文经济共生共荣的生动实践

上有天堂下有苏杭，苏杭都是在经济发展上走在前列的城市。文化很发达的地方，经济照样走在前面。可以研究一下这里面的人文经济学。

——习近平

新时代人文经济学在中国大地上的一系列实践，生动阐释了人文与经济"交融互动、融合发展"的鲜明特征。赓续千年文脉，凝聚高质量发展澎湃动能，人文因为经济加持而焕发无限生命力，经济因为注入人文含量而具有更高价值。立足马克思主义基本原理同中华优秀传统文化相结合，作为世界第二大经济体的中国在发展中始终高举人文旗帜，努力实现"中华传统文明"向"中华民族现代文明"的延续和跃升。

---

① 《习近平在"领导人气候峰会"上的讲话》，新华社，2021 年 4 月 22 日。

一、以文化人：人文是经济发展的深厚底蕴

在 5000 多年文明发展中孕育的中华优秀传统文化，在中国共产党和中国人民伟大斗争中孕育的革命文化和社会主义先进文化，积淀着中华民族最深层的精神追求，代表着中华民族独特的精神标识。这正是中国经济发展最深厚的根基和底蕴。

——赓续文脉塑造独特经济形态

中国是世界上历史最悠久的国家之一，有 5000 多年源远流长的文明历史，是世界古代文明中唯一没有中断而延续至今的。独特的历史文脉塑造了一方水土独特的经济形态，赋予适应自身的经济发展模式，也成为其经济转型升级的深层动力。

长江是中华民族的"母亲河"。千百年来，长江流域以水为纽带，形成了完整的自然经济社会大系统，造就了从巴山蜀水到江南水乡的千年文脉。

为了让"母亲河"生机盎然、焕发新颜，传承保护好中华文明起源和发展的核心区域，中共十八大以来，中国启动系统治江方略，以"共抓大保护、不搞大开发"为导向，沿线省份推进生态环境整治，促进经济社会发展全面绿色转型。"星垂平野阔，月涌大江流。"1000多年前唐朝诗人杜甫诗中描绘的情景，如今在壮阔的三峡库区得以重现。

新时代中国奇迹的人文经济学观察

"长江经济带"正在成为中国生态优先绿色发展主战场、畅通国内国际双循环主动脉、引领经济高质量发展主力军。

开放包容、兼收并蓄，中华文明具有突出的包容性。沿着古丝绸之路，中国的丝绸、瓷器、漆器、铁器传到西方，也传来了胡椒、亚麻、葡萄、石榴等域外物产；佛教、伊斯兰教及阿拉伯的天文、历法、医药传入中国，中国的科技发明、养蚕技术也经此传向世界。

古丝绸之路绵延千年，积淀了以和平合作、开放包容、互学互鉴、互利共赢为核心的丝路精神。结合新的历史条件，继承和发扬丝路精神，中国提出共建"丝绸之路经济带"和"21世纪海上丝绸之路"倡议，唤起了历史记忆，赋予了古丝绸之路以全新的时代内涵。

连接亚非欧的古老商贸之路焕发新生，持续造福参与共建"一带一路"的各国人民。"一带一路"所经过的中国重点省份和节点城市，也在跨文化交融中走出了开放经济的特色之路。以"丝路重镇"敦煌为例，通过建设甘肃自贸试验区敦煌片区，打造进出口物流集散中心、商业供应链中心等，在绵延文脉气韵的同时，口岸通道经济发展驶入快车道。

——文化繁荣助推经济高质量发展

推动高质量发展，文化是重要支点。在新时代人文经济学的实践中，文化繁荣绝不是孤立的，而是始终与经济、政治、社会、生态文明的繁荣融为一体。统筹推进新时代"五位一体"总体布局，坚持新

发展理念，以高品质文化赋能经济高质量发展。

一座姑苏城，半部江南诗。城门排列、街巷纵横、水道交错，历经岁月沧桑，这座城市的历史和文化记忆却得以保存延续。2023年7月，习近平在江苏考察时说："苏州在传统与现代的结合上做得很好，这里不仅有历史文化的传承，而且有高科技创新和高质量发展，代表未来的发展方向。"①

在苏州，昆曲、古琴、宋锦、缂丝、香山帮传统建筑营造技艺、苏州端午习俗、碧螺春……垒筑起"虽由人作，宛自天开"的鼎盛人文景象。人文与经济共生共荣，打开了新的发展空间，创造了新的发展可能。厚文之"道"与精工之"技"融为一体，历史上造就驰名中外的苏工、苏作，如今则催生一大批高精尖产业，造就苏州产业之城、创新之城、开放之城的"硬实力"。

"上有天堂，下有苏杭。"读懂中国新时代人文经济学的另一个绝佳样本，在杭州。

西湖、西溪、钱塘潮，越剧、丝绸、茶文化，科创、文旅、互联网……2003年以来，杭州的GDP以年均12%左右的增速翻了9倍，在中国各城市中名列前茅。深厚的历史文化底蕴、和谐友善包容的人文环境，构成了这座城市的核心吸引力。

---

① 《"把中国式现代化的美好图景一步步变为现实"——习近平总书记考察江苏纪实》，新华社，2023年7月8日。

新时代中国奇迹的人文经济学观察

2023年金秋九月，杭州第19届亚运会顺利召开。当"更快、更高、更强——更团结"的奥林匹克格言与中华文明激情相遇，体育竞技之美与千年古都之韵相映生辉。锚定"办好一个会、提升一座城"目标，杭州让体育流量化为发展质量，让赛事红利化为经济效益，让体育竞技的魅力成为激发经济活力的关键触媒，在共同富裕示范区为世界打造一个"绿色、智能、节俭、文明"的国际赛事样板。

"文化的力量，或者我们称之为构成综合竞争力的文化软实力，总是'润物细无声'地融入经济力量、政治力量、社会力量之中，成为经济发展的'助推器'、政治文明的'导航灯'、社会和谐的'黏合剂'"。[①]"天堂之城"的新时代高质量发展，始终由习近平新时代中国特色社会主义思想做引领，杭州的历史文化做铺垫，浙江的现代文明做基础。

——坚定文化自信彰显大国风范

中华民族的历史文脉深刻地融入了中国人的现代生活，山水人文交汇成现代宜居之地，文化自信构筑起中华民族共有的精神家园。这正是中国作为世界第二大经济体却从未自矜自傲、故步自封，而是坚持守正创新、谦和包容的底气。

中国首都北京，有3000多年建城史、870年建都史，不仅见证了

---

① 习近平：《之江新语》，浙江人民出版社2007年8月，第149页。

中华文明的源远流长，更彰显出中华民族深厚的文化底蕴。中共十八大以来，北京按照全国文化中心建设"一核一城三带两区"的总体框架，涵养源远流长的古都文化、丰富厚重的红色文化、特色鲜明的京味文化、蓬勃兴起的创新文化，把历史文化保护传承与高质量发展相结合，在新时代延续传承、开放包容、守正创新，展现出了大国首都的文化自信与人文气象。①

历经逾7个世纪，北京中轴线延续至今，这份活态文化遗产始终与行走在这片土地上的人们相融共生。中国共产党历史展览馆、中国国家版本馆、故宫博物院、亮马河"国际风情水岸"、国家文创实验区……北京的每一方街市、每一处山水、每一道天际轮廓线，都在延续着家国记忆。古长城、交响乐、京韵鼓、红旗颂……北京将中华优秀传统文化讲得更明白、用得更精彩，让"中国节"变成了"世界节"，让中国元素在世界舞台焕发光彩。

上海，中国经济发展的重要增长极和动力源，正在深化建设国际经济、金融、贸易、航运和科技创新中心。红色文化、海派文化、江南文化在这里激荡交融，文创产业、会展服务、国际赛事彰显着"海纳百川、大气谦和"的文化自信。

兴业路76号，中共一大会址，历经百余个春秋却芳华依旧。一旁

---

① 《文脉千秋铸京华——解码首都北京的文化自信样本》，新华社，2023年6月12日。

的新天地商业街区流光溢彩，与中共一大纪念馆构成开放型、街区型文化空间。现在这里已成为越来越多中国人心中最具魅力的文化地标之一。而位于上海西郊的国家会展中心（上海），主体建筑造型犹如伸展柔美的"四叶幸运草"，每年吸引全球顶级企业如约而至，成为新的国家名片。作为全球首个以进口为主题的国家级展会，每年在上海举办的进博会不仅是国际采购、投资促进的重要平台，更促进了全球人文交流和开放合作。

二、以文兴业：文化是经济发展的重要内容

中国式现代化是物质文明和精神文明相协调的现代化。深入挖掘文化价值、创新文化表现形态、推动文化与其他经济业态深度融合，新时代人文经济学的实践中，文化不断提升经济活动的附加值，激活创造力、提升发展品质、促进经济结构优化升级。

——文化创新创造增加经济社会价值

丝绸与瓷器是世界认识中国、中国走向世界的文化符号。起源于12世纪的宋锦是丝绸中三大名锦之一。近代以来宋锦制作技艺几近失传，如今经过苏州一家丝绸企业多年钻研，不仅成功复制宋锦，还实现了机器织造。"重生"的宋锦以全新姿态走向世界舞台，进入寻常百姓家。

中国瓷都江西景德镇，千年瓷文化遇到现代文创产业，5.8万家手工制瓷作坊遍布全城，一条文创街区就入驻了创客2万多名、孵化创业实体2902个、带动上下游10万余人就业。文化与产业的相映生辉吸引了来自美国、法国、新加坡、韩国等国的艺术家、爱好者们纷纷来景德镇驻场创作，高峰时"洋景漂"达5000多人，形成了独特的"文化移民"现象。

历史文化遗产生动述说过去，深刻影响当下和未来。中共十八大以来，中国实施中华优秀传统文化传承发展工程、推动中华文明探源研究、创新中华传统文化表达形式，让收藏在深宫里的文物、陈列在广阔大地上的文化遗产、书写在古籍里的文字都活起来，全民族文化创新创造活力不断迸发。

一滴水可以见太阳，透过一座古城可以观察整个中国。漫步在有着2800多年历史的山西平遥古城，青砖黛瓦、古道悠长。从分布在城内的文物古建，到时间累积下的地域民俗文化，原真性和完整性保护传承，是这座世界文化遗产之城的生命。在传统文化的土壤上，摄影展、电影展、雕塑节等现代文化形式生根发芽，成为古城在新时代的名片，同时带动当地经济发展。

中华优秀传统文化的创造性转化、创新性发展成为激活当前经济社会发展的"一池春水"。放眼全国，"文博热""非遗热""传统节日热"蔚然成风，国潮文创、古风汉服成为新时尚，《唐宫夜宴》《只此青绿》等饱含中华审美特色的文艺作品叫好叫座，文化带动经济发展，滋养人民精神，构成人文经济新形态。

——文化供需两旺提升经济社会活力

进入新发展阶段，人们在满足物质需求的同时，越来越重视精神需求，满足人民美好生活需要的文化消费需求与日俱增。文以化人，文化消费通过产品和服务传达价值观念、人文素养和思想情感，创造经济收益，更充实了人们的精神世界，提升文化自信。

"诗在，长安就在。"国产动画电影《长安三万里》，用诗人高适与李白的人生追求、家国情怀和贯穿全片的48首唐诗，引发起中国人的情感和文化共鸣，截至2023年8月31日，该片票房突破18亿元，成为2023年电影暑期档中的一匹"黑马"。

令人惊叹的不仅是这部动画电影的高票房，更是由它引起的一系列文化现象：电影院变成孩子们的"大型背诗现场"、《长安诗选》等衍生品脱销、电影中的传统服饰和舞蹈引发众人模仿……一次文化消费可以成为一颗种子，在人们心中种下文化记忆、文化自信。

从经济活动本身来看，满足人民美好生活需要的文化消费需求与日俱增，当不断升级的文化需求，遇到全球第二大消费市场，将为文化产业发展打开广阔的新空间，增强经济发展的韧性和活力。

2023年火爆的演出市场就是例证。中国演出行业协会发布的

《2023上半年全国演出市场简报》显示，2023年上半年，全国营业性演出（不含娱乐场所演出）场次19.33万场，与2022年同比增长400.86%；演出票房收入167.93亿元，与2022年同比增长673.49%；观众人数6223.66万人次，与2022年同比增长超10倍。其中，大型演唱会带动跨城观演拉动旅游消费，满足多样化文化需求，融合演艺、餐饮、旅游等多业态的演艺新空间提振综合消费，在城市步行街、便利店"一大一小"供需旺盛，充分展现文化消费的聚合效应。

文化消费需求不仅属于中国，更属于全人类。一款来自中国的游戏《原神》已在全球100多个国家和地区上线，并在2021年至2022年成为海外社交平台推特上用户讨论热度最高的游戏之一。甚至连特斯拉CEO马斯克都曾在社交媒体上称："迫不及待进入《原神》的世界了。"带有浓厚中国色彩的剧情、场景和细节赋予这款游戏深厚的文化底蕴，让全球玩家在审美享受中畅想游戏乐趣。游戏、小说、影视剧等一批文化产品从国内火到海外，为全世界认识中国开辟了新的窗口。

——"文化+"助力消费升级产业转型

文化是高质量发展的增量也是引擎。随着时代变化，人们在选择消费产品和生活服务时，越来越追求功能价值之外的情感价值、符号价值等文化价值。为产品、产业注入文化因子，助力供给侧结构性改革，促进了经济活跃、消费升级。

中共二十大报告指出，"坚持以文塑旅、以旅彰文，推进文化和旅游深度融合发展。""诗"与"远方"激活了人们文旅消费需求。来自文化和旅游部的数据显示，2023年上半年，国内旅游总人次为23.84亿，国内旅游收入（旅游总花费）2.3万亿元，同比增幅分别为63.9%、95.9%。

陕西西安，千年唐风引人驻足。华灯初上，大雁塔下，大唐不夜城步行街流光溢彩、人头攒动。两公里的长街上，仿唐建筑群高大富丽，数十台唐文化主题演艺和行为艺术一步一景，游客换上唐装汉服沉浸在大唐盛景之中。这座拥有3100多年建城史、1100多年建都史的古城，已将文旅产业作为彰显中华文明、打造世界人文之都的重要抓手。

近年来，文化产业和旅游产业在业态、产品、市场方面呈现蓬勃发展趋势，旅游演艺、红色旅游、乡村旅游、文化遗产旅游等融合业态蓬勃兴起。

在产业融合背景下，文化要素与经济社会各领域广泛、深度融合，文化从艺术、新闻、影视、出版等传统领域迈向创新赛道。

在第十九届中国（深圳）国际文化产业博览交易会中，"文化＋科技""文化＋创意""文化＋制造业"等新产品引人注目，展现了文化新业态为高质量发展带来的新机遇，让更多的"中国制造"变为"中国创造"。2022年，中国文化产业实现营业收入165502亿元，其中数字出版、动漫、游戏数字内容服务、可穿戴智能文化设备制造等文化

新业态特征较为明显的16个行业小类实现营业收入50106亿元，比2021年增长6.7%，增速快于全部文化产业5.7个百分点。[①]文化新业态的发展壮大有力推动产业转型升级和结构优化。

三、文化赋能：文化赋予经济发展驱动力

从文化遗产传承的生产经验，到人文理念积蓄的发展效能；从民族精神迸发的前进动力，到价值体系引领的发展方向，文化凝聚起了中国建设社会主义现代化国家的强大向心力，汇聚成以中国式现代化全面推进中华民族伟大复兴的澎湃动力。

——激发精神动力

"没有先进文化的积极引领，没有人民精神世界的极大丰富，没有民族精神力量的不断增强，一个国家、一个民族不可能屹立于世界民族之林。"[②]以文化引领高质量发展，不仅是让人民获得精神上的享受与富足，更是在发展实践中构建出新的价值谱系，并以此激发个人奋斗、

[①] 国家统计局：《2022年全国文化及相关产业发展情况报告》。
[②] 中共中央党史和文献研究院、中央学习贯彻习近平新时代中国特色社会主义思想主题教育领导小组办公室编：《习近平新时代中国特色社会主义思想专题摘编》，中央文献出版社、党建读物出版社2023年版，第305页。

民族奋进的不竭动力。

2023年7月6日，苏州平江历史文化街区，一家商铺内，习近平见到了正在飞针走线的苏绣代表性传承人卢建英。当得知有的苏绣作品需要耗时一年完成时，他感慨道："中华文化的传承力有多强，通过这个苏绣就可以看出来。像这样的功夫，充分体现出中国人的韧性、耐心和定力，这是中华民族精神的一部分。"

敲响中国土地拍卖"第一槌"、率先推进证券交易所集中交易、成立第一家外汇调剂中心……作为中国改革开放的排头兵、先行地、实验区，深圳经济特区创造出约一千个"国内第一"，实现了由一座边陲小镇到具有全球影响力的国际化大都市的历史性跨越。英国《经济学人》曾这样评价："全世界超过4000个经济特区，头号成功典范莫过于'深圳奇迹'。""深圳奇迹"的背后是敢闯敢试、敢为人先、埋头苦干的特区精神。如今被赋予了中国特色社会主义先行示范区综合改革试点新使命、新任务的深圳正秉持着特区精神续写更多"春天的故事"。

中华优秀传统文化积淀着中华民族最深层的精神追求，代表着中华民族独特的精神标识。其中，民惟邦本、丹心报国、革故鼎新、天道酬勤、仁义礼智信等民族精神构成了中华民族的文化品格；革命文化中，建党精神、井冈山精神、长征精神、延安精神、西柏坡精神等引领中华民族实现独立；社会主义先进文化中，红旗渠精神、特区

精神、载人航天精神、劳模精神等推动中国创造经济快速发展的世界奇迹。

站上新起点、扬帆新征程，战胜前进道路上的各种风险挑战，文化是重要力量源泉。中华文化历经风雨，在实践中迸发出强大精神力量，让中华民族的精神家园愈加牢固，文化自信愈加坚定。

——实现价值引领

中华优秀传统文化和传统美德是培育社会主义核心价值观、建设中华民族现代文明的"重要源泉"。中国历来十分重视文化对经济发展的价值引领作用，在政府确立经济发展目标规划、出台经济社会政策和重大改革措施时，在企业和经济组织开展各项生产经营活动时，都必须遵循社会主义核心价值观的要求，注重经济行为和价值导向、经济效益和社会效益的有机统一，实现市场经济和道德建设的良性互动。与此同时，努力让社会主义核心价值观的基本内容，成为全体人民的情感认同和行为习惯。

倡导爱岗敬业、无私奉献，在奋斗中创造精彩人生。工厂车间，有苦练本领、精益求精的青年"蓝领"，让"中国制造""中国创造"走向世界；田间地头，有"90后""00后""新农人"寒耕暑耘、精耕细作，努力把中国人的饭碗牢牢端在自己手里；建筑工地，有青年农民工不畏辛劳、夜以继日，创造了中国"一夜高楼拔地起"的建筑奇迹……

倡导诚实守信、踏实办事，有利于自己更要有利于他人。"人而无信，不知其可也。"在中国人的价值观里，诚信是安身立命、治国安邦之根本。作为儒家思想发源地的山东曲阜，不断探索实践优秀传统文化与新时代诚信文化、社会信用体系建设融合发展的新路径，将诚信建设与新时代美德健康生活、乡村振兴等农村重点工作相结合，通过鼓励村民树立好家风、日常做好人好事等来推动乡村诚信建设。

倡导和谐友善、互帮互助，发挥公益慈善的力量。以自愿捐赠的形式参与并支持慈善事业，成为先富群体和责任企业的共同选择，也是更好发挥慈善在第三次分配中作用的重要途径。中国传统慈善文化源远流长，早在东汉时期就有了济贫、赈灾等民间慈善救济事业。而如今，越来越多的中国企业家和普通百姓，愿意捐款捐物帮助别人，秉持健康财富观。近三年来，中国每年有超过百亿人次参与互联网公益；截至2022年底，全国登记认定的慈善组织超过1万个，慈善信托合同规模超过40亿元，年度慈善捐赠总额突破2000亿元。

——提升发展效能

2005年，孕育发展于浙江省丽水市青田县的青田稻鱼共生系统成为中国首个全球重要农业文化遗产。作为当地村民千百年传承保留下来的农业种植经验和生活方式，稻鱼共生以田尽其用为理念，遵循天

人合一之道，形成一种循环、生态的农业种养方式。经过千年累积沉淀和当代发展优化，当地形成了以"田面种稻、水体养鱼、鱼粪肥田、鱼粮共存"为主要内容的农业种养模式，既改善了山区人民的生活，也让山区人民萌生感恩自然之意。

截至目前，中国拥有的全球重要农业文化遗产增至19项，数量居世界首位。从稻鱼共生、旱作梯田的耕作实践，到村落民宅、古树深巷的乡村景观；从"取之有度，用之有节"的生态理念，到耕读为本、邻里守望的村规民约……这些全球重要农业文化遗产项目，向全球农业界讲述了一个个生动的中国故事。中华民族在数千年间孕育出"应时、取宜、守则、和谐"的农耕文化，用以指导农业生产，这是中华农耕文明对世界的重要贡献，也彰显中华文明的独特魅力。

如今，中国正在全面推进乡村振兴，农业文化遗产所蕴含的农耕智慧、生态思想、自治伦理，与以"产业兴旺、生态宜居、乡风文明、治理有效、生活富裕"为总要求的乡村振兴战略有着密切的内在联系。这将极大地推动中国乡村振兴的步伐，加快中国式现代化的进程。

长城脚下、雁栖湖畔，北京怀柔正利用文化资源和历史积淀营造人文环境，激发文化动能，推动人文怀柔建设。这个曾经以"绿水青山"为鲜明标识的北京远郊，已成为全国重大科技基础设施集聚度最高的区域之一。今年3月，大科学装置高能同步辐射光源直线加速器成功加速第一束电子束，综合极端条件实验装置、地球系统数值模拟装置等一批"大国重器"早已落地启用。

文化是灵魂，精神是动力。北京怀柔以文化为背景、以精神为引领提炼出了"开放、包容、创新"的人文发展理念，正凝聚力量、指导实践、提升效能，着力打造以科学城为统领的'1+3'融合发展格局，加快建设怀柔科学城、国际会都和中国影都三张名片。

四、强劲支撑：经济发展丰富文化内涵

从广义上观照，文化包含人类在社会实践过程中所获得的物质、精神的生产能力和创造的物质、精神财富的总和，一切经济行为都是文化行为，一切商品和服务都是文化载体，一切财富都凝结为文化价值。在新时代人文经济学的视域下，经济发展创造文化价值、构建文化环境、塑造文化精神，不断丰富文化内涵，彰显中华民族现代文明的人文底蕴、时代特性和深刻影响。

——经济发展创造文化价值

烧烤技术哪家强，山东淄博尝一尝，灵魂烧烤三件套，小饼烤肉加蘸料……2023年3月以来，"淄博烧烤"火爆"出圈"，风靡中国，一跃成为网络空间的"顶流"。五一劳动节假期，在"淄博烧烤"的带动下，淄博旅游订单同比增长2000%，吸引了来自全国各地的游客

"赴淄赶烤"。"淄博烧烤"的走红不仅成为一种时髦的社会潮流，更形成了一个典型的文化现象，其背后是一种平等而开放的交流和沟通，一种自由而放松的氛围和情绪，一种尊重而包容的态度和价值，与其说是一顿美食大餐，不如说是一场文化盛宴。

实际上，美食总会引发人们的情感共鸣，以美食为载体，以文化为内核，新的文化现象、新的文化体验、新的文化价值往往应运而生。2012年，随着《舌尖上的中国》横空出世，以介绍中国各地饮食文化和风土人情的美食纪录片成为一个重要的纪录片类型，深受人们喜爱。《人生一串》《老广的味道》《风味人间》《新疆味道》等美食纪录片带领观众体验特色美食、打卡知名餐厅。人们追逐美食，很大程度上是在体验各地的风土人情，感悟各地的文化理念。

近年来，随着经济社会的不断发展，拥有多重身份、多重职业的青年群体横空出世。白天，他们也许是设计师、程序员、公司职员……身着职业服装穿梭在办公楼宇；夜里，他们也许会"变身"直播UP主、健身教练、汽车代驾……在手机镜头前绘声绘色，在健身房里挥汗如雨，在夜色中运送客人……这些青年人常常用"斜杠"来介绍自己，比如：作家/插画师/摄影师，因此被称为"斜杠青年"。

信息技术时代平台经济、零工经济、众包经济的发展带来多样化的工作门类、工作机会、工作方式；互联网信息的丰富和互联网技术的发展，让切换职业角色变得更加容易；服务业兴起，让个人可以成为独立的服务提供商……"斜杠青年"成为青年群体彰显生活态度的代名词：渴望不断接触新生事物、不断学习新的知识、不断尝试新的工作、不断拥有新的人生体验。有调查显示，全国"斜杠青年"规模已突破 8000 万人，以"80 后"至"95 前"人群为主。这一群体的出现不仅成为一种社会流行风尚，更是创造出了新的文化价值。

文化让经济拥有更深厚的底蕴，经济让文化创造更多元的价值。无论经济活动的内容，还是经济发展的趋势，文化元素无处不在，文化内涵日渐丰富，文化现象层出不穷，这充分体现出经济的人文追求，诠释了新时代人文经济学的深刻机理，最大限度推动了经济的发展，促进了文化的传承。

——经济发展构建文化环境

2022 年，随着一届无与伦比的北京冬奥会成功举办，历史悠长、文化厚重、景色宜人的京张地区铭刻下闪耀全球的五环印记。体育设施的建设、奥运记忆的融入、地区发展的跃升，让京张地区拥有了更多体育旅游资源，深刻融入奥林匹克文化，让原本文化底蕴深厚的京张地区增添了更多文化元素，构建了新的文化环境。

新的文化环境给京张地区提供了新的发展机遇。2022 年，《京张体育文化旅游带建设规划》对外发布。京张体育文化旅游带整合沿线奥运场馆、冰雪运动、工业遗产、长城古道、山水林草等丰富的文化、

旅游、体育资源，推出旅游地图，统筹沿线发展，为经济发展提供了强劲动力。

从更大的空间来看，区域交流协作、融合发展为区域内创造新的文化空间，构建新的文化环境。例如，打造京津冀、长三角、粤港澳大湾区三大高质量发展动力源，让地缘相近、人缘相亲的京津冀、长三角、粤港澳等地区的居民，有了更强的身份认同和文化认同，从而进一步推动区域经济发展迈向更高层次和更高境界。

从更广的领域来看，历史进步、时代变迁、技术升级，推动更多行业的发展，改变了人们的生产生活方式和社会交往形式。例如，随着交通业和信息业的发展，人们的工作生活的时空距离大大缩短，一切都变得更加便捷、更为高效，身处新的文化环境之下，人们的工作行为、生活理念、社交方式也随之发生改变。经济发展依托文化环境，文化环境促进经济发展。文化与经济的交融互动、融合发展重新构建文化环境，又成为经济发展的新环境，从而推动了经济的发展、文化的传承、历史的进步。

——创新发展塑造人文精神

从进入自己的"天宫"空间站，到研制的C919国产大飞机完成商业首飞；从不依赖植物光合作用直接人工合成淀粉，到"中国天眼"发现持续活跃的重复快速射电暴；从"华龙一号"示范工程闪耀第三代自主核电技术到北斗导航卫星全球组网……近年来，中国人通过不懈努力，攻克一个个创新高地。

创新是引领发展的第一动力，创新驱动发展战略作为中国发展的核心战略之一，有力回应构建新发展格局、推动高质量发展的时代课题。自古以来，创新就是中华文明源远流长的内生动力，也是中国文化传承发展的力量源泉，在与经济的交融互动中，中国人的创新理念焕发出勃勃生机，绽放出时代华彩，塑造成为中华民族的民族品格和人文精神。

2021年12月，共建"一带一路"的标志性工程中老铁路通车运营，老挝"陆锁国"变"陆联国"的梦想终于成真。在中老铁路开通运营前夕，习近平收到曾在上海学习铁道工程的9名老挝留学生的联名信："世界最先进的铁路从中国连进老挝，也连进了我们每个人的心里……"

共建"一带一路"倡议提出十年来，已吸引世界上超过四分之三的国家和32个国际组织参与其中，拉动近万亿美元的投资规模。这条承载文明记忆、寄托未来梦想的希望之路，书写下一个又一个全球发展奇迹：肯尼亚有了第一条现代化铁路，马尔代夫有了第一座跨海大桥，白俄罗斯有了自己的轿车制造业，希腊比雷埃夫斯港重焕生机，塞尔维亚斯梅代雷沃钢厂再创辉煌……

中华优秀传统文化蕴含的"世界大同，天下一家"的天下观，"以义为先，义利并举"的义利观，"以和为贵，和而不同"的和平观等，

为共建"一带一路",乃至推动世界经济发展、促进全球携手前行提供了深厚的文化滋养,也塑造了"胸怀天下、立己达人"的人文精神。这不仅是中国式现代化创造的人类文明新形态,更是推动构建人类命运共同体进程中形成的人类文明新形态。

第四章　人文经济交融发展的方法论

时代是思想之母,实践是理论之源。一切划时代的理论,都是满足时代需要的产物。用以观察时代、把握时代、引领时代的理论,必须反映时代的声音,绝不能脱离所在时代的实践,必须不断总结实践经验,将其凝结成时代的思想精华。

——习近平

智慧之光穿透历史,与古为新开创未来。中国古代哲人孔子认为,"庶""富""教"是国家治理的三大要素,分别指向人、经济、文化。新时代以来,中国共产党以习近平新时代中国特色社会主义思想为指导,深化对经济社会发展规律、社会主义经济建设规律的认识,团结带领亿万人民攻坚克难、顽强拼搏,取得了举世瞩目的伟大成就,生动诠释新时代人文经济学的实践伟力。围绕人、文化、经济三大要素,处理好物质与精神、传统与现代、效率与公平、自立与互鉴等几对关系，成为深刻践行新时代人文经济学的应有之义。

一、把握物质与精神的关系

物质文明和精神文明，是人类认识世界、改造世界全部成果的总括和结晶。坚持物质文明和精神文明相协调，既是一个重大理论问题，也是一个重大实践命题。"当高楼大厦在我国大地上遍地林立时，中华民族精神的大厦也应该巍然耸立。"[①] 正确把握物质文明和精神文明的关系，扎实推进全体人民物质富足、精神富有，是社会主义现代化的根本要求，也是新时代人文经济学的深刻内涵。

中共二十大报告中指出，中国式现代化是物质文明和精神文明相协调的现代化。中国不断厚植现代化的物质基础，不断夯实人民幸福生活的物质条件，同时大力发展社会主义先进文化，加强理想信念教育，传承中华文明，促进物的全面丰富和人的全面发展。

物质是精神的保障，没有相应的物质基础，精神生活就无从谈起。中国共产党在推进中国式现代化征程中不断创造物质财富，构筑厚实的经济条件，满足人民对美好生活的向往。进入新时代以来，中国历史性地解决了绝对贫困问题，实现从低收入国家到中等偏上收入国家

[①]《习近平：在文艺工作座谈会上的讲话》，新华社，2015年10月14日。

的历史性跨越，推动人民生活全方位改善。

精神对物质具有能动作用，没有先进文化的积极引领，没有人民精神世界的极大丰富，没有民族精神力量的不断增强，一个国家、一个民族不可能屹立于世界民族之林。新时代人文经济学，坚持提供丰富的精神供给，满足人民对美好生活的新期待。新时代以来，中国公共文化服务体系日趋完善，建设3000多个公共图书馆、3000多个文化馆，超九成博物馆免费开放，"村晚""村超""村BA"广受好评，城乡居民的精神生活更加丰富多彩，全社会凝聚力和向心力极大提升，历史主动精神和历史创造精神不断焕发。

随着中国社会主要矛盾转化为人民日益增长的美好生活需要和不平衡不充分的发展之间的矛盾，人民不仅对物质生活提出了更高的要求，对精神生活方面的要求也日益增长。统筹推进物质文明和精神文明协调发展，谋求物质生活富裕和精神生活富裕相互融合、相互促进的发展样态，是中国共产党孜孜不倦的追求。

二、把握传统与现代的关系

"文明以止，人文也。"用文明的力量使人达到至善，是中国古人倡导的人文精神。在新时代人文经济学的视域中，文化既是社会生产的产品，也参与生产的过程，既构成特定的生产力，也构建影响生产力的生产关系。先进的文化源源不断丰富经济发展内涵，赋予经济产品更多价值，推动产品升级、产业变革，持续转化为经济社会发展动能。

新时代人文经济学，是马克思主义基本原理同中国具体实际相结合、同中华优秀传统文化相结合的实践成果。把握传统与现代的关系，就是正确处理中华优秀传统文化与中华民族现代文明的关系。

传统文化是现代文明的基础和根脉。现代文明是人类历史文明演化的进步与发展，是人类文明的历史必然产物，历史上所形成和积累的各种传统文化是实现现代文明的基础，否定传统文化就是否定历史，否定民族精神，就是人为地割断自己的"根"。

不忘本来。新时代以来，中国共产党明确"文化自信是一个国家、一个民族发展中最基本、最深沉、最持久的力量"，把"两个结合"作为推进马克思主义中国化时代化的根本途径，在守正创新中推动中华优秀传统文化创造性转化、创新性发展，构筑中华文化新气象、激扬中华文明新活力。比如"北斗"组网、"嫦娥"探月、"羲和"逐日、"天问"探火、"天和"遨游苍穹，中国一系列重大科技成果的名称都有传统文化的烙印。今日之中国，中华优秀传统文化精神正在不断释放新的强大生命力，为新时代人文经济学实践提供滋养。

现代文明是对传统文化的继承和创新。在继承中发展，在守正中创新，使现代文明与传统文化更好地衔接、结合。北京冬奥盛会惊艳

世界，展示新时代中国自信、包容、开放的大国形象；大唐芙蓉园梦回千年，展现中华文化包容四海、兼纳百川的精神风貌；北京中轴线、京杭大运河等一大批文化遗产活起来、火起来，绽放时代新韵……中华文化蔚为大观，光彩夺目。

中国共产党在推进中国式现代化征程中赓续古老文明，传承中华文明优秀成果，不迷失方向、不犯颠覆性错误，同时吸收人类文明崭新成果，在薪火相传、代代守护中与时俱进、推陈出新，从而有效应对现代化征程上的各种挑战。

三、把握效率与公平的关系

效率与公平是经济和社会发展追求的两大政策目标，也是衡量人类社会是否进步的两个根本的价值尺度。数百年来，效率与公平问题一直是哲学家、经济学家、社会学家和法学家不断探索与争论的重大问题，尤其在社会的政治、经济发生重大变化时，效率与公平的关系问题总是成为人们关注的焦点，这也是新时代人文经济学需要把握的一对重大关系。

践行新时代人文经济学，就是要兼顾、促进、统一效率与公平的关系，既不能因为片面追求效率而在客观上造成富者愈富、穷者愈穷的"马太效应"，也不能因为片面追求公平而影响社会活力的释放。

公平建立在效率基础之上，要提升效率不断做大发展成果"蛋糕"。从横向对比来看，实现生产效率和发展规模的提升扩大，是人类现代化发展模式的共通之处。中国共产党在新时代人文经济学实践中深刻认识到，实现社会主义现代化，必须保持经济合理增长，始终坚持"发展是硬道理"。以供给侧结构性改革提高供给体系质量和效率，以深入推进简政放权激发市场活力，以大力减税降费为企业纾困解难，构建全国统一大市场，深化要素市场化改革……中共十八大之后，一系列改革举措不断推出，极大提升了经济社会发展的效率。

效率以公平为前提，要促进公平分好发展成果"蛋糕"。贫穷不是社会主义，贫富悬殊、两极分化也不是社会主义。中国式现代化是全体人民共同富裕的现代化，强调在发展过程中维护和促进社会公平正义，着力促进全体人民共同富裕，坚决防止两极分化，让每个人都有机会分享改革发展成果，并参与到现代化进程中来，它要求创造比资本主义更高的效率，更有效地维护社会公平，更好实现效率与公平相兼顾、相促进、相统一。从完善收入分配制度，到促进基本公共服务均等化，再到主动解决地区差距、城乡差距、收入差距等问题……中国形成促进全体人民共同富裕的一整套思想理念、制度安排、政策举措，成为中国式现代化鲜明的价值底色。

四、把握自立与互鉴的关系

自立与互鉴，指的是文化自立和文明互鉴的关系。所谓文化自立，就是文化上的"和而不同"，各国坚定本国文化的自主、独立、自强，在富有历史的精神主动、高度的文化自觉、坚定的文化自信中不断创新自我；文明互鉴，即世界上不同文明之间加强交流，相互借鉴，是构建人类文明新形态的人文基础。自立与互鉴有着相互自洽的内在联系，把握二者的关系，就是厘清中国式现代化内生与外化的发展逻辑。

习近平指出，要坚定文化自信，坚持走自己的路，立足中华民族伟大历史实践和当代实践，用中国道理总结好中国经验，把中国经验提升为中国理论，实现精神上的独立自主。坚持独立自主地走中国式现代化道路，并不意味着要消灭文明的差异性，更不意味着拒斥其他文明的先进成果。文明因交流而多彩，文明因互鉴而丰富。人类始终在不同民族、不同文化的相遇相知中向前发展。

自立是互鉴的基础和前提，强调历史的精神主动。人无精神则不立，国无精神则不强。中国特色社会主义道路既承托于马克思主义的科学指导，又融汇了中华文明5000多年的传统智慧，是马克思主义基本原理同中国具体实际、中华优秀传统文化相互交融的结晶。坚持和发展中国特色社会主义，推动物质文明、政治文明、精神文明、社会文明、生态文明协调发展，从而创造了中国式现代化新道路，创造了人类文明新形态。

互鉴为自立创造有利条件，要求兼容并蓄的交流，开放包容，不忘本来，吸收外来。中华文明经历五千多年历史变迁，始终一脉相承，并不断地通过文化交往与融合，积淀起中华文明最深层次的智慧与追求，为中华民族生生不息、发展壮大提供了丰厚滋养。其中，"和而不同"的天下观念是中华文明的基本思想，代表着中华民族独特的精神标识。新时代人文经济学以广阔胸怀接纳外来文化的精华，并将之融入自身，不断进行消化、融合与创新，树立平等、互鉴、对话、包容的文明观，坚持人类文明的多样性，主张以文明交流超越文明隔阂、以文明互鉴超越文明冲突、以文明共存超越文明优越。

第五章　创造人类文明新形态的世界贡献

我们愿同国际社会一道，努力开创世界各国人文交流、文化交融、民心相通新局面，让世界文明百花园姹紫嫣红、生机盎然。

——习近平

现代化是全人类的共同追求。在以往现代化进程中，虽然生产力快速发展，但也带来物欲横流、贫富分化、环境破坏等一系列世界性问题。从中国式现代化实践中形成和发展起来的新时代人文经济学，

创造了人类文明新形态，对人类进步事业具有重要启示意义。

一、推动经济学的"人文回归"

经济学作为一种研究和解释人类经济行为、社会经济发展规律的理论，也影响和反作用于人类经济行为、社会经济发展。

在西方理性主义思潮影响下，经济学逐渐抛弃了早期的人文传统，将全面的、真实的、有着多向度需求的人简化为片面的、理性的、追求利益最大化的"经济人"，并基于"经济人"这一基本假设，构建起一套分析和推演经济增长的理论范式。

然而，"经济人"毕竟只是人的一个向度。在基于"经济人"假设的经济学理论指导下，人们实现了经济的快速发展，也带来人性异化、物欲膨化、贫富分化等一系列问题。

诺贝尔经济学奖得主、新制度经济学的创始人罗纳德·哈里·科斯上世纪90年代就提出："经济学科从人类创造财富的道德科学变为资源配置中的冷酷逻辑，人性的深度和丰富度是最显著的代价。现代经济学不再是研究人类的学科，已经失去了根基，偏离了经济现状。"[1]

---

[1] [美]迪尔德丽·南森·麦克洛斯基著，朱源等译：《糟糕的经济学》，中译出版社2022年版，第6页。

与基于"经济人"假设构建起的西方主流经济学及在其指导下的经济实践相比,从中国实践中走出来的新时代人文经济学既内含经济发展的一般规律,又推动经济学的"人文回归",坚持以人为中心,充分考虑人的主体性和多向度需求,将实现人们对美好生活的向往作为经济发展的出发点和落脚点,最终实现人的自由而全面的发展。

这种"人文回归"也体现在对现代化的不同理解和追求中。从新时代人文经济学的视角审视,现代化不仅仅是经济的增长、科技的进步、物质的丰裕,即"物"的现代化,更是"人"的现代化。习近平指出:"现代化的最终目标是实现人自由而全面的发展。现代化道路最终能否走得通、行得稳,关键要看是否坚持以人民为中心。现代化不仅要看纸面上的指标数据,更要看人民的幸福安康。"[1]

当前,中国式现代化之所以越来越受到世界关注,不仅在于其创造的经济增长奇迹,推动中国从一个贫穷落后的农业大国快速跃升为世界第二大经济体,更在于其始终坚持以人为本,努力实现人口规模巨大、全体人民共同富裕、物质文明和精神文明相协调、人与自然和谐共生、走和平发展道路的现代化,创造了人类文明新形态。

---

[1] 《习近平在中国共产党与世界政党高层对话会上的主旨讲话》,新华社,2023年3月15日。

二、打破经济增长的"人文悖论"

效率与公平怎么兼顾？发展与保护如何协同？物质与精神能否共进？……世界各国在选择自身发展路径时，都绕不开这些问题。

在西方主流经济学理论中，上述问题常常出现"二律背反"。甚至在一定程度上，人文被视为影响和制约经济增长的因素。

20世纪30年代，英国经济学家凯恩斯在展望100年后的人类社会时，曾试图对这种经济与人文的"二律背反"做出解释："当达到这一丰裕而多暇的境地之后，我们将重新拾起宗教和传统美德中最为确凿可靠的那些原则，即贪婪是一种恶癖，高利盘剥是一种罪行，爱好金钱是令人憎恶的。而那些真正走上德行美好、心智健全的正道的人，他们对未来的顾虑是最少的。我们将再次重视目的甚于手段，更看重事物的有益性而不是有用性。"

近百年后的今天，发达国家的物质丰裕已远超凯恩斯想象，但人文的回归并未如他所预想的到来。相反，西方经济学因背离人文精神而造成的问题正愈演愈烈。联合国开发计划署《2021/2022年人类发展报告》显示，人类发展指数30年来首次在全球范围内连续下降。报告还警告人类发展面临多重危机，绝大多数国家人类发展正在倒退。

在全球经济学界正掀起对西方主流经济学的反思风潮之际，中国式现代化所践行的新时代人文经济学，超越了西方主流经济学的狭隘视野，打破经济增长的"人文悖论"。在新时代人文经济学的视角中，经济与人文并非相互制约，而是共生共促的，人文不仅能为经济发展起到正向推动作用，还能为经济发展打开更加广阔的空间，提供更加持久的动力，推动经济增长从"快"向"好"转变。

加强经济与人文之间的联系，无论对于经济还是人文都是有益的。比如，中国追求人口规模巨大、全体人民共同富裕的现代化，在造福全体人民的同时，也创造了巨大的市场需求，实现了经济实力历史性跃升。

此外，中国追求物质文明和精神文明相协调的现代化，既实现了人的更好生活，也以人口高质量发展推动经济社会的更好发展；追求人与自然和谐共生的现代化，在一定阶段内或许会对经济增速造成一定影响，但能让经济发展更可持续。

"天下为公""厚德载物""天人合一"……中华优秀传统文化中的经典理念为世界提供了新时代人文经济学辩证把握经济与人文关系的方法论，打破了长期以来被认为无法调和的经济增长"人文悖论"。

三、为世界经济增添"人文韧性"

2023年1月，在瑞士达沃斯举行的世界经济论坛年会上，"韧性"成为各国政要、企业高管、经济学家们频频提及的热词。在世界经济

增速明显放缓之际，世界需要一个更长远、更有弹性的增长战略，方能避免全球经济跌入衰退深渊，已成为各国的共识。

当今世界充满不确定性，"黑天鹅""灰犀牛"等事件频频发生，世界经济复苏面临诸多风险挑战。面对日益严峻的世界经济问题，缺乏人文思维、人文关怀的西方主流经济学已愈发显得束手无策。资本主义国家应对经济危机的诸多措施，可以缓解和走出危机，并进入萧条、复苏、高涨的阶段，但随之而来的往往是新的更大的经济危机。

比如，过去几年，一些国家以"保经济"为由，纷纷采取量化宽松货币政策刺激经济，导致资产价格节节攀升，通货膨胀连创历史新高，物价飞速上涨，民众生活负担加重。在虚假繁荣的"泡沫"破裂之后，其最终结果是导致财富分配进一步分化，经济停滞不前，而发达经济体加息政策引发的全球"加息潮"，又导致广大发展中经济体面临资本外流、债务危机等冲击。

面对国内外复杂严峻形势，中国经济展现强劲韧性，成为世界经济的强大"稳定器"。过去三年，中国经济年均增长4.5%，远高于世界同期约1.8%的平均增速。在最大限度减少新冠疫情对经济社会发展影响的同时，中国有力维护了全球产业链供应链稳定，为世界经济复苏作出了巨大贡献。世界银行报告显示，2013年至2021年，中国对世界经济增长的平均贡献率达到38.6%，超过七国集团（G7）国家贡献率的总和。

中国经济韧性背后有多方面的因素，比如规模庞大的市场、跨周期和逆周期的宏观调控、完备的产业链等，但中国的"人文韧性"也不可忽视。"治国有常，利民为本。"西汉时期《淮南子·氾论训》中的这句话，精辟阐释了中国经济韧性背后"以人为本"的人文密码。在世界又一次站在历史十字路口的当下，越来越多国家开始意识到，经济周期波动尽管是客观存在的，但应对危机的不同出发点、方法、路径，将决定一个国家的民生福祉、前途命运。

发展为了人民、发展依靠人民、发展成果由人民共享，中国经济奇迹的背后，贯穿始终的正是坚持以人民为中心的新时代人文经济学发展思想，这也为广大发展中国家构建自身经济韧性、应对经济周期提供了可借鉴的人文经济路径。

四、传承发扬传统文化中的"人文基因"

一个国家的"人文基因"，往往蕴含在其优秀传统文化中。

符合本国国情、具有本国特色，是新时代人文经济学的底色。新时代人文经济学的发展经验表明，追求现代化的同时，不能忽视自身文化传统。中国充分运用中华优秀传统文化的宝贵资源，在中华优秀传统文化的创造性转化、创新性发展中，立足本国国情探索出适合自己的发展模式。

习近平指出："每个国家和民族的历史传统、文化积淀、基本国情不同，其发展道路必然有着自己的特色。"[1] 践行新时代人文经济学的发展，就是坚持以本国文明特色为底蕴、从本国人民需求出发、为本国人民谋幸福的发展。

历史实践表明，直接移植他国发展制度而忽视本土文化和基本国情的"拿来主义"，鲜有成功者。其中的"水土不服"，甚至会带来更严重的发展问题。赋予新时代人文经济学现代力量的中国式现代化，不是照抄照搬其他国家的现代化，而是赓续中华古老文明的现代化，是从中华大地生长出来的现代化。

新时代人文经济学的世界启示，并非要求世界一定要从中华文明中汲取智慧，也并非提供了一套放之四海而皆准的现代化标准，而在于表明"适合自己的才是最好的"。

现代文明之路没有固定模式，中国也不会将自己的发展模式强加于人。人类文明丰富多彩，充满发展的活力，世界各国的文明大多不乏"人文基因"。中国经验启示各国可以立足本国国情和实践，积极发挥历史主动精神，在传承自身优秀传统文化的同时，不断推进文化创新发展。依托自己国家和民族独特的精神与文化，发挥人、文化、经济协同发展的力量，独立探索出最适合自己的文明发展形态。

---

[1]《习近平在中共中央政治局第十八次集体学习时的讲话》，新华社，2014年10月13日。

他山之石，可以攻玉。各国在独立自主推进现代化建设进程中，也同样可以以开放包容的心态，积极吸收借鉴其他优秀文明成果，进一步提升自己国家和民族传统文化的现代性与科学性，创造自身文明的现代形态，从中挖掘出促进经济增长的智力支持和精神动力。

五、增进人类命运共同体的"人文共识"

人文精神往往超越一国一域，饱含对人类共同命运的关照。

在中国的人文传统中，"和合"是核心概念之一，是中华民族自古以来对人类社会的美好向往。其中既包含人与人之间的关系，如崇尚和睦、以和为贵、政通人和等；也包含国与国之间的关系，如睦邻友邦、强不执弱、天下大同等。

类似的理念，也存在于其他国家和地区的人文传统中。如非洲谚语说"一根原木盖不起一幢房屋""独行快，众行远"，哈萨克斯坦谚语说"有团结的地方，定有幸福相随"，德国谚语说"一个人的努力是加法，一个团队的努力是乘法"……这些直抵人心的人文思想，成为全球化时代多数国家之间的"人文共识"。

共建"一带一路"倡议、全球发展倡议、全球安全倡议、全球文明倡议……人类命运共同体的理念，具体化为一个个人类的共同行动，得到国际社会的热烈回响。中国用实际行动表明，新时代人文经济学

致力于与世界各国携手同行、合作共赢，将助力破解当前世界经济面临的难题，弥足珍贵。

而基于理性"经济人"假设的经济学，在追求各自利益最大化的博弈中，衍生出"零和博弈"的冷酷逻辑。纵观当今世界，逆全球化思潮抬头，单边主义、保护主义明显上升，单边制裁滥用等一系列问题的出现，与经济学中的利己、功利主义有着很大关系。

倡导弘扬和平、发展、公平、正义、民主、自由的全人类共同价值，新时代人文经济学从中华民族优秀传统文化中的人文传统出发，基于世界各国传统文化中的"人文共识"，致力于推动构建人类命运共同体的努力，得到国际社会广泛赞誉。

结　语

在人类发展的文明长河中，以人为本的人文传统源远流长。

现代化寄托着世界各国人民对于美好生活的向往，本应是延续人文传统、实现人的自由而全面发展的过程。然而，在从传统走向现代的进程中，人们往往更多重视生产的发展、物质的丰裕、财富的增长，对"物"的追求逐渐超过对"人"的关怀，现代化与人文传统渐行渐远，甚至出现悖反。

工业革命两百多年来，人类创造的物质财富远远超过以往一切时代的总和，极大改善了人们的物质生活，但越来越多问题也日益凸显：贫富两极分化加剧，资源环境消耗过度，单边主义、保护主义抬头，和平赤字、发展赤字、信任赤字、治理赤字加重，拜金主义、享乐主义、极端个人主义盛行……

世界怎么了？人类向何处去？

在越来越多反思与追问中，源自人类文明长河深处的人文传统重新回归。经济繁荣、人文鼎盛，一直是中国人对休明盛世的美好向往。中国历史上形成了"盛世修典""盛世修文"的传统，在经济繁荣和社会安定基础上编纂经典、加强文化建设，同时又以文化建设促进经济繁荣和社会发展。这当中蕴含着文化与经济相互促进的深刻哲理。

进入新时代，习近平在强调经济基础作用、指出"发展是解决一切问题的总钥匙"的同时，也强调文化对经济发展的促进作用，提出"文化很发达的地方，经济照样走在前面""推动高质量发展，文化是重要支点""应对共同挑战、迈向美好未来，既需要经济科技力量，也需要文化文明力量"等重要论述。这些创新性理念为新时代把握文化与经济的关系提供了思想和行动指南，孕育出新时代人文经济学，成功开辟出一条中国式现代化道路，向世界展现了一幅现代化的新图景。

每一个国家和地区都有自己的文化，每一个国家和地区的文化中都闪耀着人文之光。新时代人文经济学启示人们始终锚定"人的现代

化"本质，结合本国、本地区发展实际，从本国、本地区优秀传统文化中汲取人文养分，坚持以人为本，注重文化与经济的交融互动，实现人的自由而全面的发展。

文明因交流而多彩，文明因互鉴而丰富。让我们携手与共，共同创造一个更加美好的世界，共同开创人类文明新形态！

发展为了谁，如何实现发展，这是发展价值取向的根本问题。

"人民对美好生活的向往，就是我们的奋斗目标""以高质量文化供给增强人们的文化获得感、幸福感""中国式现代化是物质文明和精神文明相协调的现代化"……习近平总书记一系列重要论述，彰显高质量发展的人文价值取向。

经济发展以社会发展为目的，社会发展以人的发展为归宿，人的发展以精神文化为内核。

新时代新征程上，以习近平同志为核心的党中央坚持把马克思主义基本原理同中国具体实际相结合、同中华优秀传统文化相结合，坚持以人为本、文化赋能、以文兴业，为中国式现代化提供雄厚物质基础和磅礴精神动力。

高质量发展中的人文经济学观察

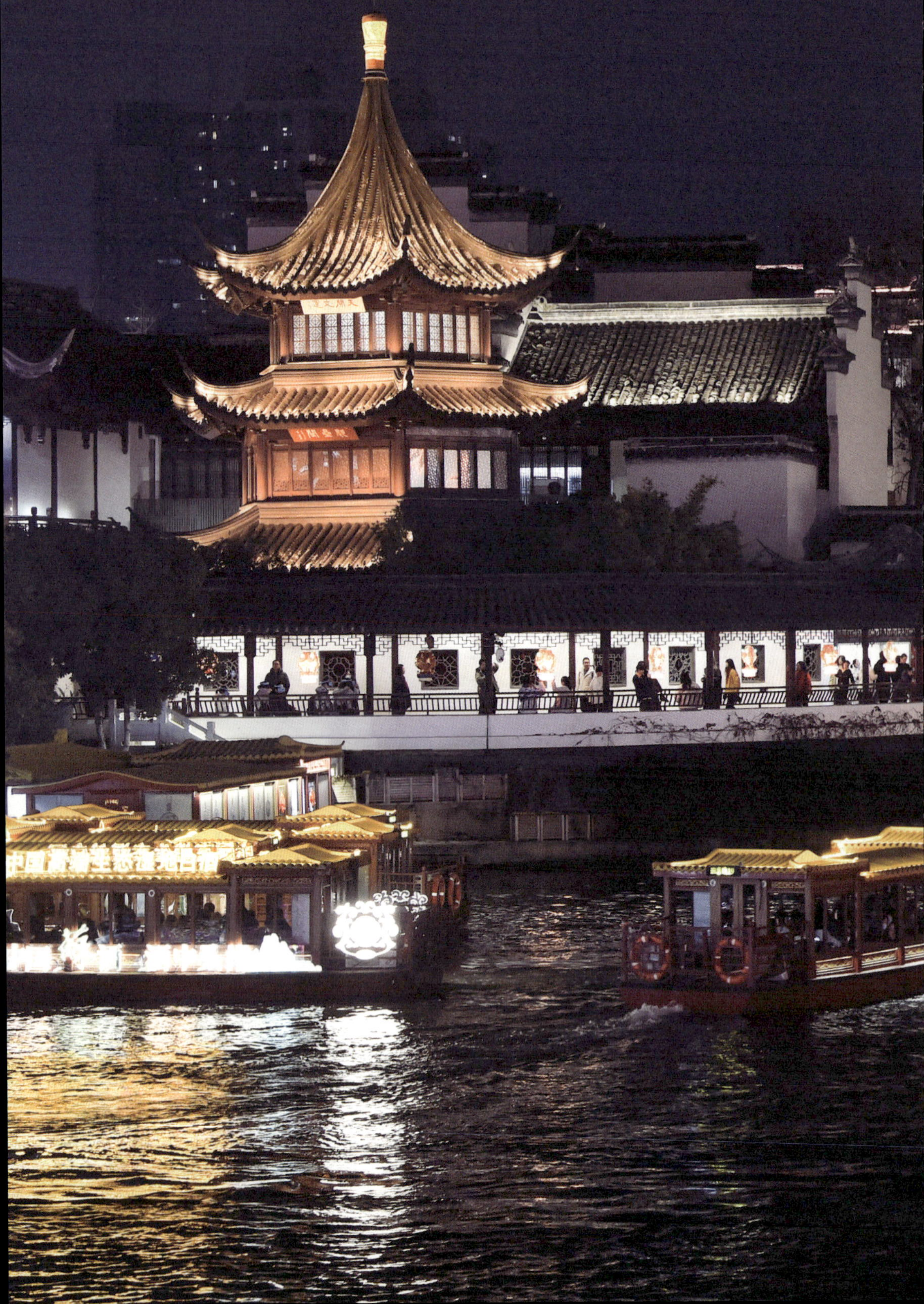

2023年2月2日,游客在江苏省南京市夫子庙景区乘船夜游秦淮河。(新华社发 方东旭摄)

> 坚持以人为本的发展宗旨——
> "满足人民日益增长的美好生活需要，文化是重要因素"

2022年4月30日，唐风市井生活体验街区"长安十二时辰"在西安开放，图为演艺人员在演绎唐朝故事。（新华社记者陶明摄）

开局之年，伴随经济稳步回升向好，大江南北一幅幅美好生活的画卷更加清晰可感——

江苏苏州，老城新区各展风采：老城区里，人们在拙政园秉烛夜游，到沧浪亭听昆曲，古老园林有了新的"打开方式"；高新区里，现代化建筑高楼林立，创新企业蓬勃发展，为千年古城插上腾飞的翅膀。

山东淄博，工业老城因烧烤"出圈"：各地网民游客纷纷前来"赶烤"，人们在这一特色消费中感受齐鲁大地的"好客文化"，更在美食文化与历史文化的融合中感受一座城的人气，一城人的文明。

陕西西安，千年唐风引人驻足：中国—中亚峰会的举行令这一古丝绸之路的东方起点人气更旺，登上千年城墙饱览古城风貌，到大唐芙蓉园体验礼仪之邦的待客之道，步入长安十二时辰主题街区共赴大唐盛世……

人文鼎盛，经济繁荣。人文与经济交融共生、相得益彰，越来越多地方正在形成高质量发展中的人文经济新形态。

顺应经济规律，人文经济是高质量发展的应有之义——

用现代设计呈现东方审美，让非遗文化绽放时尚气息……第三届消博会时装周上，众多国内设计师作品自信展现中式美学。

"中国时尚市场从无到有，中国消费者个性化表达持续彰显，进入到更优更精的阶段。"波士顿咨询公司亚太区时尚和奢侈品板块负责人杨立说。

商务部日前发布的《2022年中国消费市场发展报告》显示，中国已成全球第二大消费市场，居民消费呈现出品质消费需求旺盛、绿色消费蓬勃发展、健康消费显著升温等新特点。

进入新时代，我国社会主要矛盾转化为人民日益增长的美好生活需要和不平衡不充分的发展之间的矛盾。

这意味着，我国长期所处的短缺经济和供给不足的状况已经发生根本性改变，人民对美好生活的向往总体上已经从"有没有"转向"好不好"。顺应社会主要矛盾的历史性变化，必须以高质量发展满足人们的多样化、多层次、多方面需求。

谷雨时节，海南省五指山市水满乡毛纳村。

热带雨林间，茶树吐绿，阵阵茶香沁人心脾；村寨里，草屋俨然，风情别致，随处可见的黎族文化气息吸引着各地游客。

"多亏了茶叶这个致富法宝，我们村民才摆脱了贫穷。"毛纳村驻村第一书记高力说，我们既要守好茶叶这片"金叶子"，让村民们物质生

活更富足；也要传承好黎族文化，让文化遗产变成金山银山，丰富村民精神生活。

发展为了人民，是马克思主义政治经济学的根本立场。

"人民对美好生活的向往，就是我们的奋斗目标。"新时代以来，以习近平同志为核心的党中央创新发展马克思主义政治经济学的"人民性"内涵，始终坚持以人民为中心，推动高质量发展，全面建成小康社

2023年4月15日，模特在海南省海口市举行的第三届消博会时装周主秀场展示中国本土品牌时装作品。（新华社记者杨冠宇摄）

会，引领我国发展站在了更高历史起点上。

"美好"一词，既表明百姓生活需要的不断提升，也蕴含我们党不懈奋斗的初心使命。

2022年全国两会期间，围绕高质量发展这一首要任务，习近平总书记在参加十四届全国人大一次会议江苏代表团审议时强调，"必须以满足人民日益增长的美好生活需要为出发点和落脚点，把发展成果不断转化为生活品质，不断增强人民群众的获得感、幸福感、安全感"。

"人文经济体现了发展本质的回归。"中央财经大学文化经济研究院院长魏鹏举说，新时代中国的人文经济学，超越了西方经济学的狭隘视野，以人的全面发展为最终目标，体现了高质量发展的初衷。

创造高品质生活，文化丰盈程度成为衡量百姓幸福指数的重要尺度——

浙江杭州，临平智慧图书馆的屋顶犹如群山，露台流水潺潺，精巧的设计阐释着中国山水文化以及绿色建筑理念。

这里是附近家长的首选"遛娃地"，也是所在社区"15分钟品质文化生活圈"的重要组成部分。过去一年，浙江陆续建成8000多个这样

的"小圈子",公共普惠的文化种子,在之江大地茁壮生长。

党的十八大以来,着眼于满足人民精神文化新需求,我国大力推动文化领域供给侧结构性改革,各地争相打造"15分钟文化生活圈",普惠文化供给浸润人民生活空间。

生活品质集经济、社会、文化、精神于一体。习近平总书记强调,"满足人民日益增长的美好生活需要,文化是重要因素"。

数据显示,2022年,我国博物馆举办线下展览3.4万个、教育活动近23万场,接待观众5.78亿人次。截至2022年年底,我国共有公共图书馆3303个,成年国民综合阅读率提升至81.8%,未成年人图书阅读率提升至84.2%……高质量的文化供给,正不断提升人民群众的幸福指数。

更加殷实的日子,更加智能化的生活,天蓝、地绿、水净的美好生态,公平公正的法治环境,丰富充实的精神文化生活……在中国高质量发展"致广大"的壮美画卷里,每个人都能找到"尽精微"的幸福坐标。

"经济发展,归根结底还是以人的全面发展为目标。"中国人民大学经济学院教授高德步说,传统经济发展指标重物质而轻人文,而高质量发展阶段则将人文提到了应有的高度,人文经济就是我国经济转向高质量发展的生动呈现。

汇聚文化赋能的发展动力——"推动高质量发展,文化是重要支点"

2023年4月12日,游人在老旧厂区改造的北京朗园文创园区参观。(新华社记者李欣摄)

大国发展实践表明，文化和经济好比人类社会发展的两个车轮，经济奠定发展的物质基础，文化提供发展的动力和价值导向，二者相互交融，在综合国力竞争中的地位和作用日益突出。

今天，随着我国高质量发展进程加快，多地探索以人文和经济的良性互动，不断丰裕高质量发展的人文内涵。

以文化赋能经济，助力供给侧结构性改革激活发展新动能。

走进山东青岛啤酒博物馆，浓浓工业风扑面而来。

依托老厂房、老设备建设，博物馆保留着工业遗址百年前的风貌。拾级而上，中国最早的啤酒糖化锅、煮沸锅、过滤槽等老生产设备一一展现，而穿过一条"时光隧道"，全球首家啤酒饮料行业工业互联网"灯塔工厂"又将参观者带入工业4.0智能造酒的壮观场景。

去北京798艺术区参观大师个展，来首钢园解锁元宇宙漫游新体验，到上海杨浦滨江聆听艺术讲座，到江西景德镇陶溪川逛创意市集……越来越多曾经的"工业锈带"变身"城市秀带"，成为创意活动的集聚地和休闲娱乐的消费地。

"文化赋予经济发展以深厚的人文价值"，2005年8月12日，习近平同志在《浙江日报》"之江新语"专栏刊发的《文化是灵魂》一

2023年4月12日，游人在老旧厂区改造的北京798艺术区参观。（新华社记者李欣摄）

文中形容文化的力量"总是'润物细无声'地融入经济力量、政治力量、社会力量之中，成为经济发展的'助推器'、政治文明的'导航灯'、社会和谐的'黏合剂'"。

今天，小到"青花瓷""敦煌金""云锦白"等新款手机的配色，大到"天宫""墨子""北斗"等国之重器的名称，旧如老旧工业园区改造为工业范文创园区的涅槃，新如一大批"中国标准"基础设施项目在海外加速落地，文化赋能经济的实践日新月异。

"推动高质量发展，文化是重要支点""应对共同挑战、迈向美好未来，既需要经济科技力量，也需要文化文明力量"……习近平总书记的重要论述进一步强调了文化的力量。

高德步说，满足人民日益增长的物质文化需求，不仅需要满足使用需求，而且需要给人带来精神愉悦，展现文化自信。这就要求深入推进供给侧结构性改革，为产品和服务注入更多科技含量、文化含量。

以经济"活化"文化，推动中华优秀传统文化的创造性转化、创新性发展。

江苏南京，秦淮河畔。

夫子庙、明城墙、江南贡院等人文胜地交相辉映，晨光1865创意产业园、国创园等文创聚集区讲述着近现代工业变迁——在南京秦淮特色文化产业园，千古文韵和现代商业融合共生。

浙江杭州，"良渚文化大走廊"成为备受瞩目的热词。

当地规划，将以拥有五千多年历史的良渚文化为龙头，与区域内两千多年的运河文化、一千多年的径山文化、双千年古镇文化、苕溪文化和现代数字文化等展示点串珠成链，推动当地产业城市人文融合发展，通过文化兴盛赋能共同富裕。

数据显示，2021年，江苏文化产业增加值超过5900亿元，占GDP的比重从2004年的1.7%提高到5.03%，年均提高近0.2个百分点；而在浙江，仅杭州一地去年的文化产业增加值就达到2420亿元，占全市GDP比重12.9%。

放眼全国，广东深入实施岭南文化"双创"工程、福建印发《福建文化产业高质量发展超越行动方案（2021—2025年）》、河南启动"文化产业特派员"制度试点工作、安徽编制全国首个省级数字创意产业发展规划……

人文经济的活力在于其源远流长的历史底蕴和永不枯竭的发展动

力。习近平总书记反复强调,"推动中华优秀传统文化创造性转化、创新性发展"。

中共中央办公厅、国务院办公厅印发的《"十四五"文化发展规划》明确指出,必须进一步发展壮大文化产业,强化文化赋能,充分发挥文化在激活发展动能、提升发展品质、促进经济结构优化升级中的作用。

以人文理念搭建融合平台,以人文精神护航高质量发展。

高原五月,天蓝草绿。与布达拉宫一河之隔的西藏文化旅游创意园区迎来了初夏的客人。不久前,这里被命名为国家级文化产业示范园区。民俗演出、非遗传习、文博展览、手工艺品展销……传统又现代的藏式建筑间,人文气息流淌,产业欣欣向荣。

"发挥地区文化资源优势,把园区打造成为藏文化旅游产品标准输出地、藏文化创意发祥地、高端休闲度假地,使独特文化成为一种优质商品,并最终通过'文化+'赋能西藏经济社会高质量发展,是我们最大的愿景。"园区管委会主任格桑加措说。

更美好的城市、更多元的业态、更有活力的市场、更合心意的产品……如今,"人文精神"正不断丰富高质量发展的内涵,在改革创新中传承发展，更好满足人民美好生活新需要。

　　"人文经济，是一种经济发展和文化繁荣融合的新发展观。"魏鹏举说，数字经济时代，更需要以富有中国特色的商品文化为核心来贯通生产、流通、消费之间价值链条、文化脉络，延续中华商业文明。

坚守高质量发展的人文价值——"中国式现代化是物质文明和精神文明相协调的现代化"

2023年4月10日,在广西柳州市柳城县古砦仫佬族乡的传统村落大户村滩头屯,绘画爱好者在民居旁写生。(新华社发 黎寒池摄)

"一门父子三词客，千古文章四大家。"

四川眉山三苏祠，北宋著名文学家苏洵、苏轼、苏辙"三苏"父子故居。前来旅游研学的八方来客络绎不绝，在瞻仰古圣先贤中感受文化之美。

2022年6月8日，习近平总书记在眉山市考察三苏祠时强调："一滴水可以见太阳，一个三苏祠可以看出我们中华文化的博大精深""中华民族有着五千多年的文明史，我们要敬仰中华优秀传统文化，坚定文化自信"。

今天，行走在眉山城区，从学术研究到遗迹保护再到文旅产业，处处能感受到东坡文化的浸润。千年诗书城走上"以文塑城、以文化人、以文兴业、以文促廉"的人文城市发展道路。

文化兴国运兴，文化强民族强。

中国式现代化是马克思主义基本原理同中国具体实际相结合、同中华优秀传统文化相结合的思想结晶，中国经济社会的高质量发展，体现了人文经济学鲜明的人民性、文化性、民族性。

高质量发展中的人文经济学观察

图为 2022 年 6 月 22 日拍摄的四川眉山三苏祠。
（新华社记者沈伯韩摄）

人民至上，以共同富裕的价值取向实现人的全面发展——

有着塞外九寨美誉的黑里河、道须沟，有着奇峰秀水的紫蒙湖，被称作"皇家猎苑"的大坝沟……茫茫燕山间，一个个景点串联成内蒙古赤峰市宁城县正在全力规划创建的"燕山北麓·百里画廊"生态旅游休闲观光带。

"推进中国式现代化，我们最关心如何增加农民收入实现共同富裕。"宁城县县长张海轩表示，宁城一方面以智慧农业探索农业现代化新路子，另一方面将瞄准"农业＋文化＋旅游"融合发展，拓宽百姓增收致富路径，提高人民幸福指数。

"现代化的本质是人的现代化""现代化的最终目标是实现人自由而全面的发展"，习近平总书记的重要论断，揭示了中国式现代化的根本目的与价值旨归。

推进中国式现代化，要解决发展的不平衡不充分问题，其中包括解决经济发展与人文社会发展的不平衡，进一步增进人民群众的获得感、幸福感、安全感。

补短板、强弱项、固根本。乡村，既是经济发展的最大潜力，也是人文发展的最大后劲。

古风古韵，各美其美。2023年3月，1336个村落正式列入第六批中国传统村落名录。至此，全国已有8155个传统村落列入国家级保护名录。

习近平总书记指出："乡村文明是中华民族文明史的主体，村庄是这种文明的载体，耕读文明是我们的软实力。"

作为世界规模最大的农耕文明遗产保护群，中国传统村落保护力度持续加大，就是要让农耕文化在与现代文明融合发展中展现新时代魅力风采。

以文兴业，以文化"软实力"打造高质量发展的"硬支撑"——

一条中轴线，是丈量城市价值的标尺，是读懂人文经济之美的窗口。

沉沉一线穿南北，京广线贯穿神州大地。

向北看，700多年历史的北京中轴线，被推荐作为我国2024年世界文化遗产申报项目，进入了申遗加速期。北京为此实施了上百项文保工程，并在延长线上新建一批文化重器，在保护中创造发展，走向未来。

向南看，花城广州的城市中轴线上，占地1100公顷的海珠国家湿

图为 2020 年 2 月 24 日拍摄的广州海珠湿地海珠湖。
（新华社发　谢惠强摄）

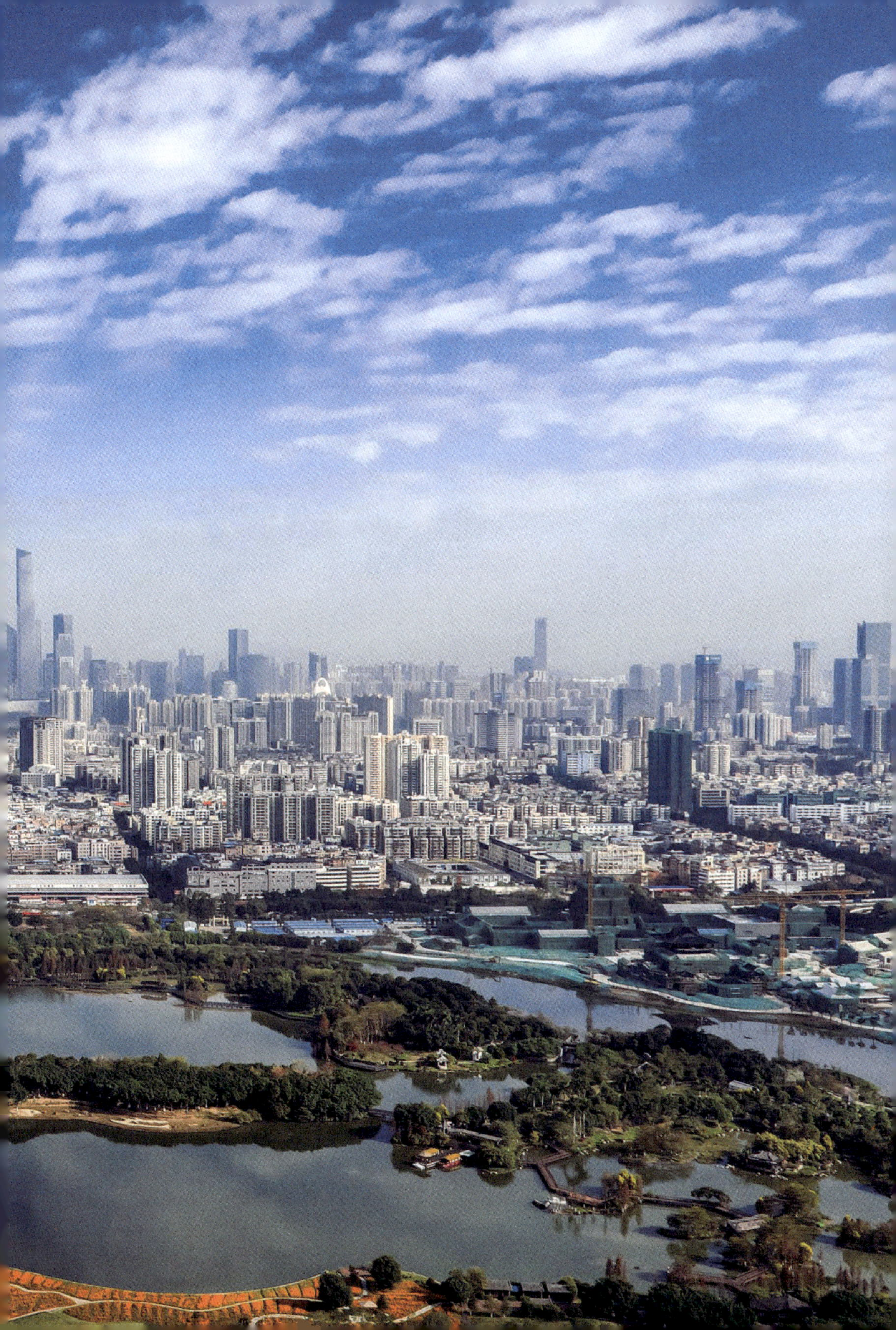

地公园在 2023 年 2 月被列入国际重要湿地名录，成为全国唯一地处超大城市中轴线上的国家湿地公园，为快速扩张的城市保留了珍贵的生态文明空间。

一北一南，两条中轴线，无论是文化遗产保护还是生态环境保护，都在发展与保护的创新实践中书写城市的美好未来。

"敬畏历史、敬畏文化、敬畏生态""经济发展是文明存续的有力支撑""坚持把社会效益放在首位、社会效益和经济效益相统一"……习近平经济思想中蕴含着推动高质量发展深刻的辩证思维。

"推进高质量发展，一条重要底线就是要坚守人文价值。"魏鹏举说，高质量发展一个显著特点，就是强调社会总体价值和经济增长之间的平衡关系，深刻体现中国古代哲学核心的义利之辩、仓廪礼节之辩。

以文聚力，以人文经济新实践为中国式现代化凝聚内在动力——

文化繁荣是国家强盛的精神标识，精神世界丰富是人民富足的文化呈现。

2023 年 4 月 13 日，承载着中老两国人民的殷切期盼，中老铁路跨境客运列车正式开行。

高质量发展中的人文经济学观察

2023年4月13日，在中老铁路老挝磨丁站，工作人员欢迎乘坐D887次国际旅客列车的旅客抵达磨丁。（新华社发　凯乔摄）

从中国昆明南站、老挝万象站双向对开，"复兴号"与"澜沧号"相互交会，车厢中随处可见中老双语"丝路通途，美美与共"，一站一景处处彰显两国文化，成为文明交流互鉴的生动写照。

文化是民族生存和发展的重要力量。中华文化既坚守本根又不断与时俱进，使中华民族保持了坚定的民族自信和强大的修复能力，培育了共同的情感和价值、共同的理想和精神。

习近平总书记指出:"中国式现代化是物质文明和精神文明相协调的现代化。"党的二十大报告把"人民精神文化生活更加丰富,中华民族凝聚力和中华文化影响力不断增强"作为未来五年我国发展的主要目标任务之一。

树高千尺有根,水流万里有源。

在"人口规模巨大"的现代化实践中感知天下为公、民为邦本的民本思想;

在"全体人民共同富裕"的不懈追求中探寻为政以德、革故鼎新的治理理念;

在"物质文明和精神文明相协调"的统筹兼顾中体会自强不息、厚德载物的风范品格;

在"人与自然和谐共生"的扎实行动中感悟道法自然、天人合一的发展理念;

在"走和平发展道路"的坚定抉择中读懂讲信修睦、亲仁善邻的社会理想……

植根历史沃土,中国用几十年的时间走完了发达国家几百年走过的

发展历程，举世瞩目的成就背后蕴藏着一个东方大国迈向现代化的发展密码，方兴未艾的人文经济新实践正是这一密码的重要一页。

踏上新的征程，中国奋力推进中国式现代化，在人文与经济的良性互动中迈向高质量发展，必将为实现中华民族伟大复兴赢得精神主动、历史主动、发展主动，也必将极大丰富世界文明百花园。

新华社北京 2023 年 5 月 28 日电
新华社记者韩洁、王立彬、徐壮、谢希瑶、王聿昊

扫描二维码查看视频

北京城内，纵贯南北的中轴线申遗加快推进，进而带动北京老城整体保护；大运河畔，北京城市副中心加速建设，构建新格局……这是大国首都的非凡气度。

怀柔科学城，一批"大国重器"破土而出，打造重大科技基础设施集聚新高地；京西首钢园，工业锈带迸发生机活力，成为城市新地标……这是创新发展的时代印记。

影剧院里，以首都北京为创作题材的文艺作品感染受众，吹响时代前进的号角；城市街巷中，"小而美""多样式"的文化空间拓展覆盖，厚植人文沃土……这是以文化人的民生向度。

……

党的十八大以来，习近平总书记多次对北京工作作出重要指示，深刻阐述了"建设一个什么样的首都，怎样建设首都"这一重大时代课题。"要明确城市战略定位，坚持和强化首都全国政治中心、文化中心、国际交往中心、科技创新中心的核心功能，深入实施人文北京、科技北京、绿色北京战略，努力把北京建设成为国际一流的和谐宜居之都。"

历史与现实交相辉映，人文与经济交融互动。千年古都北京正以昂扬之姿、奋进之势，坚持不懈、矢志不渝地用习近平总书记对北京一系列重要讲话和指示精神武装头脑、指导实践，精心擦亮历史文化"金名片"，奋力谱写新时代发展新篇章。

文润京华谱新篇
——人文经济视野下的北京观察

2022年10月3日，夕阳照亮北京CBD的高楼建筑群。
（新华社记者王建华摄）

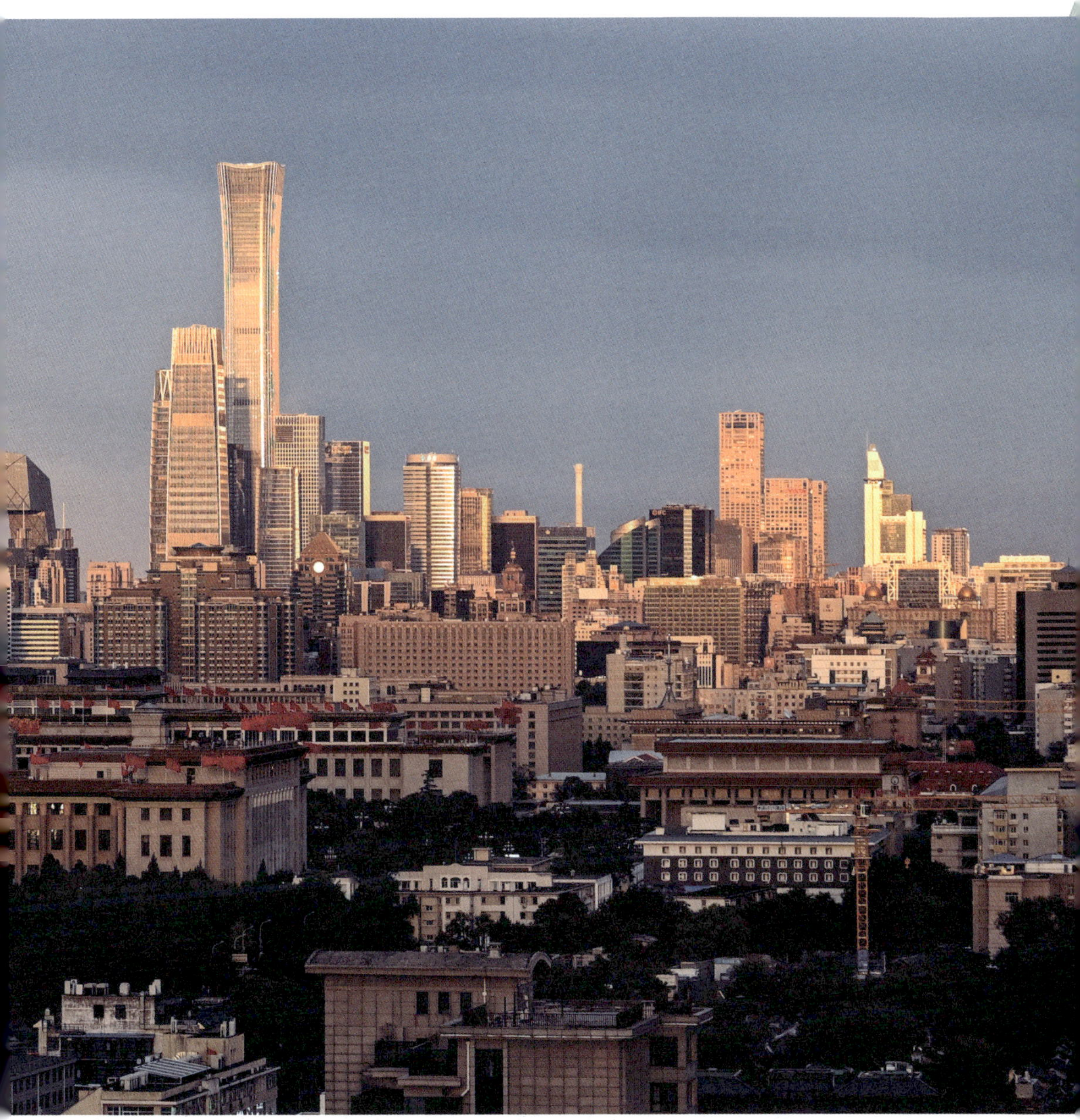

京韵悠长：
传承千年文脉

2023年7月4日从景山上拍摄的故宫。始建于1406年的故宫是世界上现存规模最大、最完整的古代木构宫殿建筑群，位于北京中轴线的中心。1987年联合国教科文组织将其列入世界文化遗产名录。（新华社记者李鑫摄）

"江山无限景，都取一亭中。"置身景山万春亭，极目向北，声韵悠悠的钟鼓楼相向而立；向南远眺，恢弘典雅的故宫博物院尽收眼底。

700多年前，元代政治家、建筑设计师刘秉忠，以什刹海最东端为基点，作一条南北向轴线。这条7.8公里长的中轴线，贯穿南北、联通古今，构建起北京城中正和合的城市格局，塑造出千年古都的灵魂和脊梁。

如何在保护中更新、怎样在传承中发展，成为古都北京的时代命题。

2017年发布的《北京城市总体规划（2016年—2035年）》提出"传承城市历史文脉，深入挖掘保护内涵"；2020年发布的《首都功能核心区控制性详细规划（街区层面）（2018年—2035年）》提出"加强老城整体保护，建设弘扬中华文明的典范地区"；2023年发布的《北京中轴线保护管理规划（2022年—2035年）》提出北京中轴线保护、展示、利用、监测等规划管理要求与策略……

"北京是著名的古都，老城具有独特的历史、文化和社会价值，规划的重点和新城有所不同，要守住历史文脉和胡同肌理，不能再搞大拆大建。"北京市规划和自然资源委员会主任张维说，"我们把老城保护和民生改善的目标有机统一起来，切实做到在保护中发展、在发

新时代中国奇迹的人文经济学观察

2016年1月17日，两位小朋友在北京什刹海冰场滑冰车。（新华社记者王琛摄）

展中保护。"

北京老城正悄然蝶变。

"天更蓝、水更绿、胡同更有秩序,在家门口跟老友坐湖边下棋、遛鸟,别有一番趣味儿。"家住西城区什刹海边上的市民孟凡强感慨,"恬淡怡然的老北京之韵,又回来了。"

作为北京老城著名的历史文化保护区之一,什刹海毗邻中轴线,处于京杭大运河世界遗产北端点。

"西城区是北京营城建都的肇始之地,是能够反映北京都城历史变迁的代表性地区,文化底蕴深厚,文物资源丰富。"西城区委书记孙硕说,"我们要做老城文脉的传承者,抓好中轴线申遗重点任务,推进老城整体保护与复兴,擦亮历史文化名城'金名片'。"

文脉延绵,新城展翼。

天安门向东 20 余公里,北京城市副中心,一座崭新的千年之城正乘风前行。2016 年,中央首次研究部署规划建设北京城市副中心。2020 年起,北京城市副中心年度投资从"百亿级"跃升至"千亿级",并连续 4 年保持这一投资强度……

作为北京"一核一主一副"城市空间结构中的"一副",北京城市

2023年10月4日拍摄的厂通路潮白河大桥施工现场。厂通路潮白河大桥是北京城市副中心与河北廊坊北三县交通一体化的代表性工程。（新华社记者邢广利摄）

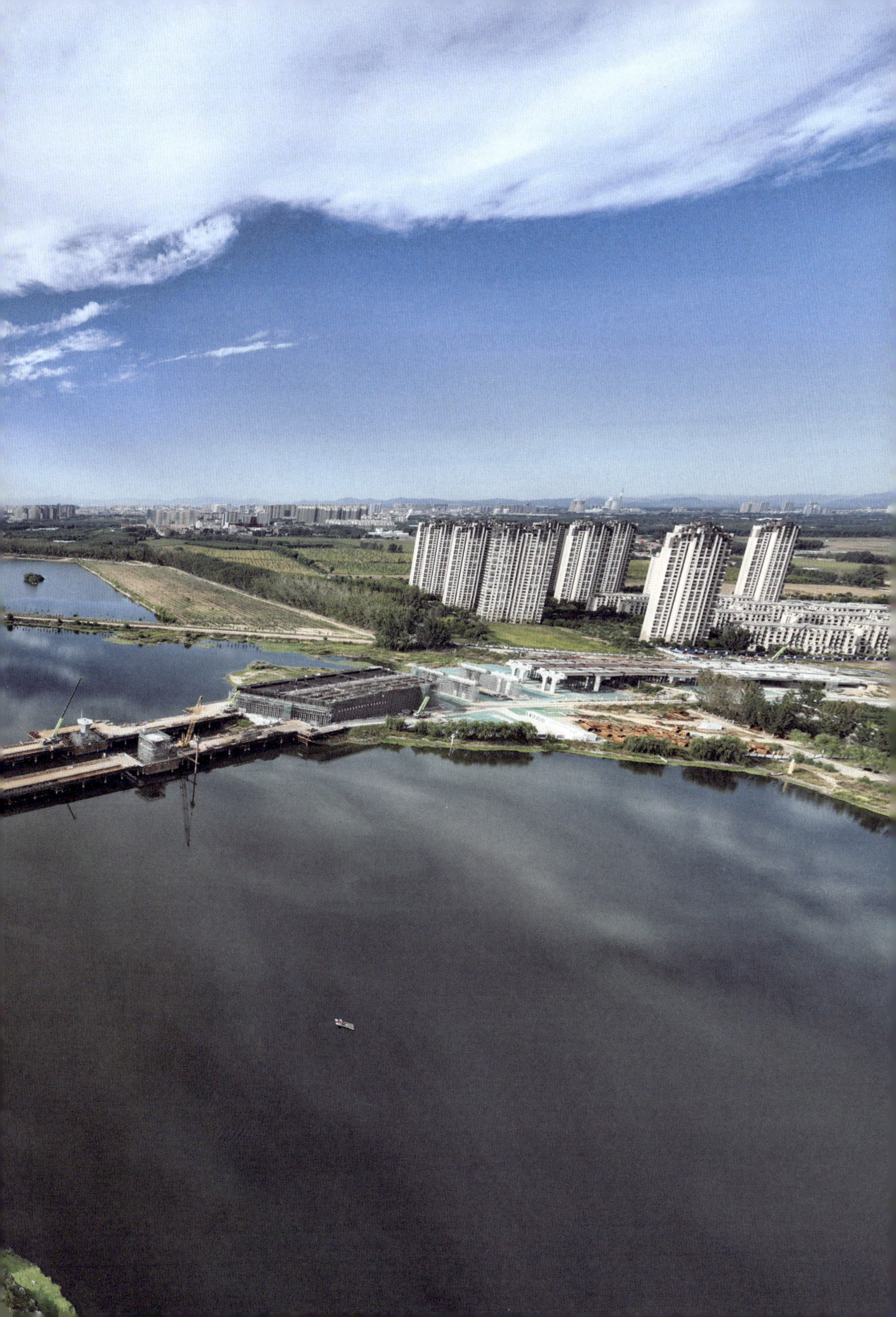

副中心正深度承接中心城区非首都功能疏解，锚定高端产业推动创新协同，加速打造"蓝绿交织、水城共融"宜居城市，成为千年古都又一张亮丽名片。

  大运河畔碧波荡漾，万里长城巍峨雄踞，西山山麓文脉绵延……2017年，北京新版总规将大运河、长城、西山永定河三条文化带，列为北京历史文化名城保护体系的重要内容。三条文化带将构建历史文脉和生态环境交融的整体空间结构，再现山水相依、刚柔并济的历史风貌，承载千年古都的"城市之魂"，铸就大国首都的"文化之基"。

文化赋能：推动创新发展

2023年7月7日，在北京市东城区颜料会馆，观众在欣赏由北京市曲剧团演员带来的沉浸式北京曲剧《茶馆》。（新华社记者鞠焕宗摄）

临汾会馆、台湾会馆、安徽会馆……这些扎根在老城、承载历史记忆的会馆，是北京独特的文化"活化石"。曾经，这里沦为大杂院，满目萧条；如今，京剧、昆曲等各色演出轮番上演。"会馆演出'小而精'，座位有限，想看还要拼手速。"东城居民郝思苗告诉记者。

人气旺了，业态新了，产业兴了。

"近年来，东城区始终坚持'崇文争先'理念，奋力建设文脉绵延、文化繁荣、文明灿烂、文人荟萃的文化名城，走出了一条以文化为根基、为底色、为驱动的城市创新发展之路。"东城区委书记孙新军说。

雁栖湖畔，北京怀柔科学城，综合极端条件实验装置、地球系统数值模拟装置等一批"大国重器"破土而出。这个曾经以"绿水青山"为鲜明标识的北京远郊，已成为全国重大科技基础设施集聚度最高的区域之一。

"怀柔区在深入践行'绿水青山就是金山银山'理念基础上，加快建设怀柔科学城、国际会都和中国影都三张'怀柔'名片。"怀柔区委书记郭延红说，怀柔利用文化资源和历史积淀营造人文环境、激发文化动能，为怀柔科学城国家战略的推进积蓄澎湃力量。"从文化自信到科技自立自强，我们要做创新发展的开拓者。"

"悠久的中华文化、灿烂的中华文明，焕发出强大的精神动力，转化成持久的发展动能。"北京师范大学艺术与传媒学院副院长杨乘虎说，"在人文经济视野下，我们要深入挖掘人文精神，将其转变为内生动力，展现出新时代的传播力、影响力和驱动力。"

沿长安街延线一路向西，在永定河的莲石湖畔眺望，一处拥有百年历史的工业锈带——首钢园，迸发出无限活力。巍峨挺立的三高炉，与栈桥、亭台、绿树、秀池，以及滑雪大跳台融为一体，一幅奥运文化与工业遗存、历史沉淀与自然景观交织的画卷铺陈在眼前，成为城市复兴的新地标。

在核心区，故宫、王府井、隆福寺三处知名文化地标构成的"文化金三角"，实现"文化、人、城市空间、产业经济"融合共生发展；在京北怀柔，兴发水泥厂经过生态修复和升级改造，打造成为高等研究机构聚集区；在京西门头沟，金隅琉璃文化创意产业园的落成，让传承近千年、一度熄灭10年的窑火重燃……

文化创意，与数字智能、科技服务、新型消费等领域的交融互动，为企业发展注入活力，为产业繁盛增添动力。北京以文化赋能经济，交出一份亮眼成绩单——

2021年11月10日拍摄的北京怀柔雁栖湖景色。
（新华社发　卜向东摄）

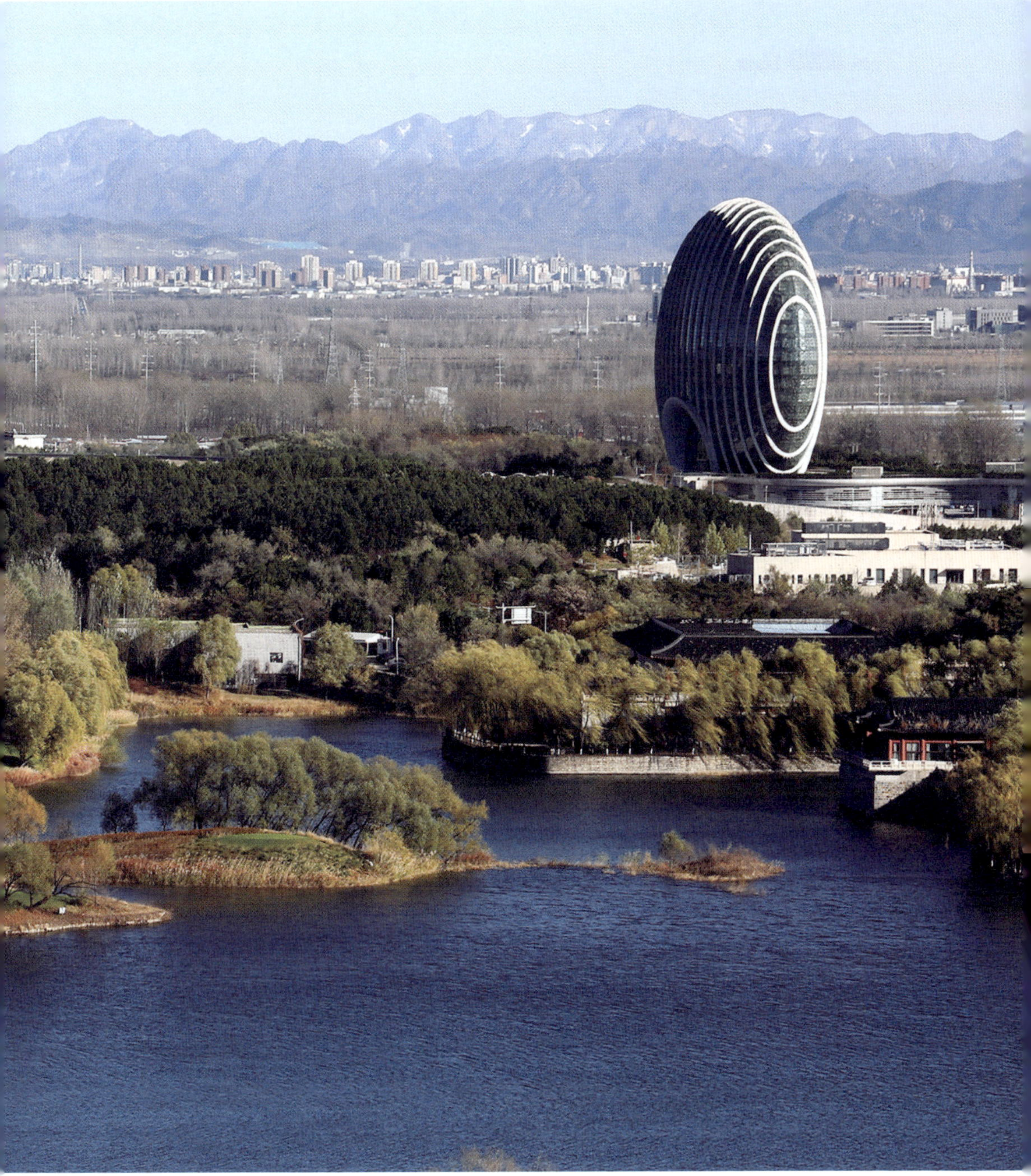

新时代中国奇迹的人文经济学观察

2023年9月15日，在北京前门大街举行的"壮美中轴线"2024春夏北京时装周开幕大秀上，模特展示设计师劳伦斯·许设计的高级定制时装。（新华社记者才扬摄）

在文化产业蓬勃发展的朝阳区，深入实施"文化+"发展战略，2023年1至6月，全区2492家规模以上文化产业单位实现收入1489.5亿元，同比增长11.9%；在科技创新资源优势突出的海淀区，拥有8家千亿元级企业、31家百亿元级企业，2022年地区生产总值突破万亿元；在铭刻首都工业时代光辉印记的石景山区，包括首钢、京能热电等8家工业企业在内的"京西八大厂"搬迁调整工作将于年内全面完成，为未来产业发展提供优质载体……

"我国经济建设已经进入到高质量发展的新阶段，更加注重科技的推动、创意的赋能、品牌的提升。"中央财经大学文化经济研究院院长魏鹏举说，文化，是发展的增量，也是发展的引擎。以"文化+"模式打通文化链与价值链，成为北京的不二选择。

成风化人：
绽放人生精彩

2012年9月7日，两名京剧演员在北京正乙祠表演《凤戏游龙》片段。（新华社记者刘金海摄）

风沙漫卷，大漠茫茫。一块汉代织锦护臂，一段凄婉动人的故事。舞剧《五星出东方》从国家一级文物"五星出东方利中国"汉代织锦护臂中汲取灵感，带领观众"走"进跨越千年的时空。

"这是一部北京新疆两地联合出品的精品舞剧，是推动中华优秀传统文化创造性转化、创新性发展的生动实践。"该剧制作人、北京演艺集团副总经理董宁说，"这部作品的创排，正是依托北京浓郁文化氛围、独特人文环境所孕育的创作能力。"

文化锻造了一座城市的气质，决定着一座城市的品质。多样的文化景观，造就了城市的文化优势。

拥有百年历史的吉祥大戏院、正乙祠重张启幕，北京国际戏剧中心落成启用，中央歌剧院剧场开门迎客，北京歌舞剧院原址重建……文艺剧院的建设、文艺事业的繁荣，极大丰富群众文化生活。

美后肆时景山市民文化中心、角楼图书馆、红楼公共藏书楼……北京因地制宜打造"小而美"、多样式的新型公共文化设施，让市民享受公共文化服务的便捷度大幅提升。

电影《长津湖》、电视剧《觉醒年代》、京剧《李大钊》、话剧《香山之夜》、舞剧《五星出东方》、音乐剧《在远方》……一批体现中国

2023年7月31日,和田地区新玉歌舞团演员在演出舞剧《五星出东方》。该剧由和田地区新玉歌舞团与北京演艺集团联合打造,曾荣获国家"文华奖"和"五个一"工程奖。(新华社记者 郝昭 摄)

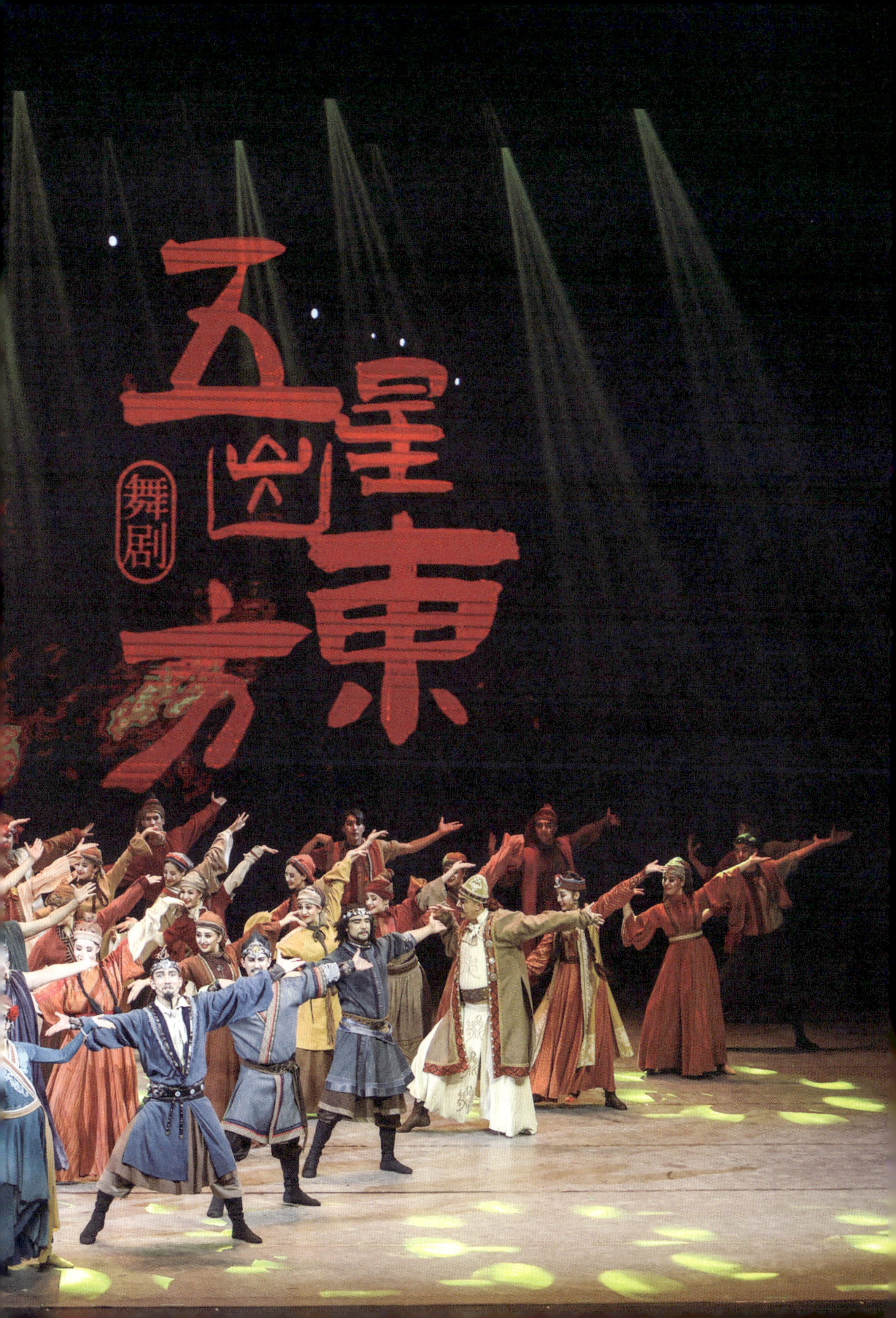
五星出東方
舞剧

气派、首都风貌、北京特点的优秀作品，引领时代发展之风。

……

"北京以高质量的文化供给创造迭代升级的文化消费，市民百姓在拥有文化获得感和幸福感的同时，获得情感认同和身份认同，树立起高度的文化自觉和文化自信。"杨乘虎说。

在北京经济技术开发区，蓝箭航天空间科技股份有限公司自主研制的朱雀二号遥二液氧甲烷运载火箭，2023年7月发射升空，成为全球首枚成功入轨的液氧甲烷运载火箭。"选择在经开区创业，是因为这里的人文环境和创新生态，我对未来更加充满信心。"蓝箭航天创始人张昌武说。

在繁星戏剧村的舞台，1999年出生的山西小伙儿王广沉浸在角色的真挚与浪漫中。一年前，从吉林艺术学院表演系毕业的他，成为签约"进村"的新成员。"北京就像一个广阔的舞台，在这里，你总能找到适合自己的角色。"王广说。

在东五环外的皮村，打工人小海喜欢读书和写诗。从深圳到东莞、从宁波到苏州、从嘉兴到北京，36岁的小海在打工生涯中"漂"过很多个城市。"北京的人文环境深深吸引着我，也让我一直留下来为之奋

斗。"小海说。

……

"济大事者，必以人为本。"

"正是人们对美好生活的追求，决定了美的价值。发展中国的人文经济就是要以人为本，向美而行。"中国人民大学经济学院教授高德步说。

以人文之光照亮前行之路，千年古都焕发的古韵新颜，成为全面建设社会主义现代化国家的生动缩影；以人文之力推动时代之变，京华大地书写的生动实践，化作以中国式现代化全面推进中华民族伟大复兴的磅礴伟力。

时空交错中，千年文脉贯通古今；历史进程里，人文经济意蕴悠远。

新华社北京 2023 年 10 月 17 日电

新华社记者王明浩、孔祥鑫、张漫子、赵旭、杨淑君、孙蕾

扫描二维码查看视频

黄浦江蜿蜒而过，汇入长江，融入东海。坐拥地利的上海，是全国最大的经济中心城市。

国产大飞机一飞冲天，国产大型邮轮正式出坞，新能源汽车风驰电掣，集成电路"芯"火正旺……这些高端制造、自主制造、智能制造，尽显上海作为经济中心的硬实力。

对普通人来说，上海更多展现的是柔软的人文一面：黄浦江畔，万家灯火；梧桐树下，光影斑驳。无论是外滩、东方明珠等传统地标，还是武康大楼、北外滩等新晋网红打卡点，日常的上海游人如织。

"文化是城市的灵魂。"习近平总书记2019年在上海考察时指出，要妥善处理好保护和发展的关系，注重延续城市历史文脉，像对待"老人"一样尊重和善待城市中的老建筑，保留城市历史文化记忆，让人们记得住历史、记得住乡愁，坚定文化自信，增强家国情怀。

厚植红色文化、海派文化、江南文化资源，上海正在加快建设社会主义国际文化大都市。人文和经济相得益彰、软实力和硬实力相辅相成，让上海焕发出不一样的魔力，也为新时代的城市发展提供了不竭动力。

风起东方日日新
——人文经济视野下的上海观察

图为 2022 年 10 月 24 日从苏州河水域拍摄的上海城市风光。（新华社记者王翔摄）

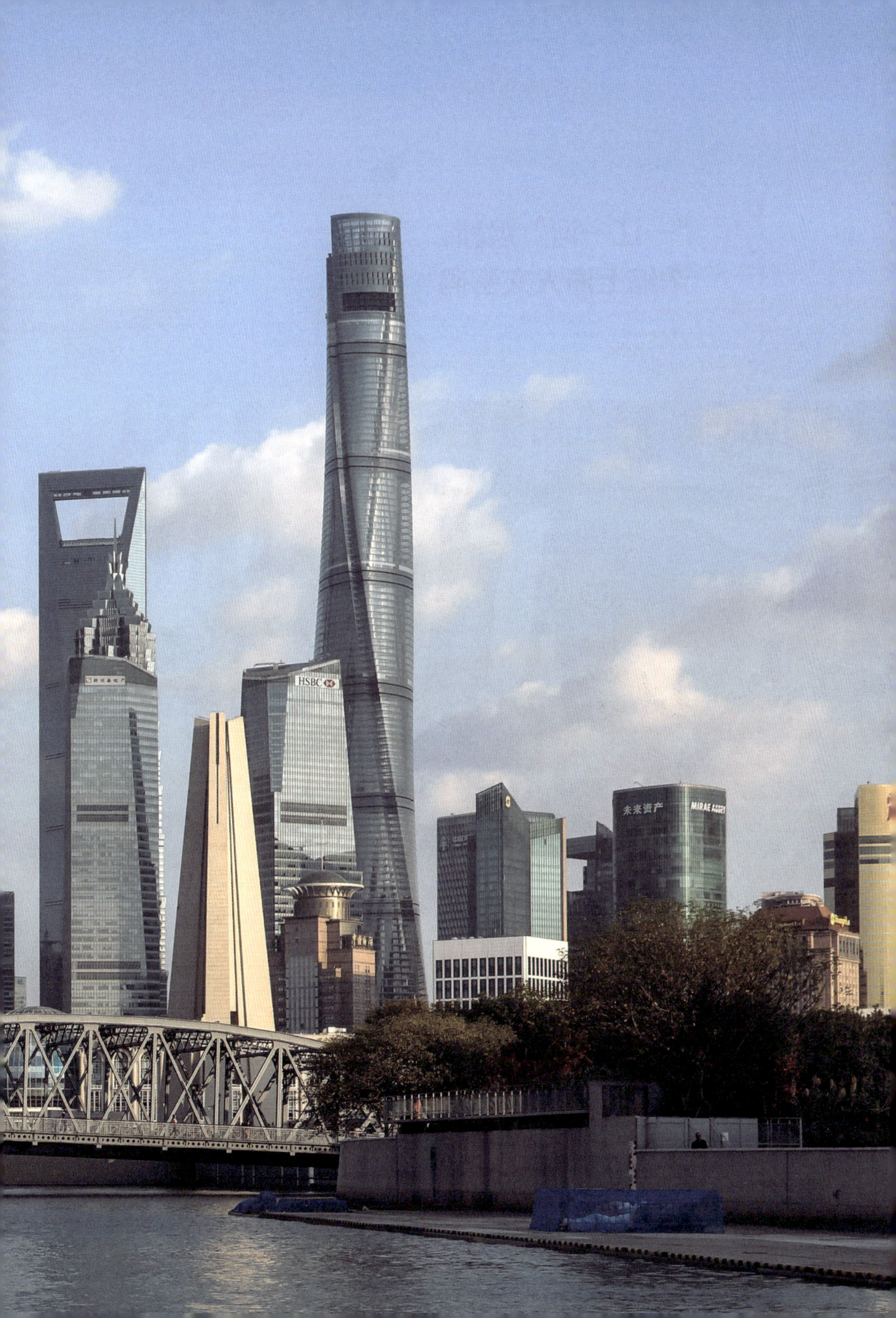
HSBC
未来资产
MIRAE ASSET

"一江一河"焕新，浓缩上海人文密码

2023年4月22日，2023上海苏州河半程马拉松赛在普陀区鸣枪起跑。（新华社记者辛梦晨摄）

粗砺的码头，化身为充满工业风的 T 台；铁锈斑斑的旧厂区，蝶变为灵动的艺术空间；以往被分割得支离破碎的江岸，跃升为年轻人的"跑步天堂"……

黄浦江和苏州河这"一江一河"，荟萃了上海的城市精华。2017年以来，黄浦江核心段 45 公里岸线和苏州河中心城区 42 公里岸线相继贯通开放。从"沿江不见江"到"近水更亲水"，"一江一河"的贯通成为上海"人民城市"建设的生动注脚。

城市发展，以人为本。新时代的人文经济学，以人的全面发展为最终目标，体现了高质量发展的初衷。

把最好的资源留给人民——

"无论是城市规划还是城市建设，无论是新城区建设还是老城区改造，都要坚持以人民为中心，聚焦人民群众的需求"。习近平总书记的话，为城市规划建设指明方向。

黄浦江东岸，总面积约 200 万平方米的世博文化公园草木蔓发、山环水绕。公园里除了世博会保留场馆，还有古朴典雅的江南园林"申园"，以及文化新地标上海大歌剧院等。为了满足市民观山登山的愿望，这里还攻克诸多技术难关，建造了一座高度超过 40 米的"双子

图为2017年5月1日拍摄的世博会博物馆正门。当日，上海世博会博物馆正式对外开放。（新华社签约摄影师摄）

山"，计划2024年全面开园。

滨江寸土寸金，近2平方公里的超大面积，市场价值至少上千亿元。然而，上海的选择不是盖商务楼、搞大开发，而是用来建设公园绿地，让市民和游客得以登山观江、漫步休憩。

与黄浦江相映衬，逶迤于人口密集区域的苏州河贯通，走笔更为精细。苏州河在普陀区岸线最长，达21公里，正好是半程马拉松的距离。普陀区委书记姜冬冬说："我们正在提升公共空间的品质品位，打造高颜值、高能级的'城市客厅'，并挖掘百年工业文明、传承历史文脉，精心描绘一幅'半马苏河'的工笔画。"

"一江一河"是一个缩影。把最好的资源留给人民，在最核心的地段建设高品质的文化设施、公共空间，已成为新时代上海城市发展的根本遵循。

在最美的地方打造高质量发展样本——

人文鼎盛和经济繁荣，历来是互相促进、交相辉映的关系。人文之城，往往也是宜居之城、创新之城。

站在徐汇滨江西岸智塔45楼，波光粼粼的黄浦江一览无余。近处，是由龙华机场储油罐改造而来的油罐艺术中心和阿里巴巴上海总部办公处。远处，历史悠久的龙华塔挺拔秀丽，总投资逾600亿元的西岸金融城正在忙碌建设中。传统与现代、文化与经济，在黄浦江畔实现了水乳交融。

"徐汇的滨江地区开发，遵循了'文化先导、科创主导'的思路。"徐汇区委常委、宣传部部长赵懿说，包括星美术馆、龙美术馆、西岸美术馆等在内，徐汇滨江的美术馆大道崭露头角，成为中外人文交流高地。

出众的人文环境和公共空间品质，对各路人才形成了强烈的磁吸力，也支撑了科创产业的发展。2022年，徐汇区人工智能相关产业集群总产出705亿元，同比增长18.4%。2023世界人工智能大会期间，徐汇又发布15条措施，支持生成式人工智能发展。

红色文化、海派文化、
江南文化融通，
铸就城市新文明

图为2023年6月9日拍摄的中共一大会址外景。（新华社记者刘颖摄）

一个城市的文化特色，是区别于其他城市最为显著的标识，也是人文之城的魅力来源。

既有千年江南文化的浸润，又有近代以来中西交汇的海派文化，上海更是中国共产党诞生地和工人运动发祥地，612处红色地标、30余处中共中央早期在沪机关旧址遗址，让红色文化成为这座城市的精神底色。

"上海要坚持创造性转化、创新性发展，积极探索传统历史文化更富创意的'打开方式'，推动文化遗产进一步'活起来''火起来'。"上海市委常委、宣传部部长赵嘉鸣说，上海文艺战线要抓大作品、出大制作、创大IP，不断做强"码头"、激活"源头"、勇立"潮头"。

持续擦亮"上海文化"品牌——

江河奔流，光影璀璨。今年6月上旬，第25届上海国际电影节开幕。作为中国唯一的国际A类电影节，上海国际电影节已走过30个年头。

上海是中国电影发祥地，贡献了大量经典佳作。今年元旦，上海美术电影制片厂与哔哩哔哩联手推出的《中国奇谭》，成为现象级动画。

"过去3年，上影的作品涵盖了电影、电视剧、动画、有声剧、网生内容等全类别，形成创作矩阵，为观众带来'好戏连台'。"上影集

团董事长王健儿表示。

进入新时代，上海在建设社会主义国际文化大都市的进程中，不断激活文脉，从中华优秀传统文化中汲取营养和智慧，铸就城市新文明。

不断创新文化资源"打开方式"——

树影婆娑，红砖外墙，走进上海的武康路安福路，时光仿佛一下子

2023年6月9日，第25届上海国际电影节金爵奖"主竞赛单元"评委亮相。（新华社记者辛梦晨摄）

新时代中国奇迹的人文经济学观察

2021年6月23日,游客在武康大楼一楼的大隐书局拍照"打卡"。（新华社记者王翔摄）

慢了下来。

全长1500多米的武康路安福路，位于上海规模最大的历史风貌保护区——衡复风貌区内。从造型别致的武康大楼，到黄兴、巴金等名人故居，再到上海话剧艺术中心，这个散发着浓浓文化气息的街区，成为年轻人争相打卡的地方。

"我们原来一直走线上销售，2021年把线下第一家店开在安福路，就是看中这里的文化氛围。"以即溶冻干咖啡闻名的新消费品牌三顿半公关负责人梁笑说，在武康路安福路看一场话剧、逛一次街、喝一杯咖啡，成为很多人的日常生活选择。

像三顿半这样的店铺，在武康路安福路还有140多家。"在最古典的房子里，体验最新潮的消费。我们统计过，街区入驻企业中85%以上为近年来新创立的自主品牌。"徐汇区湖南街道党工委书记杨海英说。依托"形态、业态、文态"的融合，武康路安福路正从历史风貌保护区迈向"新消费高地"。

大力推动中国文化"走出去"——

2023年4月，总部位于上海的阅文集团旗下起点中文网收到一位日本读者的来信，是写给《天启预报》作者风月的。整整4页，全部用汉字手写。

阅文集团总编辑杨晨介绍说，截至 2022 年底，起点国际版已上线约 2900 部中国网络文学的翻译作品，培养海外网络作家约 34 万名，网文出海吸引约 1.7 亿访问用户。"无论哪种语言都可以用故事承载梦想，超越文化差异，赢得更多的热爱。"

包括阅文在内，上海众多文化企业已成为中国文化"出海"的主力军。统计显示，上海市文化产品和服务进出口总值 2021 年首度突破千亿元大关，同比增长 50% 以上。

哔哩哔哩海外用户已逾 4700 万，同比增长 171%；上海出品的《翻国王棋》成为中国首部"出海"音乐剧；由上海企业米哈游出品的游戏《原神》，目前已在全球 100 多个国家和地区上线……

赋予高质量发展以人文底色，塑造更强大的城市核心竞争力

2023年3月3日拍摄的苏州河与黄浦江交汇处。
（新华社记者方喆摄）

新时代中国奇迹的人文经济学观察

2023年上半年，上海市实现地区生产总值21390亿元，同比增长9.7%，经济总量继续保持全国城市首位。随着国际经济、金融、贸易、航运、科技创新中心建设的不断推进，上海的硬实力还在不断增长。对照"建设具有世界影响力的社会主义现代化国际大都市"要求，上海正在大力提升城市软实力。

"观乎天文，以察时变；观乎人文，以化成天下。"上海各级政府清醒地认识到，文化是体现城市竞争力的核心资源，文化融入经济社会发展的各个领域，在城市发展中起到潜移默化的推动作用。

践行人文经济学，以精神品格筑牢发展根基——

"大上海"，是人们对上海的一个亲切称呼。上海，到底大在哪里？有识之士认为，城市精神和城市品格是其重要支撑。

在厚重的文化滋养下，"海纳百川、追求卓越、开明睿智、大气谦和"的城市精神和"开放、创新、包容"的城市品格，成为上海发展最基本、最深沉、最持久的动力。

把自身发展放在中央对上海发展的战略定位上，放在经济全球化的大趋势下，放在全国发展的大格局中，放在国家对长江三角洲区域发展的总体部署中思考和谋划，"四个放在"展现上海大格局；连续举办中

风起东方日日新
——人文经济视野下的上海观察

国国际进口博览会、建设世界级的光子大科学设施集群，上海为全国开放创新提供大平台；积极推动长三角一体化、打造浦东社会主义现代化建设引领区、在上海自贸区和临港新片区开展高水平压力测试，上海在全国改革开放中领受大任务。

　　城市精神和城市品格，深深影响到身处其中的每一个人。中国商飞董事长贺东风在上海工作多年，在他看来，在国产大飞机一飞冲天的

2022年11月4日晚，第五届中国国际进口博览会开幕式在国家会展中心（上海）举行。（新华社记者方喆摄）

背后，是商飞员工的拼搏奉献。"这种精细的作风、认真的态度，也持续赋能上海特有的文化底蕴。"

践行人文经济学，软硬协同提升核心竞争力——

文化的力量可以转化为物质的力量，文化的软实力可以转化为经济的硬实力，这样的辩证法在上海处处有生动实践。

不少年轻人选择上海，是因为这里规则明确、竞争公平，守规矩不吃亏，对创新有包容；公共场合经常看到人们安静地排长队，呈现出一种"秩序之美"；对很多网红小店，政府提供"临时备案"服务，既有烟火气又不扰民……

"上海是一个顶尖人才容易待得住的地方。"阿斯利康全球执行副总裁王磊认为，无论人居环境、法治环境还是政府服务，上海都给外资企业以足够的信心。

包括阿斯利康在内，截至2023年上半年，上海的跨国公司地区总部和外资研发中心分别达到922家和544家，两项指标均居全国城市首位，上海依然是全球最富吸引力的投资热土之一。

"软实力和硬实力内在统一于城市综合实力，既相辅相成、又相对独立。"上海明确提出，"只有软硬实力一起发挥作用，才能形成更强大

的城市核心竞争力。"

百川异源，而皆归于海。

"让在者舒心、来者倾心、未来者动心"，人文经济视野下的上海，正在呈现干事创业热土、幸福生活乐园的生动图景，积极当好"中国式现代化的开路先锋"。

新华社上海2023年8月10日电

新华社记者王永前、肖春飞、何欣荣、孙丽萍

扫描二维码查看视频

万里长江自青藏高原奔腾而下,汇渝水、吞乌江,在与崇山峻岭碰撞中,塑造出一座山环水绕、江峡相拥的城市——重庆。

这是一座"一城千面"的城市:拥有魔幻的地形、飞檐走壁的轨道列车、流光溢彩的夜景、浓厚的烟火气,又拥有巴渝文化、抗战文化、革命文化、移民文化等厚重的人文积淀……

习近平总书记在党的二十大报告中指出,"中国式现代化是物质文明和精神文明相协调的现代化。物质富足、精神富有是社会主义现代化的根本要求""传承中华文明,促进物的全面丰富和人的全面发展"。

三千年江州城,八百年重庆府。在历史长河的滋养下,耿直热情、乐观豁达、坚韧质朴、开放包容等人文基因流淌在这座城市的血液里。

赓续千年文脉,融会时代精神。作为西部大开发的重要战略支点、"一带一路"和长江经济带联结点的重庆,以文化赋能经济,打造文旅融合新业态;承担时代赋予的新使命,推进成渝地区双城经济圈建设;重塑对外开放格局,打造内陆开放新高地……在人文与经济的时代交响中,这座充满活力的新山城正奔腾而来。

「一城千面」汇巴渝
——人文经济视野下的重庆观察

图为这 2023 年 7 月 4 日拍摄的重庆主城核心区夜景。（新华社记者黄伟摄）

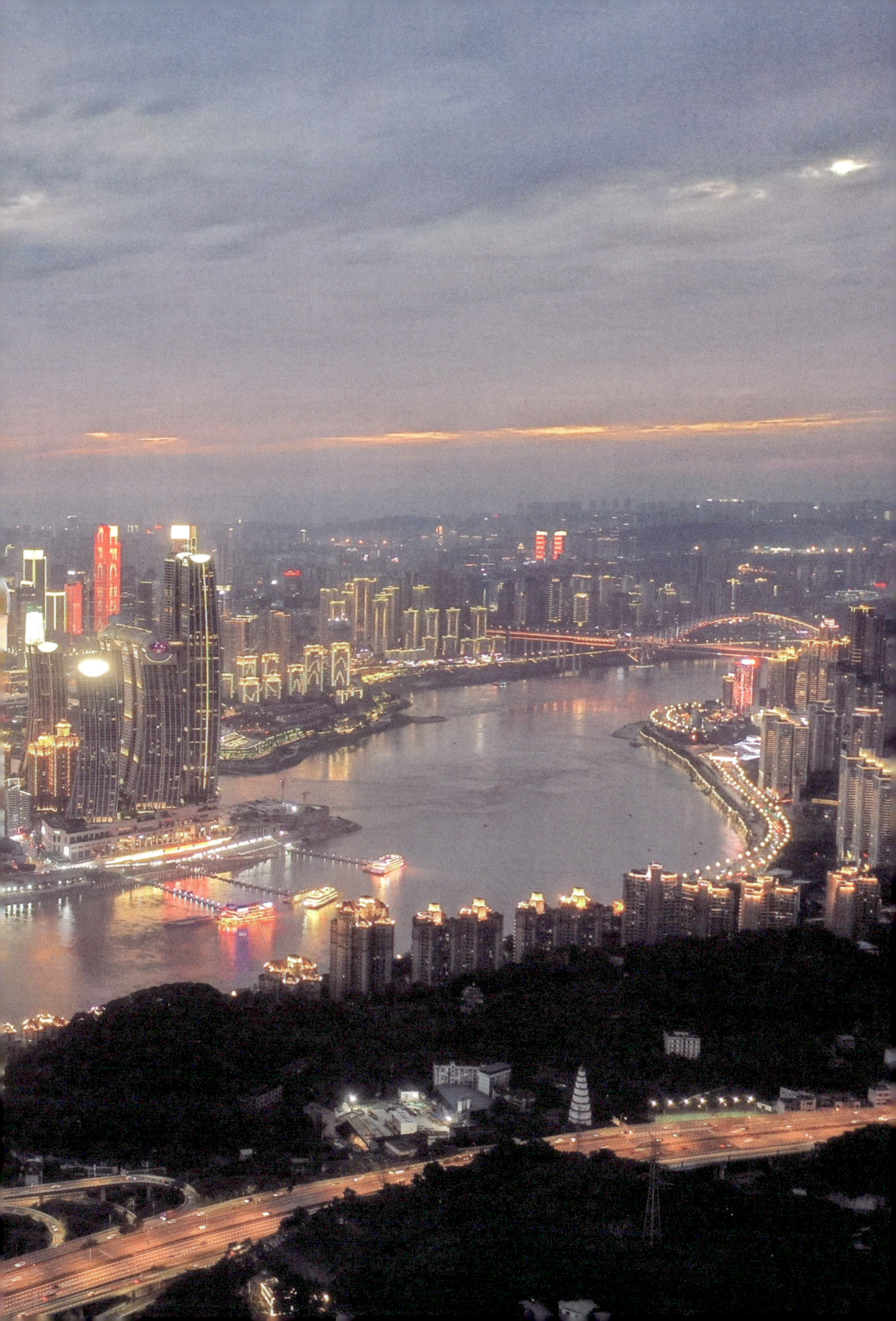

魅力之都：
魔幻与烟火交融共生

2023年6月10日，在重庆市南岸区，游客在重庆故宫文物南迁纪念馆展厅内参观拍照。（新华社记者储加音摄）

"一城千面"汇巴渝
——人文经济视野下的重庆观察

渝中半岛，重庆"母城"。

仲夏之夜，洪崖洞吊脚楼式建筑群临江而立、攀岩直上，璀璨夺目的灯光，与熙熙攘攘的游客、鳞次栉比的门店构成一幅热气腾腾的"山水不夜城"图景。

抚今追昔，时空穿越。

"烟火参差家百万，波涛上下浪三千。"清代诗人何明礼笔下的重庆府，就已是阁楼重叠、灯火辉煌的繁华盛景，将重庆的魔幻地形和烟火气展现得淋漓尽致。

千百年来，魔幻重庆与烟火重庆共生共荣，绽放出别具一格的人文魅力。

魔幻，源自重庆特殊的地理地貌。丘陵山地占重庆市域总面积90%以上，长江、嘉陵江、乌江等在此交汇，塑造出这座独具特色的山水之城。

在这里，地理常识经常被"颠覆"：你以为站在平地上，其实你在楼顶；你以为乘坐的是上天入地的过山车，其实你乘坐的是轨道列车；你以为导航能在立交桥上帮你找到正确的出口，其实导航也会"懵圈"……

烟火，来自真实质朴的渝派生活味。在时尚现代的高端商圈，街头巷口仍保留着杂货铺、裁缝店、剃头摊等，老重庆人在此怡然自乐，仿佛从另一个时代穿越而来，与繁华的CBD对比强烈却毫无违和感。

烟火，来自重庆人骨子里的耿直热情、乐观豁达。爬坡上坎的生活环境，让重庆人习惯了热情地嘘寒问暖、真诚地互相帮助。"不存在""巴适得板"……就连重庆人的口头禅都以俏皮的方式，调侃生活的酸甜苦辣，发现生活的安逸美好。

人文荟萃，经济繁荣。

洪崖洞、山城巷、长江索道……重庆"网红"打卡点层出不穷，吸引着世界各地游客纷至沓来。

重庆保护历史记忆、传承历史文脉，顺势而为打造文旅融合新业态。

行走在龙门浩老街，依托开埠遗址打造的文化街区，故宫文物南迁纪念馆、传统工艺文创店、年代感十足的老茶楼汇聚于此，让人们在休闲中触摸百年时光。

徜徉在解放碑至十八梯沿线，金融大厦、商贸中心与百年古刹、特色民居重叠交错，人们在移步换景中，感受着都市化与烟火气的水

乳交融。

畅游都市，体验夜经济、乐享慢生活……源于历史和现代人文资源的新业态，成为重庆经济发展中的一张张亮丽名片。

"何当共剪西窗烛，却话巴山夜雨时。"唐代诗人李商隐的名句，道尽了巴山渝水的清幽秀美。如今的重庆沿着历史文脉，打造现代版"巴山夜雨图"。

2022年5月31日，消费者在重庆三洞桥风情街吃火锅。（新华社记者王全超摄）

新时代中国奇迹的人文经济学观察

2022年6月4日拍摄的重庆缙云山风光。
（新华社记者王全超摄）

"一城千面"汇巴渝
——人文经济视野下的重庆观察

缙云山国家级自然保护区,素有重庆主城区"绿肺"之称,违规开发曾"蚕食"生态,近几年重庆下决心拆除违法建筑、系统修复生态……现在,这处李商隐笔下的巴山胜景,正逐渐实现"生态美、产业兴、百姓富"。

"来了就是重庆人,这里的城市风貌独一无二,这里的人们耿直热情。"天津"驴友"王思华在一次偶然到访后,就深深爱上了重庆,决定常住下来,好好感受这座山水之城的魅力。

重庆市文旅委数据显示,今年上半年,全市接待过夜游客5099.45万人次,同比增长90.6%,全市纳入统计监测的120家重点景区接待游客7020.21万人次,同比增长70.7%。

"在重庆,以文化赋能经济,正助力供给侧结构性改革激活发展新动能;以经济'活化'文化,正推动中华优秀传统文化的创造性转化、创新性发展。"重庆市委宣传部常务副部长曹清尧说。

坚韧之城：
攻坚克难勇担使命

2022年6月16日，长安汽车重庆两江智能工厂工人在作业。（新华社记者王全超摄）

"长安汽车深蓝SL03，冠军！"

第七届世界智能大会的"世界智能驾驶挑战赛"上，长安汽车凭借先进的技术在"智能驾驶量产赛"项目中夺冠。

总部在重庆的长安汽车，从生产新中国第一辆吉普车，到改革开放后进入微型面包车制造领域，再到十几年来不断突破"卡脖子"核心技术瓶颈，攻坚克难的步伐见证着这座西部山城的坚韧。

与山为邻、逐水而建的重庆，把坚韧质朴、忠勇爱国、实干拼搏等人文基因深深镌刻在骨子里。

斗转星移，时光流转。

如今，世界百年未有之大变局加速演进，重庆正承担起时代赋予的新使命——与四川合作推动成渝地区双城经济圈建设，打造带动全国高质量发展的重要增长极和新的动力源。

从2021年的67个、1.57万亿元到2022年的160个、2.04万亿元，再到2023年的248个、3.25万亿元……瞄准建设中的难点堵点，重大项目建设持续跑出"加速度"。今年上半年，重大项目已完成年度投资计划的54.6%，顺利实现"时间过半、任务过半"。

基础设施方面，"蜀道难"正向"蜀道畅"转变。郑渝高铁通车运营，成渝中线高铁、渝西高铁、成达万高铁、嘉陵江利泽航运枢纽、重庆江北机场改扩建等正加速推进；

产业发展方面，支柱产业转型升级，新兴产业加速成长。重庆汽车产业向新能源、智能网联，电子产业向芯、屏、端、核、网全产业体系转型升级，战略性新兴产业加速崛起，打造成渝氢走廊、电走廊、智行走廊等；

2022年10月19日拍摄的重庆青山工业有限公司汽车变速器装配生产线作业现场。（新华社记者王全超摄）

科技创新方面，创新要素正加速聚集。北京理工大学重庆创新中心、电子科技大学重庆微电子产业技术研究院等一大批科研平台陆续落户或投入运营，"中国复眼"等重大基础科研项目启动；

改革创新方面，大胆试、大胆闯、自主改。跨区域设立联合河长办公室等重点改革项目陆续落地，"川渝通办"事项已达311项，高品质"双城生活"正走进现实；

……

披荆斩棘，砥砺奋进。

独特的人文基因，让重庆人秉持家国情怀，面对困难坚韧不屈，不拘一格开拓创新，正化作助推经济高质量发展的强劲动能。

开放之地：
登高涉远"拥抱"世界

2022年5月24日拍摄的重庆果园港一带景象。
（新华社记者王全超摄）

重庆果园港，长江上游第一大港口。

2016年1月4日，习近平总书记来到果园港考察调研，叮嘱"把港口建设好、管理好、运营好，以一流的设施、一流的技术、一流的管理、一流的服务，为长江经济带发展服务好，为'一带一路'建设服务好，为深入推进西部大开发服务好"。

如今的果园港，已成长为长江上游地区联通世界的"中转站"——欧洲货物搭乘中欧班列抵达果园港，再沿长江转运；东南亚货物经西部陆海新通道运至果园港，再经长江分拨，或乘中欧班列前往欧洲……

地处内陆腹地的重庆，开放包容却是它典型的人文基因。

这里，拥有一颗走出闭塞盆地、冲出峡江的进取心。

"云从三峡起，天向数峰开。"不甘被高山环峙、江河纵横所困，巴渝先民很早就开山导江、驾舟远航。近代以来，重庆成为长江上游最早开埠通商的港口。

登高涉远，至广至大。

2011年3月，我国第一条中欧班列线路"渝新欧"在重庆首发，今年上半年，中欧班列（成渝）开行超2700列、发送货物超22万标箱，分别实现同比增长30%和24%；2017年9月，西部陆海新通道在重庆正式开通运营，今年上半年，沿线省区市经新通道进出口货值同比增长约 40%……

如今的重庆，正以不断延伸的筋骨，加快"拥抱"世界——

向东，长江黄金水道可通达世界各地；向西，中欧班列可直达欧洲多国；向南，西部陆海新通道可通达 120 个国家和地区 465 个港口；向北，"渝满俄"班列开行频次正不断加密……

开放包容的人文基因，让重庆主动融入全球产业分工体系，吸纳全球要素资源壮大自己。

以电子信息产业为例，依托四通八达的国际物流通道，重庆吸引数百家全球电子信息上下游企业陆续落户，崛起为全球重要的电子信息产业基地之一。

目前，重庆正推动电子信息产业向全产业体系转型升级，其"制胜秘诀"依然是扩大开放。以液晶显示产业为例，重庆通过引进、带动美国康宁、法国液空等数十家全球配套企业落户，迅速形成完整产业链条。

开放包容的人文基因，让重庆始终坚持美人之美、美美与共。

前不久，泰国榴莲首次通过西部陆海新通道铁路班列直达重庆。

"这批榴莲仅4天时间便到达了重庆。"重庆国际物流集团市场部负责人王艺桦说,相比传统冷链运输,这大幅缩短了泰国榴莲进入我国西部市场的物流时间。

老挝啤酒、越南巴沙鱼、柬埔寨香蕉等"一带一路"沿线特色产品,也依托国际物流大通道快捷地进入重庆等西部市场,共享中国市场红利。

江流自古书巴字,山色今朝画巨然。

新时代的重庆,正在人文与经济的良性互动中迈向高质量发展,必将在中国式现代化新征程上交出一份更加精彩的答卷。

新华社重庆2023年8月23日电
新华社记者李勇、张桂林、赵宇飞、周凯

扫描二维码查看视频

2013年7月11日，习近平总书记到石家庄市正定县调研之后，来到革命圣地西柏坡，在同县乡村干部和群众座谈时表示，"从实现'两个一百年'目标到实现中华民族伟大复兴的中国梦，我们正在征程中。'考试'仍在继续，所有领导干部和全体党员要继续把人民对我们党的'考试'、把我们党正在经受和将要经受各种考验的'考试'考好，努力交出优异的答卷。"

近年来，牢记总书记的嘱托，石家庄赓续历史文脉，熔铸时代精神，大力激发广大干部以"赶考"姿态持续优化营商环境，加快实现"经济总量过万亿元"目标，打造"让本地人自豪、外地人向往"的魅力之城。

「赶考」之路启新程
——人文经济视野下的石家庄观察

图为2022年9月6日拍摄的石家庄城市一景。
（新华社记者骆学峰摄）

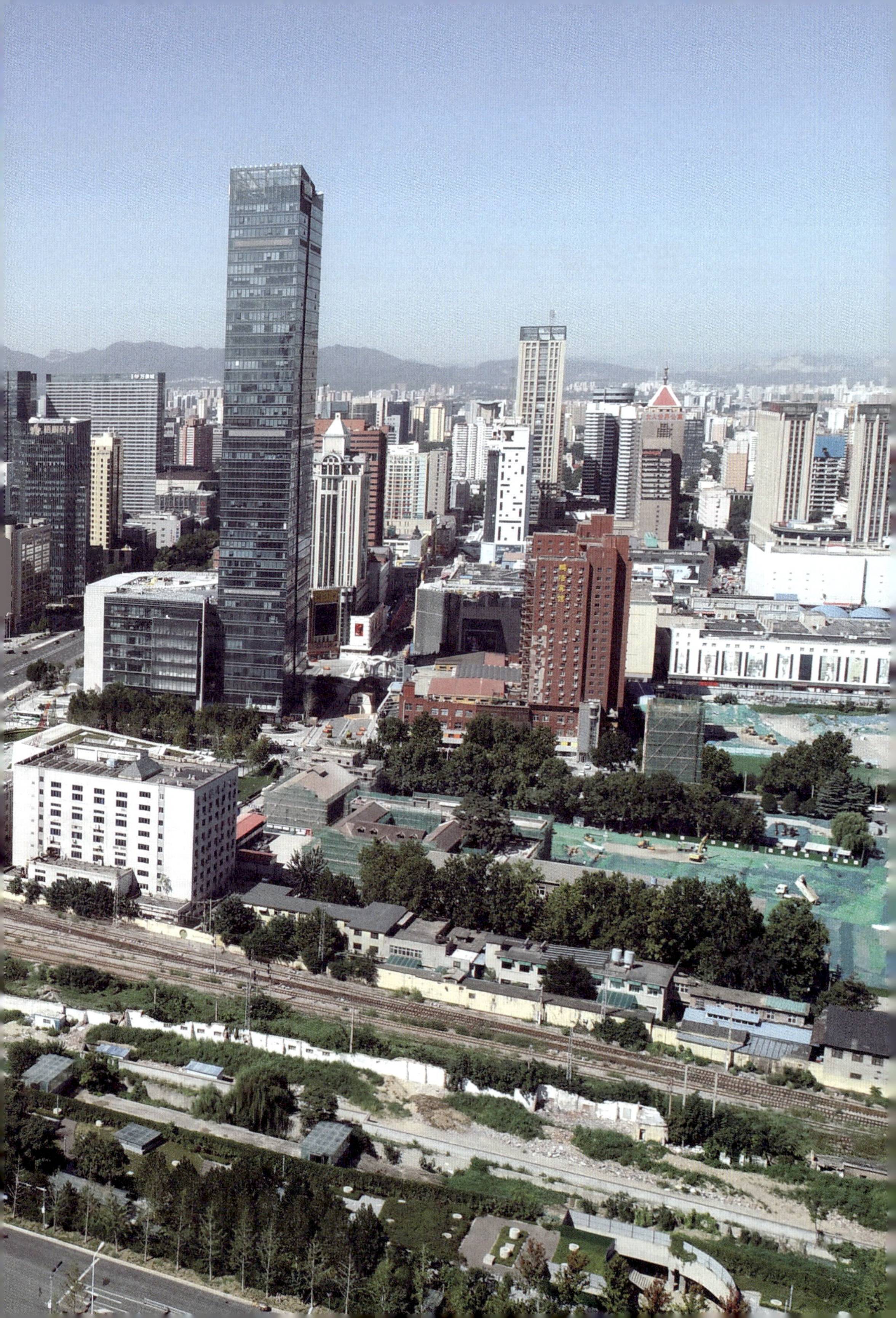

古今交融气象新

2023年1月31日，在河北省石家庄市正定古城瓮城内，正定弘文中学战鼓队进行战鼓表演。（新华社发　梁子栋摄）

"赶考"之路启新程
——人文经济视野下的石家庄观察

石家庄西依太行山，北跨滹沱河，铁路、高速公路纵横交汇，被誉为"南北通衢、燕晋咽喉"。

两千多年前战国时期，东垣古城修建，城市自此肇始。1500多年来，屹立在滹沱河北岸的古城正定一直是郡、州、路、府治所，曾与北京、保定并称"北方三雄镇"。清末民初，石家庄因京汉、正太铁路交汇而成为"铁路十字路口"，工商业因此肇兴。

解放战争时期，三大战役在石家庄市平山县西柏坡指挥，"两个务必"在此诞生，党中央"进京赶考"从这里出发，新中国从这里走来。

新中国成立后的"一五"期间，一批重点工业项目落地，石家庄由此成为"工业范"浓郁的新兴大城市。

巍巍太行如天下之脊，山前平原作为米粮丰饶之地，孕育的古都古城像一串串珍珠璀璨夺目。鼓角争鸣声随历史烟尘远去，留下无数宝贵文化遗产，成为今天的网红"打卡地"。

河北省博物院广场上，两肋生翼、怒目圆睁作咆哮状的"双翼神兽"，向世人揭开了战国时期中山国的神秘面纱；封龙书院，哺育出一代代贤臣名士；苍岩山悬空寺巧夺天工；赵州桥屹立千年……

畅游石家庄，正定古城是必选之地。登上南城门北望，古寺古塔、

新时代中国奇迹的人文经济学观察

图为2020年3月24日拍摄的河北正定隆兴寺一景。
（新华社发　梁子栋摄）

古街古楼尽收眼底。隆兴寺、广惠寺、荣国府、赵云庙，一处处景点游人如织。入夜，古城华灯璀璨，王家烧麦、正定八大碗等名吃店铺前人声鼎沸。阳和楼下，市民、游客争献才艺……

千年古郡，正唱响时代新声。坚持以文塑旅、以旅彰文，推进文化和旅游深度融合发展，正定实施了一系列古城保护工程，"登得上城

"赶考"之路启新程
——人文经济视野下的石家庄观察

楼、望得见古塔、记得住乡愁"变为现实。"古城人气旺,我们都吃上了旅游饭!"许多旅游经营者笑逐颜开。

正定县文化广电体育和旅游局党组成员霍哲说,文旅产业现已成为正定强县富民的支柱产业。今年1至6月,正定接待游客794万多人,旅游业总收入超63亿元。

图为2021年4月26日拍摄的西柏坡纪念塔。
(新华社记者朱旭东摄)

红色，也是石家庄一大鲜明底色。群山环抱中的平山县西柏坡纪念馆里，参观学习者常年络绎不绝。作为革命圣地，这里为后人留下丰厚的"赶考""两个务必"等精神文化滋养。

站在太平河片区正在崛起的文旅高地上，石家庄古今交融的前世今生跃然眼前——

向北望，正定古城长乐门城楼巍然耸立，展示着北方雄镇的风华。向南看，东垣古城遗址公园下，记载着这座城市两千多年的历史根脉。脚下，则是石家庄"拥河发展"战略的起步区、示范区、引领区。

万亿城市正崛起

2023年9月7日,在2023中国国际数字经济博览会现场,各种机器人产品亮相展区,吸引观众驻足参观,感受智能机器人的科技魅力。图为参观者在数博会上与人形机器人握手。(新华社记者骆学峰摄)

一个城市出现和发展，离不开其独特的地缘和人文因素。100多年来，来自五湖四海的人们逐梦安居于此，开放包容是历史赋予石家庄的鲜明品格。

西部山区煤矿和建材资源丰富，东部平原为粮棉生产提供了广阔沃土，地利之便使石家庄成为交通要道和物资集散地，也是"一五"期间石家庄成为我国以轻纺工业为主的新兴城市的重要原因。

但时过境迁，石家庄产业结构偏重、产业链偏低端、产业规模偏小，严重的雾霾曾经是石家庄人"心肺之患"，城市可持续发展遭遇瓶颈。

公元前204年，汉淮阴侯韩信曾在石家庄井陉县打赢了著名的"背水一战"。2014年，石家庄打响了新世纪的"背水一战"，以壮士断腕的勇气压减落后产能，调整产业结构，在阵痛中涅槃。

如今的石家庄，逐渐褪去落后产能的锈衣，换上绿色、创新、高质量发展的新装。

"千峰石卷蠹牙帐，崩崖凿断开土门。"夜幕降临，灯月辉映，石家庄市鹿泉区土门关城楼前车水马龙。历经千年风雨的雄关古驿，自古便是兵家必争、商贾云集之地，如今再续繁华篇章，成为石家庄传统产

"赶考"之路启新程
——人文经济视野下的石家庄观察

业转型升级的缩影。

鹿泉区曾大力发展水泥产业，污染加剧、结构单一、产能过剩等问题也随之而来。痛定思痛，当地砍掉五分之四水泥产能，为荒山披绿，一座座文旅小镇和电子信息产业园拔地而起。

"十四五"开局之际，石家庄提出未来五年经济总量过万亿元目标，

2023年2月16日，工人在河北省石家庄市藁城经济开发区一家化纤企业生产车间内工作。（新华社记者骆学峰摄）

新时代中国奇迹的人文经济学观察

明确要打造新一代电子信息、生物医药、现代食品、现代商贸物流、先进装备制造等"五个以上千亿元产业集群",城市嬗变与重塑的新动能喷薄而出。

2023年9月6日至8日,2023中国国际数字经济博览会在石家庄(正定)国际会展中心举办,一批重大项目签约落户石家庄,为当地数字经济再添新动能。

在鹿泉区数字经济小镇,河北神玥软件科技股份有限公司副总经理覃毅说:"从北京搬来后,我们的营收从几千万元增长到近3亿元,人才队伍也从200多人增长到了1500多人。"电子信息产业集群正在小镇崛起,现已聚集电子信息企业620家。

济大事者,必以人为本。在京津冀协同发展大潮中,石家庄加大柔性引才力度,围绕人才"引育用留"全链条精准发力。2022年年底,石家庄首次获评"2022中国年度最佳引才城市"。

2022年石家庄市生产总值完成7100.6亿元,同比增长6.4%,增速在全国42个主要城市处于领先地位。

魅力之城日日新

2023年4月29日拍摄的河北省石家庄市太平河片区。（新华社记者牟宇摄）

云依太行之巅，绿染滹沱两岸。发源于太行山的滹沱河，自西向东流经石家庄市域 205 公里，被誉为石家庄的母亲河，也被视为石家庄历史文化发祥地。

20 世纪 70 年代以来，滹沱河常年断流、植被稀少、砂坑遍布，生态环境日渐脆弱。

2017 年以来，石家庄启动实施滹沱河生态修复工程，统筹生态恢复、防洪泄洪、涵养水源、产业发展。如今，滹沱河与太平河交汇处，太平别院、听雨轩等滹沱宾馆建筑群在绿树掩映下古朴庄重，梅岭春早公园、美术馆等设施加紧兴建……

石家庄市自然资源和规划局主任科员江中秒说，滹沱河与太平河交汇处，北望正定古城，南接东垣古城遗址，这 8000 多亩土地正成为石家庄"拥河发展"的起步区、示范区和引领区。

眼下，总投资约 260 亿元的石家庄复兴大街和北三环市政化改造项目建设正全速推进，主路将于 2023 年 10 月 1 日前实现全线通车，进一步拉开城市发展框架，为石家庄市高质量发展提供有力的交通保障。

打通对外大动脉，畅通市内微循环，石家庄交通网络体系得以系统

性重塑，城市格局豁然开朗。

道路通畅与否，影响着人们对一座城市宜居程度的直观感受。石家庄市区平均每日机动车活跃车辆达140万辆，较往年同比增长近20万辆。当地公安交管部门研究推出《疏堵保畅十项举措》，提高路面见警率和管事率，突出医院、学校周边治理……市区早晚高峰平均拥堵指数由原来的2.1以上，下降至目前1.7左右。

城市，因浓浓烟火气让人感到可亲。打造"让本地人自豪、外地人向往"的魅力之城，石家庄市持续在行动。

石家庄连续十多年推进夜经济发展，花样繁多的观光游憩、文化体验、时尚购物体验，营造让市民"闲在其中、慢在其中、品在其中"的生活空间。石家庄市新华区湾里庙步行街、长安区勒泰庄里街、鹿泉区龙泉古镇、栾城区古栾水镇等30多条传承历史文脉、颇具个性的特色商业街区持续提档升级，以新场景、新业态为市民和游客休闲时光增色添香。

"只要亲朋好友来石家庄，我都会带他们来这边转转，感受美丽、好客的石家庄。"夜色中畅游湾里庙步行街的市民刘辉说。

近年来，石家庄拆除私搭乱建、还原城市空间、打造特色游园，包

图为 2023 年 8 月 9 日拍摄的位于河北省石家庄市鹿泉区龙泉湖公园内的一处公园书房。（新华社发　陈其保摄）

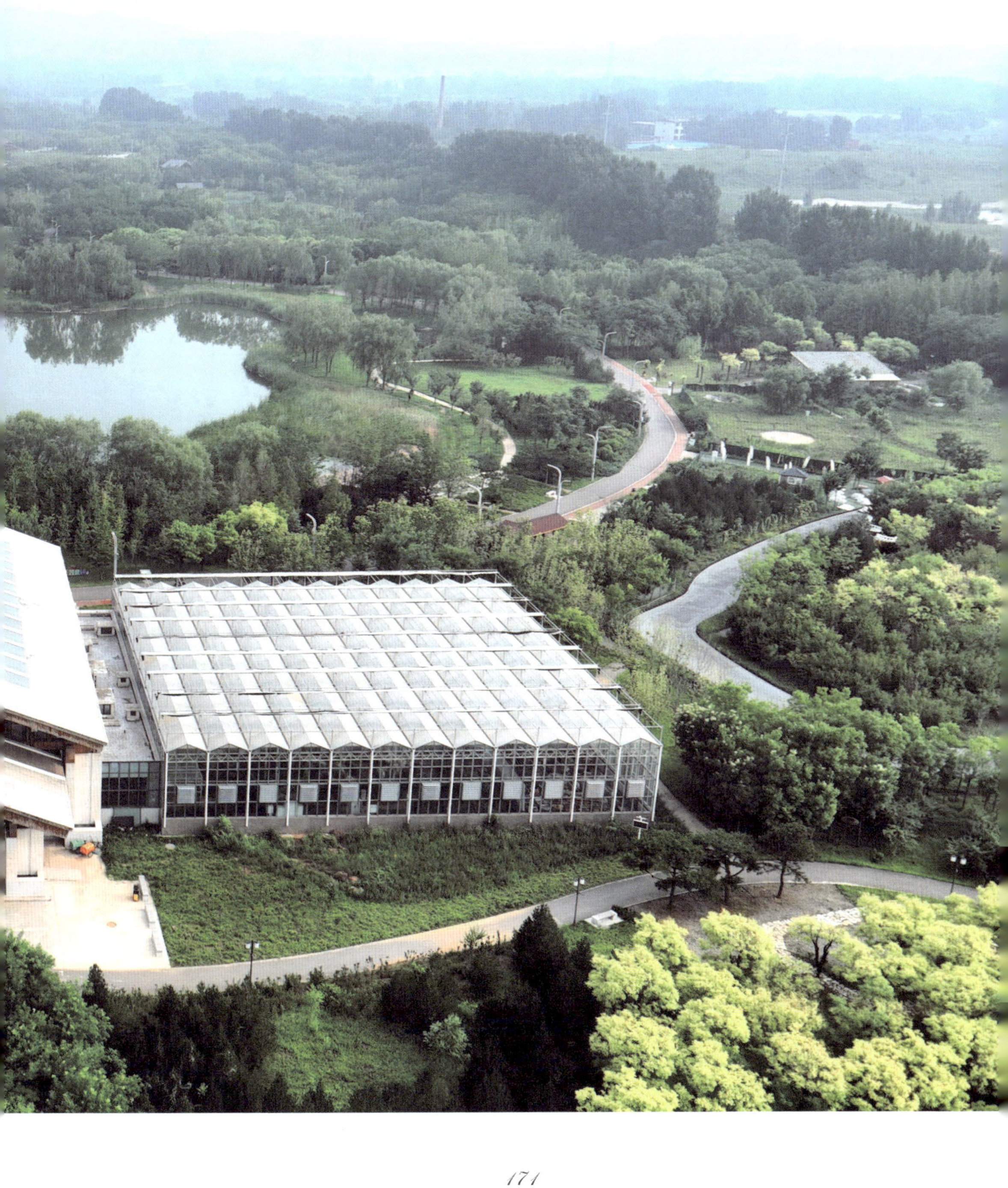

新时代中国奇迹的人文经济学观察

2023年1月22日，市民在石家庄市栾城区古栾水镇游玩。
（新华社记者骆学峰摄）

"赶考"之路启新程
——人文经济视野下的石家庄观察

括湾里庙步行街在内的 1120 多条承载着城市记忆的小街小巷完成整治,城市面貌一新;腾退出的空间新建球类运动场地 200 多个、健身步道 110 多公里;"边角料"地块上,建起一大批清幽秀美的街角游园,市民在家门口就能乐享运动,欣赏风景。

石家庄,一座更宜居、更幸福的城市正阔步前行。

新华社石家庄 2023 年 9 月 24 日电
新华社记者李凤双、曹国厂、齐雷杰、杜一方

扫描二维码查看视频

汾河水上，备战第一届全国学生（青年）运动会的皮划艇队正在奋楫训练；晋祠圣母殿前，远道而来的作家们对精美文物赞叹不已；从钟楼古街到晋阳湖畔，到处散发着"千灯夜市喧"的浓浓烟火气。

三面环山，一水中分，太原自古就有"锦绣太原城"的美誉。2020年5月，习近平总书记在太原考察时指出，要坚持山水林田湖草一体化保护和修复，把加强流域生态环境保护与推进能源革命、推行绿色生产生活方式、推动经济转型发展统筹起来，坚持治山、治水、治气、治城一体推进，持续用力，再现"锦绣太原城"的盛景，不断增强太原的吸引力、影响力，增强太原人民的获得感、幸福感、安全感。

赓续千年文脉、呵护秀美河山、开拓产城新局。跨越2500余年历史烟云，古城太原活力依然。新征程上，太原正在奋力书写人文与自然交相辉映、经济与人文相融共生的新时代传奇。

一城锦绣越千年
——人文经济视野下的太原观察

图为2023年2月13日拍摄的太原古县城。
（新华社记者詹彦摄）

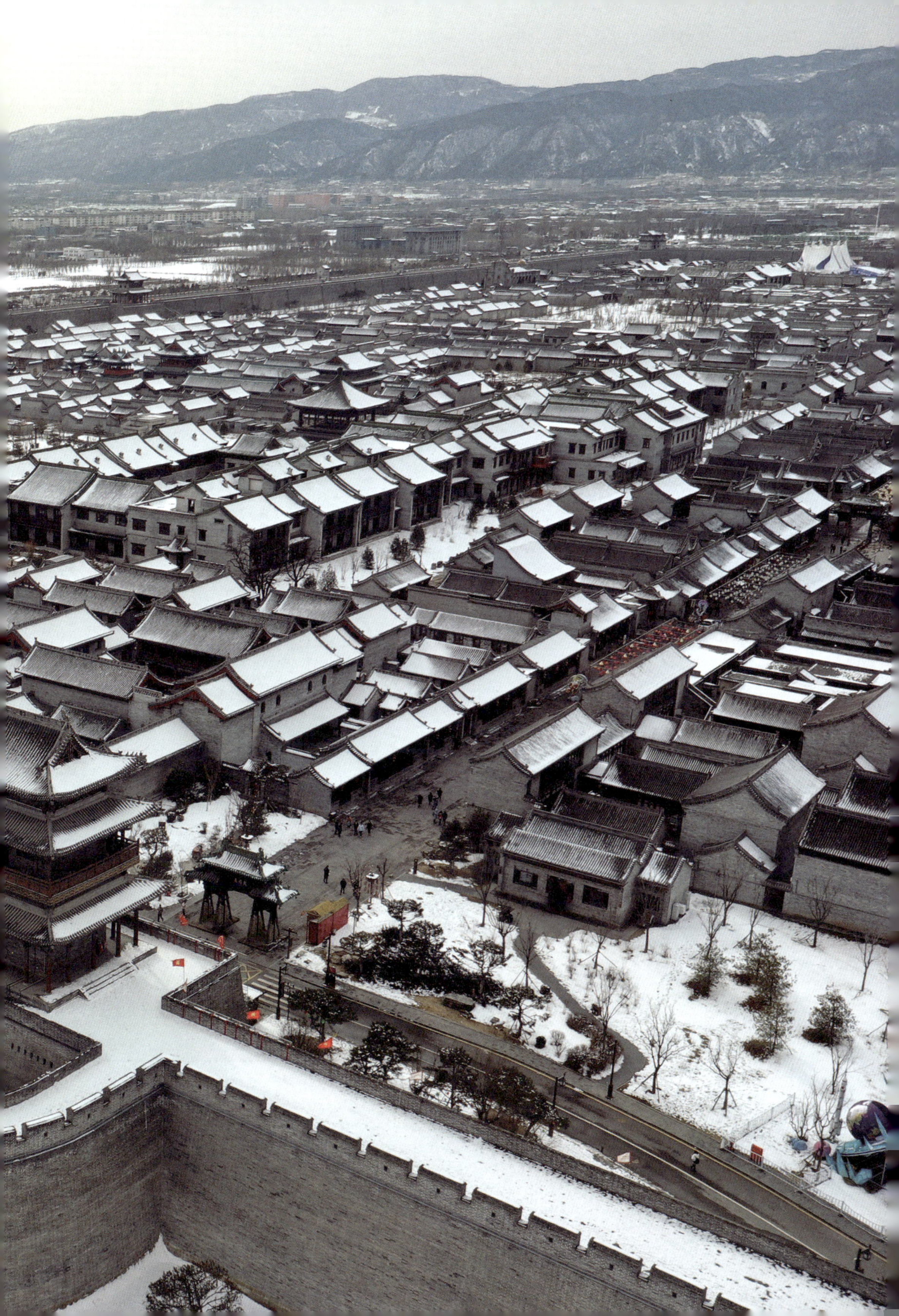

汾水悠悠润名都

图为 2019 年 7 月 26 日拍摄的太原市汾河两岸景色。（新华社记者曹阳摄）

管涔之山，汾水出焉。

从莽莽山林中奔腾而来，汾河如一条玉带从太原穿城而过。大河源远流长，蔓生了人间烟火，孕育了三晋文明。

公元前497年，晋国公卿赵鞅任用董安于在汾水以西筑造晋阳城，开创赵国基业。从此，太原城开始了长达2500多年的历史。宋代词人沈唐留下"名都自古并州"的赞誉。

一水润一城，往事越千年。从"三家分晋"到"北朝称雄"，从"李渊起兵"到"五代更迭"……在这片丰沃的土地上，上演着壮阔的历史诗篇。

太原西南，古城营村。晋阳古城国家考古遗址公园试点建设正在加紧推进，一段尘封1000多年的历史有望揭开神秘面纱。公元979年，宋太宗赵光义因痛恨晋阳城坚固难攻，遂火焚水灌，一代名都毁于一旦。然而，数年之后，一座新城就在旧址北20公里处再次拔地而起，成为今日太原市城区的雏形。

"作为北方军事重镇，太原历史上战事频仍，被称为'四战之地、攻守之场'，极大地磨砺了这片土地上的人民，对太原人文精神的形成产生了极大影响。"太原历史文化学者王继祖说。

于逆境中重生，于困境中突围。承继着不畏艰难、坚韧不拔的精神血脉，新时代的太原人不断开拓进取，再造生态、重构产业，在追求幸福生活、打造幸福之城的道路上步履坚定、愈显铿锵。

民族融合，铸就了包容通达的城市气质。

2023年8月，依托全国重点文物保护单位徐显秀墓建造的全国首座墓葬壁画专题遗址类博物馆——太原北齐壁画博物馆即将开馆的消息，引人关注。侍女衣裙上的粟特人装饰、波斯风格的"菩萨像"图案、出自中西亚乃至地中海地区的镶嵌宝石的金戒指……徐显秀墓及其壁画不仅展现了北齐重臣的日常生活，也揭示了民族融合、东西交流的鲜活场景。

"我国古代几次大的民族融合，太原都是重要的区域。"太原市文物保护研究院文博研究馆员常一民说，民族大融合使这里更多地蕴含了具有典型北方多民族群聚而成的包容通达的文化个性。

历史的涓涓细流浸润着城市的血脉，造就了古城太原包容大气、开放通达的人文气质，也推动着今日太原加速集聚优秀人才、优质产业，向着创新高地、产业高地、人才高地、开放高地的目标稳步前进。

文脉悠长，滋养了崇文尚义的城市品格。

这是北齐墓室西壁鞍马出行图（资料照片）。
（新华社发 太原北齐壁画博物馆供图）

新时代中国奇迹的人文经济学观察

2023年1月4日,水鸟在太原市汾河栖息。
(新华社记者詹彦摄)

一城锦绣越千年
——人文经济视野下的太原观察

游晋祠、赏双塔、逛古城、观晋商……暑假期间，各地游客纷至沓来，探寻太原的深厚底蕴，品味太原的文化内涵。

作为一座有着5000多年文明史、2500多年建城史的重要古都，太原历史文化的天空群星璀璨。"送人游并汾""并汾旧路满光辉"……盛唐时期，作为当时的第三大城市，太原经济繁荣、文化鼎盛，"游并汾"成为一种时尚，李白、杜牧、白居易等均在此留下赞叹抒情的诗篇。

"太原是一座崇文尚义的城市。遍布城市的文物古迹、各类博物馆等文化设施，无不诉说着太原从古至今的浓郁文化追求。"太原市文物局局长刘玉伟说，这种对文化的孜孜以求，不仅是城市发展的重要资源，更是城市兴盛的不竭养分。

汾水悠悠奔流不息，文脉绵绵赓续不绝。

新时代的太原人深深扎根历史文化沃土，传承弘扬城市精神气质，坚持以文化人、以文化城，用丰盈的历史文化滋润生活、滋养城市，展现出生生不息的发展动力。

山川凝翠换旧颜

2023年6月27日,一支龙舟队在太原市水上运动中心训练。(新华社记者杨晨光摄)

山光凝翠，川容如画。盛夏时节，太原城区段汾河碧水深流，远处青山巍巍、两岸草木葱茏。早晚时分，沿河而建、全长80余公里的自行车道上，不时掠过骑行者的身影。

太原地处吕梁山余脉，城区东西两山夹峙，九条边山支流汇入汾河，自古便以"锦绣"闻名。然而，过去受功能定位和工业发展影响，太原日渐失去"颜色"，城市变得黯淡起来：汾河断流、山体破坏、空气污染……

绿水青山就是金山银山。城市环境既是城市居民的生活空间，也是城市发展的鲜亮底色，事关市民生活幸福和经济高质量发展。

修复生态疮疤、恢复城市光彩，成为太原在推动经济社会高质量发展道路上，不得不回答而且必须答好的一份高难度考卷。

办难事，解难题，需要坚定的意志、彻底的行动。近些年来，太原市下定决心，持续用力，坚持治山、治水、治气、治城一体推进，打响城市环境治理攻坚战。创新机制引入社会资本治理东西两山、持续推进汾河及城市水系综合治理、以城中村改造等为抓手统筹推进燃煤污染治理和城市基础设施建设……一系列治理措施扎实实施。

经过数年努力，太原旧貌换新颜。群山染绿水变清，"水上西山如挂屏，郁郁苍苍三十里"的"山水城"美景再现；绿化覆盖率45%、人均公园绿地面积12.85平方米，城市公园数量居全国前列的"公园城"声名渐彰；每1500多人拥有一家便利店、每5.4万人拥有一座博物馆的"幸福城"悄然而至。

"没想到！"远道而来的游客到太原后，大多会发出如此感慨。"完全颠覆了我对太原的传统认知，很难想到在华北内陆有这样一座城、这样一条河、这么清爽的气候、这么舒适的生活。"从外省调到太原工作后，一家房地产企业负责人夏海涛说。

人民城市人民建，人民城市为人民。

夏日夜晚，位于闹市区的太原钟楼街人声鼎沸。太原著名的照相馆、理发店、糕点店等老字号迎来了一批又一批年轻的客人。"钟楼街又活过来了。"年近八旬的居民郭建国说。

"不逛钟楼街，枉来太原城。"地处老城区核心地段的钟楼街是一条始于宋元、兴于明清、盛于民国的千年古街，承载着城市的历史与记忆。但一度陈旧的基础设施、逼仄的空间、阻滞的交通，使得这里人流渐稀，风光不再。

2020年4月，太原市启动钟楼街片区提质改造工程。"改造中，我

们没有拆一处老建筑，最大可能地保留太原老城的城市记忆。"太原市建筑设计研究院院长蒲净说，重装开街的钟楼街不仅提升了百年老字号，还引入了品牌旗舰店进驻，实现了文脉、商脉的互通延续，激活了传统历史文化街区。

山水焕颜，城市更新；古城蝶变，再展锦绣。

在奔涌而来的现代化浪潮中，古老的太原人文与自然交相辉映、生产与生活相得益彰，发展的底色更亮，发展的成色更足。

产城融合启新篇

图为 2021 年 8 月 20 日拍摄的太原市西山旅游公路。
（新华社记者詹彦摄）

"焉得并州快剪刀，剪取吴淞半江水。"唐代诗人杜甫的一句诗，道出了古时太原制铁业的发达。

山西自古多产煤铁，太原当属翘楚。一直到新中国成立后的很多年，太原都被定位为能源重化工基地，煤炭、冶金、化工等传统产业基础雄厚，为国家经济社会发展作出巨大贡献。与此同时，太原也为"重"所累，产业结构畸重单一，带来了转型乏力、发展缓慢等问题。

"人文经济学，从根本上来说就是高质量发展，更加注重依据现实情况不断完善发展方向，保持经济的韧性和活力，让生活在城市中的人能够物质富足、安居乐业。"山西财经大学经济学院副院长刘维奇说。

太原中北高新技术产业开发区内，人工蓝宝石从太原源瀚科技公司生长炉里被"种"了出来。LED衬底片、手机摄像头、运动手表表镜、航天航空专用窗口材料……在高新技术领域，这种硬度仅次于钻石的材料供不应求。近些年来，通过自主研发，设备、产品和技术升级，业内解决了"卡脖子"问题。公司副总经理单光宇说："在地方政府支持下，公司二期工程即将建成，有望成为世界上较大的蓝宝石生产基地。"

近几年，太原市引进一批掌握核心技术的企业，着力打造新一代电子信息制造、特种金属材料等六大千亿级产业链，华为矿山业务全球总部、科大讯飞、深圳惠科等标志性项目顺利落地。去年，太原规模以上工业增加值增长 8.5%，位居全国省会城市第六、中部六省省会城市第一。

厚积培元，固本开新。立足产业基础、发挥比较优势，以现代科技赋能提升传统产业；紧追时代步伐、瞄准国内高端，培育壮大战略性新兴产业。面对发展困境，太原坚持"双轮驱动"，迈出高质量发展的坚实步伐。

借助建设山西中部城市群的国家战略，太原市向北谋兴、向南拓展，推进产城融合，不断释放城市发展新动能。

夏日清晨，潇河岸畔，阳光洒落在新城地标——潇河国际会展中心建筑群上，反射出明亮的金黄色。高科技展馆、酒店群等配套设施，潇河新城拔地而起，太原市民也有了新的"城南会客厅"。

在城市北部，也正在上演"平地起新城"的故事。山西太忻一体化经济区的核心启动区大盂产业新城内，4 类 32 项基础设施工程基本完工，科创中心、双碳产业园等牵引性产业项目陆续完工。

"85 后"博士夫妻张光华和潘婧，最近几年在太原市招才引智政策

2023年9月6日拍摄的2023年太原能源低碳发展论坛主会场外一角。（新华社记者杨晨光摄）

支持下成为太原"新市民"。他们在太原学院建有专门的实验室，与城市一起成长。"太原是一座有独特魅力的城市，我们坚信在这里可以有更好的发展。"潘婧说。

种好梧桐树，引得凤凰来。第七次人口普查数据显示，相比十年前，太原市新增人口110多万，2022年太原人口继续保持增长态势。

华灯初上，太原古县城的一座仿古建筑里，青年琵琶演奏家李星星拨弦弄指，一曲《将进酒》，引来热烈掌声。

新时代中国奇迹的人文经济学观察

2021年5月19日，游人在太原古县城游览。
（新华社记者詹彦摄）

一城锦绣越千年
——人文经济视野下的太原观察

这位出生于太原的"90后"青年，今年回到家乡开办了一家国风文创馆。"家乡历史悠久、人文荟萃，市民热情开放、性情包容，这些都为国风国乐的传播提供了良好条件，也吸引着我回来扎根、创业。"他说。

琴韵悠长，古城新声。

从历史中走来，汾水河畔的太原城，正以更优美的生态、更开放的姿态、更自信的步态，与高质量发展相约，与幸福生活相约，与美好未来相约。

新华社太原 2023 年 8 月 24 日电
新华社记者赵东辉、晏国政、王菲菲、马晓媛、李紫薇

扫描二维码查看视频

这个冬季，地处祖国东北角的哈尔滨走进了全国甚至全球视野，各大热榜头条持续走红，被称为2024开年首个"顶流"城市。

"冰城"缘何成"热点"？让哈尔滨成为"网红"城市的，不仅是独具魅力的冰情雪韵，还有积淀百年的人文底蕴。

这里有"冷"与"热"的极致体验，冰天雪地变成了金山银山；这里有"土"与"洋"的碰撞融通，中外文化交汇成新的交响；这里有"闯"与"创"的传承开拓，澎湃出新时代的活力迸发。

今天的"尔滨"，是让本地人有些"陌生"、让外地人越来越关注的宝藏之城。

"冰城"缘何成"热点"?
——人文经济视野下的哈尔滨观察

2022年9月26日拍摄的松花江上的湿地与城市景色。有着"冰城夏都"美誉的黑龙江省哈尔滨市，地处松嫩平原，坐落于松花江中游两岸，拥有河流湿地、沼泽湿地、湖泊湿地等各类湿地19.87万公顷。2018年，哈尔滨市被评为首批"国际湿地城市"。（新华社记者张涛摄）

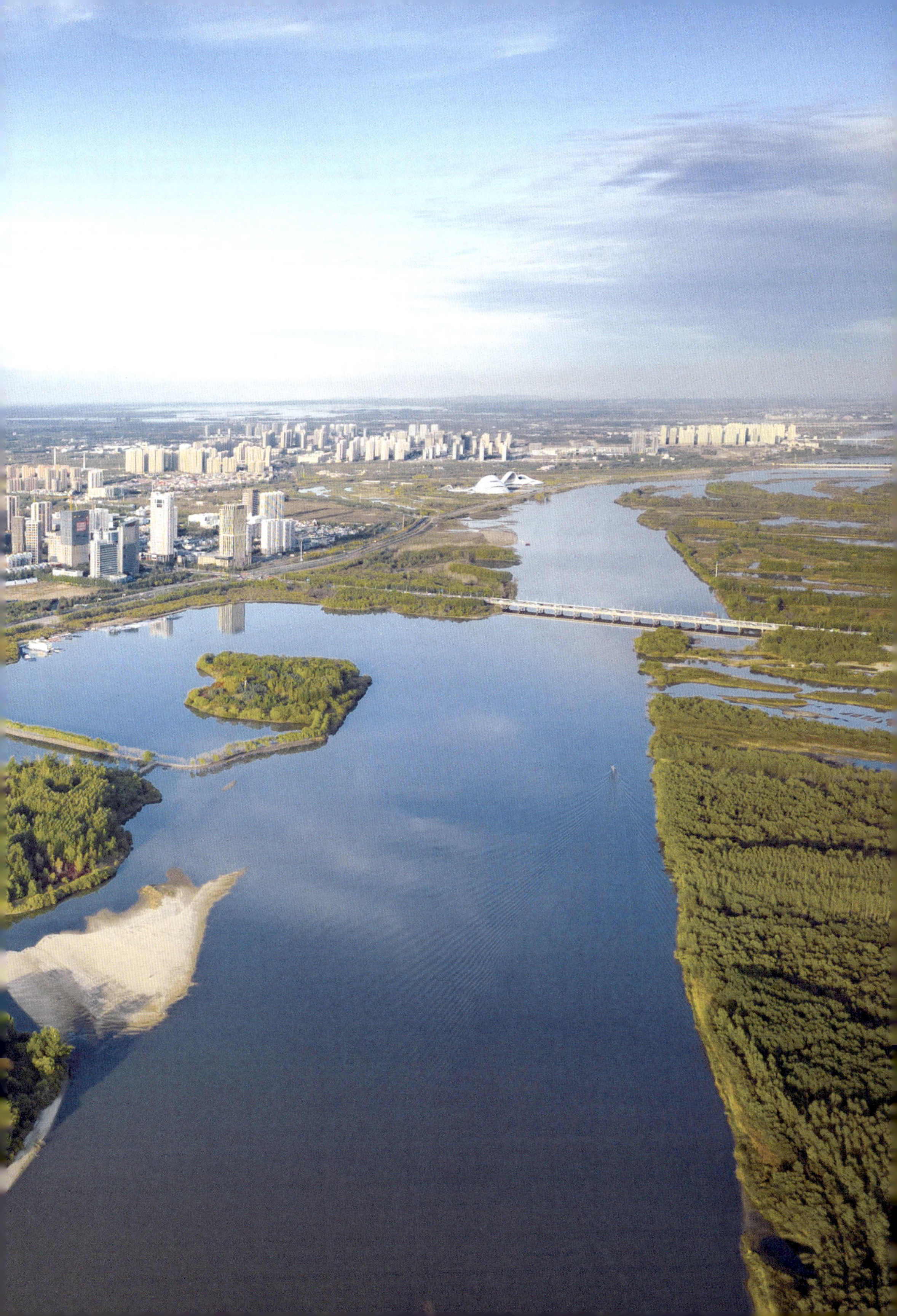

"冷"与"热"

这是2024年1月5日在哈尔滨冰雪大世界园区拍摄的开幕式现场。当日，第40届中国·哈尔滨国际冰雪节开幕，吸引众多游客。（新华社记者谢剑飞摄）

"冰城"缘何成"热点"?
——人文经济视野下的哈尔滨观察

2024年1月5日，第40届中国·哈尔滨国际冰雪节如约而至，绚丽的烟花绽放在冰雪大世界上空，透骨的寒冷和暖心的激情也在这一刻交汇，碰撞出充满希望的火热。

哈尔滨的冷，与生俱来。作为我国最北省会城市，这里冬季漫长，动辄出现零下30摄氏度的极寒天气，因此哈尔滨有了响亮的名号——

2024年2月26日，游客在太阳岛雪博会园区门口的大雪人旁拍照。（新华社记者王建威摄）

2015年4月24日拍摄的哈尔滨圣索菲亚大教堂及一旁盛开的桃花。新华社发（王国良摄）

"冰城"。

冷是阻碍，对发展构成制约。粮食作物只能种一季，基建工程也因低温、冻土等面临重重困难。由于室外寒冷，东北人曾有宅在家里"猫冬"的习惯。

冷也是资源，别具特色优势。每年12月，松花江上的冰冻了，太阳岛上的雪厚了，"冰豆腐"和"大雪垛"在能工巧匠手中"华美变身"，成为美轮美奂的冰雪胜景，透出冰的晶莹、雪的浪漫，吸引着不远千里络绎而来的游客大军。

开园不到3小时便吸引4万人流的冰雪大世界，人头攒动的中央大街，游人如织的太阳岛雪博会，"公主王子云集"的索菲亚大教堂……冬日里，哈尔滨各大旅游景区爆满。

中国旅游研究院最新发布的"2024年冰雪旅游十佳城市"中，哈尔滨位列榜首。元旦期间，哈尔滨市累计接待游客304.79万人次，实现旅游总收入59.14亿元，均达到历史峰值。

以高寒为气候特质的哈尔滨，成为当下社交媒体上最热的文化符号。这座地处北疆的东北城市，正在把制约发展的"冷"转化为吸引游客的"热"，在聚光灯下焕发无限生机。

新时代中国奇迹的人文经济学观察

　　哈尔滨冰雪文化底蕴深厚，冰雪节庆有 60 多年历史。1963 年，哈尔滨举办第一届冰灯游园会。1985 年，首届哈尔滨冰雪节启幕，游客不仅可以在冰灯游园会观赏各种冰雕艺术，还可以坐冰帆、打冰猴，参加冰雪文艺晚会。如今，冰雪旅游和运动、体育、经济相融合，文化内涵越来越丰富深厚。

2024 年 1 月 9 日，游客在哈尔滨百年老街中央大街上游玩。（新华社记者张涛摄）

"冰城"缘何成"热点"？
——人文经济视野下的哈尔滨观察

精雕细琢的青花瓷雪雕、写意风格的冰雪水墨画、独一无二的冰版画……依托大自然给"冰城"得天独厚的礼物，越来越多优秀传统文化在雪花和冰晶中次第绽放。

今日哈尔滨，寒冷不变，热度却"只增不减"。背后是这座城市深挖冰雪资源禀赋，突出地方特色文化，推出各种"有求必应"举措，从量变走向质变的主动作为。

文旅部门发布旅游地图和游玩攻略，中央大街为地下通道铺地毯，暖心志愿者免费提供红糖姜茶，景区之间乘坐地铁免费，冻梨切盘，地瓜配勺，豆腐脑撒糖……这个冬天，"尔滨"的种种"操作"让人应接不暇，冰雪旅游市场呈现"井喷"之象。

"尔滨，我来了""想去哈尔滨的心情达到了顶峰"，不仅是网络"热评"，更是越来越多游客的现实行动。

"冰天雪地是我们最大的特色，'冷资源'变成文旅融合'热经济'，靠的不仅是对资源的开发利用，还有配套服务的提质升级。"哈尔滨市文化广电和旅游局局长王洪新说，机不可失，哈尔滨将乘势而上，倾力打造"冰雪文化之都"，构建全域冰雪产业新格局，把"绿水青山就是金山银山、冰天雪地也是金山银山"理念，落实为更多生动实践。

"土"与"洋"

2024年1月8日，游客在哈尔滨市道外区中华巴洛克历史文化街区内游玩。（新华社记者张涛摄）

很多人发现，让哈尔滨在这个冬天"走红"的，不仅是冰雪热，还有特色美食、热情民风。中外文化在哈尔滨碰撞、交融，带给这片土地独特的魅力。

烟火漫卷的百年街区，人头攒动的红专街早市，行李箱摞成小山的洗浴中心，排号一小时起步的铁锅炖，精致典雅的建筑艺术长廊……除了排队打卡热门景区，哈尔滨的建筑、饮食、洗浴文化以及市民的热情好客，也被大家津津乐道。

"昨天已经尝了锅包肉、油炸糕、烤红肠，今天下雪一定要来吃心心念念的铁锅炖大鹅。排了一个多小时，但是觉得很值。"来自福建的张女士说。

"东北大花"主题与火车、汽车融合，将冻梨改刀、切块、摆盘，用勺子吃烤红薯，路边新增温暖驿站，东北大汉学会"夹子音"……哈尔滨市民的淳朴好客，赢得了外地"小金豆"们的点赞，吸引着八方来客。

从哈尔滨冰雪大世界出来，很快就到松花江畔的百年老街。漫步在中央大街，恍如行走在建筑艺术长廊。中央大街上的欧式、仿欧式建筑鳞次栉比，汇集多种风格。

雪花飞舞,霓虹闪烁,琴声悠扬,中央大街89号马迭尔宾馆的"阳台音乐"倾情上演。

哈尔滨音乐博物馆馆长苗笛说,1908年,中国第一支交响乐团——哈尔滨第一交响乐团成立。2010年,哈尔滨被联合国经济和社会事务部授予"音乐之城"荣誉称号。冰雪季,哈尔滨还把交响乐团

2019年7月27日,在哈尔滨中央大街的马迭尔阳台音乐会上,一位外国演员在演奏。(新华社记者王建威摄)

搬进了商场，令游客感到惊喜。

伴随着第40届中国·哈尔滨国际冰雪节启幕，俄罗斯音乐剧巡演版《安娜·卡列尼娜》在哈尔滨大剧院登场，让各地游客在这里大饱眼福。

"土"与"洋"的对话与融合，使哈尔滨更添奇妙丰富的色彩。

走进中西合璧的中华巴洛克历史文化街区，一幢幢老建筑装饰富丽，颇具欧洲巴洛克风格，但细部纹饰的雕花图案取材于中国传统文化元素，临街立面背后的空间也是典型的中国四合院。

院内，映衬着白雪的大红灯笼高高挂起，很多国外游客驻足欣赏货架上的传统手工艺品。一家铺着浓浓东北风的大花布的摊位上，摆着多款俄式"大列巴"。

哈尔滨，一个中西文化交汇的舞台。"不是欧洲去不起，而是哈尔滨更有性价比""来这仿佛找到了童年，遇见回得去的故乡"……一句句幽默感言，道出了人们对哈尔滨独特风情的喜爱。

"闯"与"创"

2022年11月17日,在哈电集团哈尔滨电机厂有限责任公司的数字化智能示范车间,工人观察机械臂作业。(新华社记者王建威摄)

哈尔滨，曾经是松花江边默默无闻的小渔村。

来自山东、河北、山西等地的百姓，带着开天辟地的豪迈，历尽千辛万苦"闯"到这里，开垦土地、投亲靠友、合伙投资、开办店铺，成为重要的开发建设者。

新中国成立后，"一五"计划时期苏联援助的156个重点项目中，哈尔滨占了13项，在全国大城市中居前列。

一时间，哈尔滨电碳厂、哈尔滨电机厂、哈尔滨轴承厂、哈尔滨锅炉厂……一座座厂房拔地而起，一部部机器轰鸣震天，一大批有实力的企业崛起，哈尔滨一度成为与上海、北京、天津等齐名的大城市。

时过境迁，人们不必为谋生而跋山涉水，"闯关东"成为一代人的集体记忆。这座城市前进的脚步从未停止，在创新驱动发展的道路上埋头探索，焕发青春荣光。

在拥有百年历史的哈尔滨中华巴洛克历史文化街区，80个院落、207栋特色建筑将迎来更新改造。"想过上好日子，等靠要是不行的，还得拿出父辈们'闯关东'的精神，靠实干'创'出新世界。"中华巴洛克历史文化街区一家策展书店负责人于冰说，自己希望打造一个兼具文化底蕴和商业潜力的打卡地。

和"土著"于冰不同,"85后"郑好是新时代"闯关东人"。2022年,他从日本北海道大学回国,成为哈尔滨工业大学交通科学与工程学院教授。短短几个月内,他申请到国家自然科学基金优秀青年科学基金项目,围绕寒区冰雪路面开展研究。

"我看好哈尔滨的地域特色,看好学校提供的平台和机会,希望以自己的努力为基础研究、新兴产业发展贡献力量。"郑好期待在"冰天雪地"里大干一场。

寒地不仅提供了丰富的科研资源,也是冰雪游的宝贵财富。抓住"文旅热"的风口,越来越多年轻人投身新经济、新业态,让城市发展尽显青春与活力。

"住惯了'千房一面'的快捷酒店,许多年轻人开始追求差异化、个性化的消费体验。"几年前,曾在广东工作的林枫、侯佳选择回乡创业,以老哈尔滨风情打造复古民宿。如今,他们的特色民宿已开到十几家。

在和林枫一样的见证者眼中,"冰城"变为"热点",一场消费方式和消费理念的变革正在发生,也为新时代人文经济学的生动实践增添注脚——

"冰城"缘何成"热点"？
——人文经济视野下的哈尔滨观察

哈尔滨市文旅局在多个社交平台开设账号，实时更新冰雪旅游信息，其中不乏"哈工大"研学攻略、哈尔滨大滑梯盘点、雪人地图等"网红"观光点位；

叫响以西餐美食、地方小吃为代表的"哈埠菜"品牌，开发"滨滨有礼"、冰雪服饰等100多种工艺品和纪念品，促进旅游消费能力加快

2023年1月24日，在黑龙江哈尔滨市道里区马迭尔西餐厅，人们在享用美食。（新华社记者张涛摄）

增长；

旅游企业和餐饮店主纷纷"头脑风暴"，创意推出黑马骑士、人造月亮、冰面热气球、狂飙气垫船、索菲亚大教堂甜点，"一天一个花样"，满足游客的眼球和味蕾……

冰雪节启幕，新经济、新业态在这里拔节生长。从哈尔滨到"尔滨"，再到"滨"，吸引着各地旅行团带着好奇而来。

2024年1月5日，人们在哈尔滨松花江冰雪嘉年华游玩。（新华社记者王松摄）

"哈尔滨绽放的雪花,是旅游业的繁花,表达了人们对消费复苏寄予的厚望。"2024年1月5日,中国冰雪旅游发展论坛在哈尔滨开幕,中国旅游研究院院长戴斌有感而发:新时代旅游业要高质量发展,要推进文化和旅游在更深程度、更高层次和更广范围融合。

眼下,雪花装点"冰城",欢聚点燃热情,隆冬方启。这座看得见文化、留得住游客的"冰城",带着人民对美好生活的向往和追求,奏响新时代东北全面振兴的强音,融入中国式现代化的雄浑交响。

新华社哈尔滨 2024 年 1 月 6 日电
新华社记者顾钱江、管建涛、杨思琪、戴锦镕、朱悦

扫描二维码查看视频

从苏州古城最高点北寺塔环视，河街相邻、小桥流水，格局千年未变。从伍子胥建阖闾大城至今，苏州保留了中国城市最完整的脉络肌理。作为"江南文化"的核心载体，这里成为寻访中华文明不可或缺的篇章。

2500年岁月沉淀出的昆曲、评弹和园林、苏绣，早已成为世界辨识中国的鲜明符号。吴风悠扬、民情雅致，"最江南"，是时间在这座城酿出的气韵。

以文化城，城以文兴。苏工、苏作里的极致追求，涵养出时时争第一、处处创唯一的城市气质：苏州各县级市常年居全国百强县前列；其中昆山位居榜首多年；拥有14个国家级开发区，苏州工业园区常年领跑全国；专注实体经济，筑链强链延链，正成为全球工业地标。

既厚文崇教又精工重商，人文与经济在苏州相融互促、相得益彰，一如姑苏"双面绣"璀璨千年。

双面『绣』姑苏
——人文经济视野下的苏州观察

图为 2023 年 7 月 4 日拍摄的苏州城区。
（新华社记者李博摄）

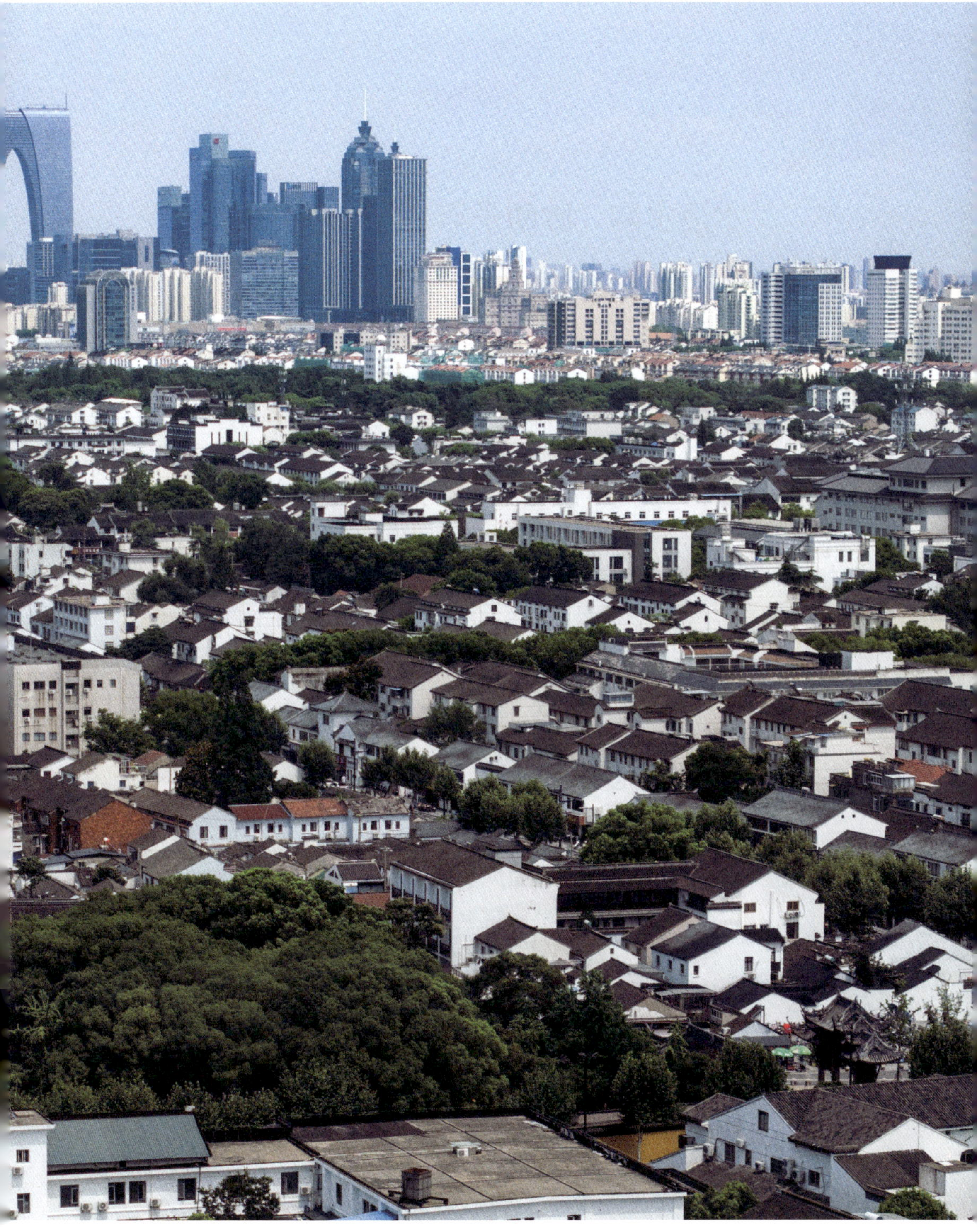

水运水韵　脉动千年

2019年6月11日,苏绣国家级非遗传承人姚惠芬在刺绣双面绣。(新华社记者杨磊摄)

2023年4月，空中客车中国研发中心在苏州工业园区正式启用，展现其扎根中国、深化合作的决心。作为江苏唯一的外资总部经济集聚区，园区已汇聚外资研发中心200多家、跨国公司总部118家。

1994年，始建于南宋的网师园内，中国与新加坡两国代表就园区合作事宜反复谈判，激烈讨论后下楼散步，观一池碧水、听一曲评弹，苏州独有的文雅让博弈顿时变得柔和。换景也换心境，最终成就园区这个"对外开放窗口"。

回溯历史，唯美姑苏与富庶苏州双向奔赴、共生共荣，交融汇聚成生生不息的城市脉动。

濒临太湖，北依长江，京杭运河南北纵贯；拥有两万余条河道、401个湖泊的苏州缘水而兴：春秋时期造船勃兴，航运起步；汉代以来兴修水利，农业兴盛；隋朝开凿运河，发展漕运，枢纽初成；唐宋以降，港口云集，市集密布，跻身江南雄州，财赋甲于天下。

"君到姑苏见，人家尽枕河。"唐代诗人杜荀鹤笔下的景致，时至今日依然随处可寻：周庄、锦溪等古镇，小桥流水人家；古城区水陆并行，垂柳之下护城河碧波荡漾；现代感十足的园区，也坐拥金鸡湖、阳澄湖的湖光水色。

文脉如水脉，静水方能深流。泰伯奔吴教化初开、几经"衣冠南渡"渐成文化中心的苏州城，仍旧古雅充盈：苏州湾博物馆2023年1月开馆即成网红打卡地，"一封来自汉朝的文书""丝绸之路上的汉唐生活礼仪课"让厚重历史有了时代表达；藏身平江河畔的琵琶语评弹艺术馆，天南海北慕名而来的年轻人络绎不绝，只为听一曲吴语《声声慢》……

历史文化是源，城市发展为流，源远方能流长。从"先天下之忧而忧，后天下之乐而乐"的范仲淹，到"天下兴亡、匹夫有责"的顾炎武，历史不仅给苏州留下精致文化，更有家国情怀。

胸怀天下的城市气度，让苏州勇于"为国探路"。改革开放以来，苏州发展乡镇企业推动"农转工"，借助浦东开发开放实现"内转外"，围绕高质量发展推进"量转质"，如今在中国式现代化建设上争做引领示范。

"青砖伴瓦漆，白马踏新泥。"《声声慢》柔美旋律的背后，是苏州昂扬向上的城市基调：1月至4月实际使用外资50.4亿美元，同比增长7%；博世新能源汽车、太古可口可乐等重要外资项目先后落子；2023中国民营经济发展论坛发布"百强产业集群"，苏州和上海各占5

席、并列第一。

  一架绣绷，十指春风。自寒山寺出姑苏城西行 20 多公里，太湖之畔有全国最大的苏绣生产和销售中心镇湖街道，其顶级技艺双面绣形象诠释苏州魅力：一面江南气韵浓厚、人文鼎盛，一面产业地标耸立、经济繁荣。

2023 年 4 月 5 日，评弹演员吴亮莹在苏州市姑苏区一处评弹茶馆演唱苏州评弹版《声声慢》。（新华社记者李博摄）

流水奔涌，要在绵绵不绝。绣出中国式现代化苏州图景，需要水之温婉灵动，更需滴水穿石的坚韧。数十年打拼，苏州培育了张家港精神、昆山之路、园区经验"三大法宝"，内核均在敢为善为，"把不可能变成可能，把可能做到极致"。

苏工精雕细琢的匠心与苏州时时比肩一流的追求一脉相承，无一不透出这方热土臻于至善的城市品格。今日苏州对标现代国际都市，谋划城市功能拓展、形态完善，力争打造最优营商环境。

发达的水运体系，温润的水乡韵味，蕴藏着绵韧持续的发展动能。人文和经济"两条腿"走路，让苏州从宋代文人范成大的"人间天堂"，一路走向当今世人向往的理想之城。

古韵今生　惟实励新

2020年10月8日，旅客在沪宁高速公路江苏苏州段阳澄湖服务区观看昆曲表演。（新华社记者李博摄）

"苏人以为雅者，则四方随而雅之。"古人如此形容苏州时尚。3月底，以"有巢"为主题的宋锦成衣亮相2023中国国际时装周，悠久文化融入现代服饰，韵味格调惊艳全场。

起源于12世纪的苏州宋锦，近代以来制作技艺几近失传。吴江市鼎盛丝绸有限公司董事长吴建华带领团队多年钻研，不仅成功复制宋锦，还实现了机器织造。"重生"的宋锦以全新姿态走向世界舞台，进入寻常百姓家。

创造性转化，赓续文脉；创新性发展，活化传承。

苏州"两根丝"名扬天下。其一"文化之丝"，以蚕丝为原点，深挖文化新内涵。苏州太湖雪丝绸股份有限公司借势新国货风潮，创新研发各类丝绸制品，去年底成为北交所"新国货丝绸第一股"。其二"科技之丝"，以光纤发力，抢位产业新赛道。亨通集团从乡镇电缆厂起步，成长为全球光纤通信三强，已建立12个海外产业基地，自主研发的超大尺寸光棒，拉丝长度全球第一。

与时俱进，固本开新。"百戏之祖"昆曲诞生地昆山，立足戏曲重镇，2018年起举办戏曲百戏盛典，首创所有戏曲剧种集中交流演出、活态展现，推动戏曲事业"出人、出戏、出效益"。

昆曲与宋锦、古琴、缂丝、香山帮传统建筑营造技艺等，共同垒筑起苏州"虽由人作，宛自天开"的世界非遗高峰。这里历来手工业繁盛，厚文之"道"与精工之"技"融为一体，造就震烁中外的苏工、苏作。

一部苏作流光史，半部中国制造史。"苏工、苏作就是当年的专精特新。"苏州市市长吴庆文一语道破经济发展里的人文传承。目前，苏州已累计培育171家国家级专精特新"小巨人"企业。

追求卓越，古今一心。从以人文为素养的文化自觉，到以人文为环境的文化自信，企业家崇尚实业、精益求精的信念已成为苏州鲜明的城市印记。

古镇盛泽曾以"日出万绸、衣被天下"誉满于世。镇上的恒力、盛虹，分别从织造和印染小厂起家，沿产业链上拓下延，双双成长为世界500强企业，生动谱写了保持"恒心定力"，终见"盛世长虹"的产业传奇。两家龙头企业带动当地纺织产业全面提升竞争力，千亿级产业集群、千亿级专业市场和千亿级企业齐头并进。

敢为天下先，追求最极致。单根丝直径从几百微米到现在1微米，相当于一根头发丝直径的六十分之一，盛虹集团董事长缪汉根却说，还

新时代中国奇迹的人文经济学观察

2021年5月14日,工人在位于苏州市吴江区盛泽镇的恒力集团博雅达纺织智能车间作业。(新华社记者李博摄)

要不断突破,以永不止步搏击全球市场。

江南水乡孕育苏州人如水般性格:柔和、低调、不张扬。但面对澎湃时代大潮,一批企业家淬炼出洞悉局势、问鼎业界的本领。

40多年前,钳工出身的沈文荣带领工友,克服"一无设备,二无

图纸,三无人才"的困难,办起一家小轧钢厂。由此发端的沙钢集团,已连续14年跻身世界500强企业,钢铁版图延伸到巴西、澳大利亚等数十个国家和地区。

塑料厂、五金厂、钢铁厂……乘着改革开放的东风,苏州农村一批"泥腿子"的创业梦想如点点星火,渐成燎原之势。当年播撒"种子",现在"枝繁叶茂":拥有16万家工业企业、覆盖35个工业大类,制造业规模稳居中国城市前三。

深厚人文贯通苏州历史,前沿产业塑造苏州未来。苏州正精心谋划布局生物医药、人工智能、纳米、光子等产业创新集群,在全球产业变局中构筑"苏州高地"。

人为标尺　一生之城

2023年4月21日，市民在江苏省张家港市沙洲湖益空间·源书房内阅读。（新华社记者李博摄）

光影摇曳，展示夜间别样意韵；恍然若梦，园林雅趣抚脉历史。"拙政问雅"2020年年底推出，与网师园、沧浪亭等夜游项目一道，既实现融合创新，更被看作拉动夜经济的高品位文旅产品。

古老园林寻求新的"打开方式"，GDP 2.4万亿元的苏州，如何推动更高质量发展？创新是苏州的答案：连续两年春节后即聚焦数字经济时代产业创新集群，加快构建深度融合的协同创新网络，打造具有全球竞争力的现代化产业体系。

产业地标根基在人。苏州向来广纳贤才，沧浪亭"五百名贤祠"中，约五分之一是"新苏州人"。"你只需要一个背包，其他'包'在苏州身上！""在苏州，一年365天每天都是'企业家日'"等宣传语频频刷屏。

欲引凤凰，先栽梧桐。崇文重教之城，将目光锁定高端科教资源：中国顶尖高校联盟C9已全部在苏州实现重要布局，搭起校企合作新桥梁；材料科学领域重量级平台苏州实验室将有效贯通原始创新、集成创新、开放创新，深度融合创新链、产业链、人才链。

海纳百川，既为城市发展提供不竭动能，更体现以人为本的城市理念。服务人口超过1600万的苏州，半数以上为外来者。苏州园林

新时代中国奇迹的人文经济学观察

图为 2023 年 4 月 5 日拍摄的江苏苏州拙政园一景。
（新华社记者李博摄）

博物馆馆长薛志坚毕业后到此工作至今，感慨这座城市让人能够实现价值。

作为科学家，童友之最看重苏州重视人才、耐心培育企业的诚意；三代传承，年近百岁的江澄波一生寻访收购旧书，至今仍守着124岁的文学山房旧书店；范雪萍从安徽来太仓打工，儿子不仅有学上，还随校足球队拿到全省冠军……

不仅"能获得"，还要"能选择"。苏州图书馆第100家分馆即将开馆，各分馆与总馆资源共享、通借通还；自建交响乐团、民族管弦乐团、芭蕾舞团，提供世界一流水准的文化大餐。

在苏州，把"C位"留给文化已成共识：张家港市沙洲湖畔的"最佳湖景房"，是2022年由企事业单位、市民共同捐书建设的益空间·源书房；高新区狮子山苏州乐园旧址上，苏州科技馆、艺术剧院正在建设，将与苏州博物馆西馆共同成为新文化地标。恰如900多年前，范仲淹捐出自购好地首创府学，成就"东南学宫之首"，为昔日"状元之乡"、今日"院士之城"打下基础。

为未来筑基，持续以文塑城。为期一个月的江南文化盛宴于5月30日启幕，苏州江南文化艺术旅游节已办至第五届。苏州通过相关

新时代中国奇迹的人文经济学观察

2022年5月17日，游客在江苏苏州博物馆参观。
（新华社发　王建康摄）

品牌行动，既传承历史文化，又融合现代文明。尤其面向年轻人发展数字文化产业，文化创意、动漫电竞、沉浸式文化消费等新业态方兴未艾。

　　持续提升人文供给能力和水平，让全体人民共享发展成果。苏州新近提出，到2025年生活富裕、精神富足"两富水平"实现关键性提

双面"绣"姑苏
——人文经济视野下的苏州观察

升。新征程上,苏州全力推动物质文明与精神文明协调发展,续写人文葳蕤、经济繁盛的新华章,以人为标尺打造"一生之城"。"你永远可以相信苏州",网民的交口称赞折射出这座城市的人文情怀。

"面向所有人、为了所有人。"苏州市委书记曹路宝说,要关注人的全面发展,让每一个家在苏州、驻足苏州的人有更美好的生活体验、更深沉的情感寄托,推动"老有颐养、弱有强扶、病有良医、幼有优育、学有善教、劳有多得、住有宜居",实现更高水平的民生"七有"。

岁月流转,江河不息。承载人们对美好生活想象的苏州,正穿针引线、双面绣出中国式现代化《姑苏繁华图》。

新华社南京 2023 年 5 月 29 日电
新华社记者刘亢、张展鹏、陈刚、王恒志

扫描二维码查看视频

这是一座被自然厚爱的城市，城抱湖、河抱城、滨江通海，造就了太湖明珠、运河佳处，赋予其生生不息又韵律独特的城市脉动。

这里是文化江南的起源地区，相传泰伯奔吴开启中原与南方的交流；这里是富庶江南的高光地带，古有米市、丝都、布码头，今有医药、制造、物联网；重实业、善交易的工商基因深入骨髓。

芳草佳木间，昔时斗米尺布皆为温饱，今日发展之利普惠民生；人文渊薮地，此间名士别于书斋文人，务实笃行积厚流光。

一曲吴韵风华，深藏万古江河；人文经济共舞，激荡澎湃动力。水流奔涌、勇于纳新，是自然孕育出的气派；经世致用、尚学崇教，是文化涵养出的气韵；实业兴邦、不惧挑战，是工商基因支撑起的气魄……江南何止小桥流水，亦有包孕吴越的壮阔！

时代潮流涌动，城市拔节生长。在加速奔向中国式现代化的壮阔航程中，无锡持续探寻人文经济共生共荣的发展密码，在传承中延续江南文脉，在创新中激活时代价值，明珠之光熠熠生辉。

太湖明珠,何以生辉
——无锡高质量发展中的人文经济学观察

新时代中国奇迹的人文经济学观察

2023年12月9日拍摄的古运河畔的无锡市清名桥历史文化街区晨景。（新华社记者杨磊摄）

奏响新时代的"弦歌之治"
——江苏人文经济学新实践

"有骨"江南，于斯为盛

2023年6月10日，游船行驶在南京赏心亭旁的秦淮河上。（新华社记者季春鹏摄）

隆冬时节，从高空俯瞰太湖，如同打开一幅立体的山水画轴：湖水蓝、水杉红、芦苇黄，色彩交织美不胜收；从西伯利亚远道而来的红嘴鸥，正在湖边嬉戏飞翔；鼋头渚的崖壁之上，一块"包孕吴越"的石碑静静矗立。

太湖古称震泽，后被称作"太"，取义比大多一点。"三万六千顷，千顷颇黎色""谁能胸贮三万顷，我欲身游七十峰"，诗人皮日休与文徵明虽相隔数百年，皆言其壮阔。如今，一曲"太湖美，美就美在太湖水"宛转悠扬，更道尽人湖相依的牵绊。

跨两省、依五市，太湖只捧出了一颗明珠；大运河蜿蜒3200多公里、流经35座城市，唯独在此处留下了"江南水弄堂、运河绝版地"的印记。

走进无锡博物院，"一弓九箭"的龟背形古城轮廓引人驻足。九箭对应的不是道路，而是水路，两岸人家枕河而居，寺、塔、河、街、桥、窑、宅、坊众多空间元素有机组合。"中国传统建城需要中轴线，无锡城的中轴线是城中直河，与其说大运河穿城而过，不如说是抱城而过。"无锡博物院副院长陶冶说。

太湖、漏湖、蠡湖水量充沛，古运河无锡段千年不淤，自元代起无锡跻身江南地区漕运中心，至清末民初达到顶峰，米布丝钱四大码头冠绝一时。

码头便利贸易，也孕育文化。望虞河穿鹅湖而过，北接长江，南贯太湖，这里的荡口古镇距今已有3000多年，现存7万余平方米明清古建筑，华蘅芳、钱穆以及华君武故居点缀其中。今天的人们到访钱穆故居，目光先会被"几百年人家无非积善，第一等好事还是读书"的楹联捕捉，随后就会被钱家"一门六院士"的传奇震撼。太湖西岸的宜兴更是人杰地灵，这里先后走出32位两院院士、100多位大学校长、上万名教授学者，有着"院士之乡""教授之乡"美誉。

工业文明发轫，航道变身工业走廊。到20世纪30年代，运河水网沿线建成各类企业超300家，银行金融机构超30家，粉厂连布厂，纱厂连丝厂，积淀下了农耕文明向现代工业文明转型的江南风貌全景式遗产。

昔日工业遗产，化作条条"水弄堂"。入夜，清名桥历史文化街区迎来一天中最动人的时刻。人们乘坐画舫穿梭在桨声灯影里，两岸的丝厂、茶楼、书场、戏台等古迹勾勒出迷人的水乡景致；岸上，前店后坊人头攒动，人们品尝着美食、香茗，陶醉于夜色下的江南风情。

走出龟背古城，登上江阴城市记忆馆的楼顶露台，眼前又豁然开朗。江上船只来往忙碌，沿江岸线风光秀丽，不远处江阴长江大桥飞跨南北、气势雄伟。清末民初，长江中上游地区的瓷器、木材和川滇药材等物资经长江运抵江阴港集散，轮船招商局及日本太古、怡和等轮船公司也在此设立机构。如今，鹅鼻嘴公园内仍矗立着一块"江尾海头"的石碑，江阴港舟船满泊、商贾满街的景象更胜往昔。

千百年来，穿城而过的运河、奔腾入海的长江、山温水软的太湖，赋予无锡生生不息又韵律独特的城市脉动。

"江河湖海的汇聚与碰撞，串联起众多的河湖荡氿，无锡的水文化在运河城市中颇为特殊，不绵软更有力量。"江南大学副教授连冬花说。著名作家肖复兴则感慨，一句"包孕吴越"点出了无锡不仅有结实的骨架，更有包容的胸襟。

走进刚落成的无锡梅里遗址博物馆，"镇馆之宝"陶鬲与鸭形壶吸引着参观者们驻足。前者多见于黄河流域，后者来自长江流域。2002年，同样形制的陶鬲在陕西岐山大量出土。河南二里头遗址博物馆则藏有类似的鸭形壶。三千年前，"泰伯奔吴"开启黄河文化与长江文化交流与流动的传说，在相隔千里、不同博物馆间完成了互证。

2020年8月8日，市民游客乘坐游船游览无锡古运河及清名桥历史文化街区。（新华社记者李博摄）

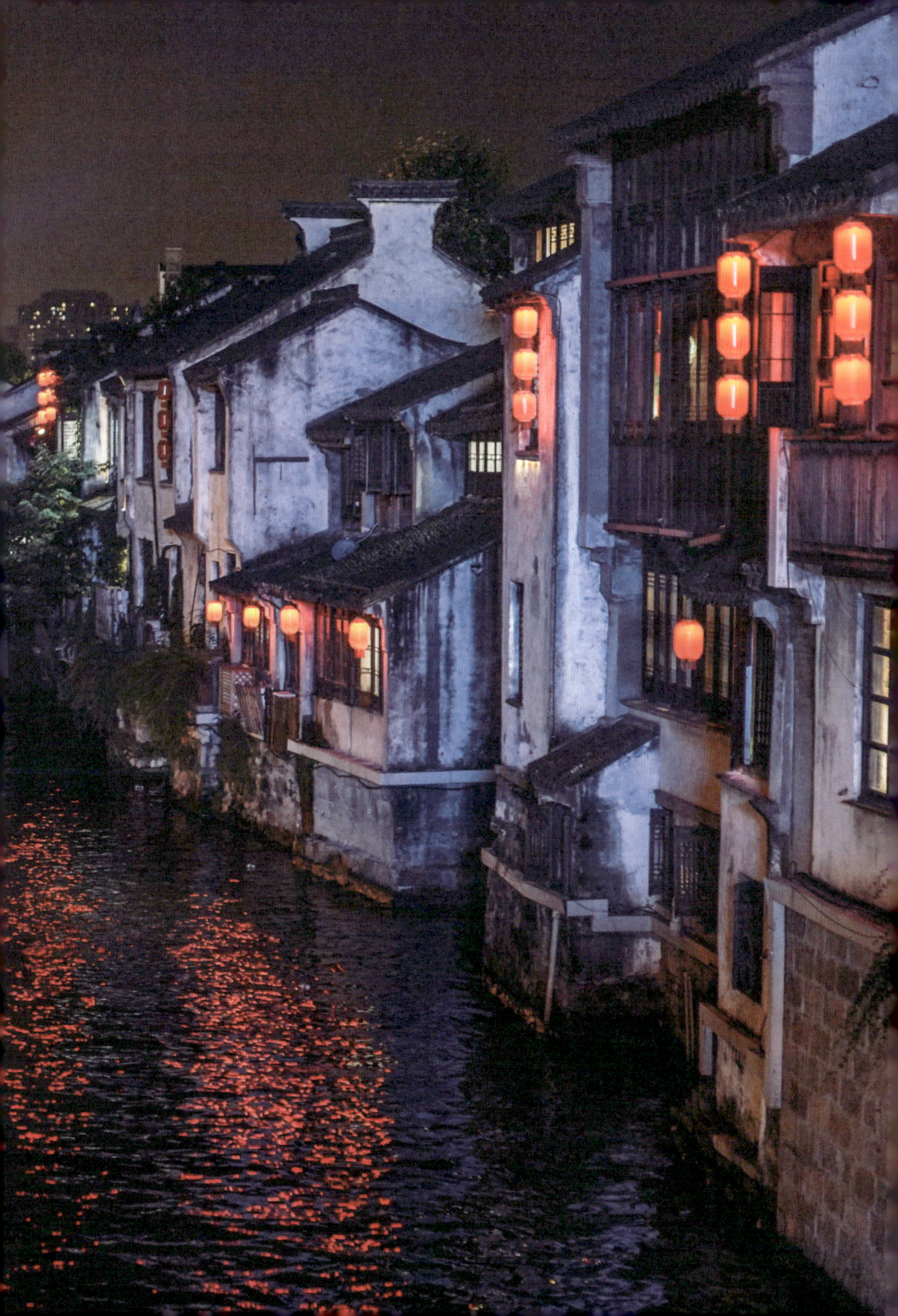

相传,泰伯初到梅里只见一片荒蛮,他把中原地区的先进文化和耕种技术传授给当地人,带领人们兴修水利,开挖了中国历史上第一条人工运河——伯渎河,江南文化由此兴盛。

"一曲吴歌酒半酣,声声字字是江南。"千年之后,伯渎河依然延绵。走在无锡高新区的梅村街道,漫步于新旧交替的时光,逛一场烟火气十足的江南集,吴风雅韵历久弥新。

实业为要，根深叶茂

2023年5月17日拍摄的无锡江阴徐霞客故居景区仰圣园内的徐霞客塑像。（新华社记者季春鹏摄）

在珠海的隧道中，一台盾构机正在施工开掘，传感器每秒钟采集上千次数据。基于雪浪云工业互联网平台将感知数据汇总、协同，再"翻译"成施工人员看得懂的语言，掘进效率能够提升5%，设备故障率降低10%。

汹涌澎湃，白浪飞花，浩浩荡荡如千军万马——这幅景象让刘伯温有感而发，为太湖第一峰取名雪浪山。如今，以此命名的雪浪小镇只有3.5平方公里，雪浪云工业互联网平台却已深入工程机械、航空航天等22个行业，辐射全国。

制造业如同浪，猛烈奔涌潮头；互联网恰似雪，轻盈覆盖万物。中国工程院院士王坚着迷于"雪浪"的制造基因，在他看来，不是制造业需要互联网、云计算、人工智能来拯救，而是"没有制造业的互联网就没有未来"。

淬火、钻孔、磨削、清洗……江阴恒润传动公司生产车间内，一个个环形的变桨轴承相继下线，订单来自几公里外的远景能源。作为全球第四大风电整机制造商，远景能源看中的也是"制造"：需要原料，兴澄特钢出品的连铸大圆坯可直接供货；需要加工，恒润环锻公司可将连铸坯制作成锻件；制造风机轮毂的吉鑫科技、提供风机塔筒的振

江新能源等配套企业散布周边。

压力越大，越见韧性。作为中国制造业第一县级市，江阴拥有规上工业企业超过 2400 家，全市 61 家上市公司大多分布在高端制造业。

时钟拨回百年前，茂新面粉厂曾拥有最先进的生产线。今天，由此改造而来的无锡中国民族工商业博物馆，收藏着"何以无锡"的基因库。展厅醒目处可见"工商之业不振，则中国终不可以富、不可以强"，曾担任清政府驻英法意比四国公使的薛福成在游历欧洲后写下这句话，并从英国购买新式纺机 100 部用以织布局扩大生产规模。数据、图表更加直观，"上海滩上的无锡实业家"超过百名，到 1937 年，无锡的工业产值紧随上海、广州之后，居全国第三位。

前身是轧钢厂，如今是梦工厂。无锡华莱坞通过数字科技赋能产业革新，加速朝着电影工业 4.0 迈进。墨境天合、倍视传媒等 800 余家影视文化企业落户，推出《中国机长》《人世间》《流浪地球 2》等一批影视佳作。

"无锡人为什么着迷于实业，甚至兼营商业的目的也是为了进一步拓展实业？"无锡市委党校副教授孟祥丰认为，一个地方选择什么样的发展方式，脱离不了其历史与文化。

位于龟背城内的东林书院始建于北宋、重建于明代。"风声雨声读书声，声声入耳；家事国事天下事，事事关心"闻名于世，"黜浮靡，崇实学"东林学风影响深远。

同样是明代，徐霞客从家乡出发，历时三十年考察大半个中国，纠正"岷山导江"，论证金沙江才是长江源头，把"读万卷书，行万里路"实践到了极致。

如果将时间线进一步拉长，这里的人们总是以己之人生与壮阔时代紧密结合，传承着事事关心、务实奋进的担当基因。"九一八"事变爆发，考入清华时国文历史满分、物理只有5分的钱伟长毅然弃文从理，终成中国近代力学之父；经济改革先驱孙冶方少时立志，要让沉沉的黑夜闪动起熠熠的火光，为中国经济发展绘制蓝图；从荡口出发，王莘在天安门广场前为祖国欣欣向荣的情景打动，一曲《歌唱祖国》传唱至今；信知暮寒已轻浅，盛放东风第一枝，胡福明勇开思想先河，写下《实践是检验真理的唯一标准》……

一座座地标、一个个名人串联起的精神图谱，勾勒着一座城市知所来、明所往的发展轨迹。

历史学家许倬云比较家乡无锡与苏州、常州时这样说，"和苏州

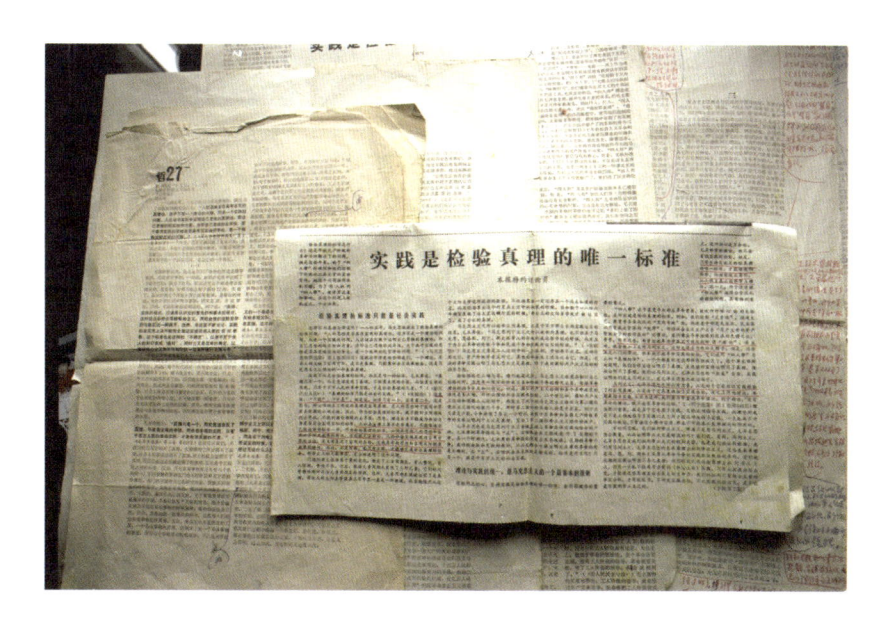

胡福明是 20 年前那篇引起轰动的理论文章——《实践是检验真理的唯一标准》的初稿作者。这篇文章当时发表于《光明日报》引发了真理标准的大讨论。这是刊有《实践是检验真理的唯一标准》文章的光明日报和修改过的清样。当时为了使文章发表后，能起更大的作用，胡福明同意以光明日报的特约评论员的名义发表此文。（新华社记者方爱玲摄）

的富商大贾、庭园诗酒不同；和常州的状元宰相之家，收集文物、书籍的风气，也颇为不同。""无锡的读书人家，不只是读八股文考取功名……其选择的项目，通常以实用为主。以今日的分类而言，就是数、理、化，以及与数学、哲学有关的音韵、乐律。此外，则是与民生有关的社会经济。"

今天，无锡这曲"江南调"的主旋律依旧是"工业风"，企业家们更专注、打深井，诞生了大量细分领域的隐形冠军。

无锡入围中国企业、中国制造业、中国服务业、中国民营企业四张

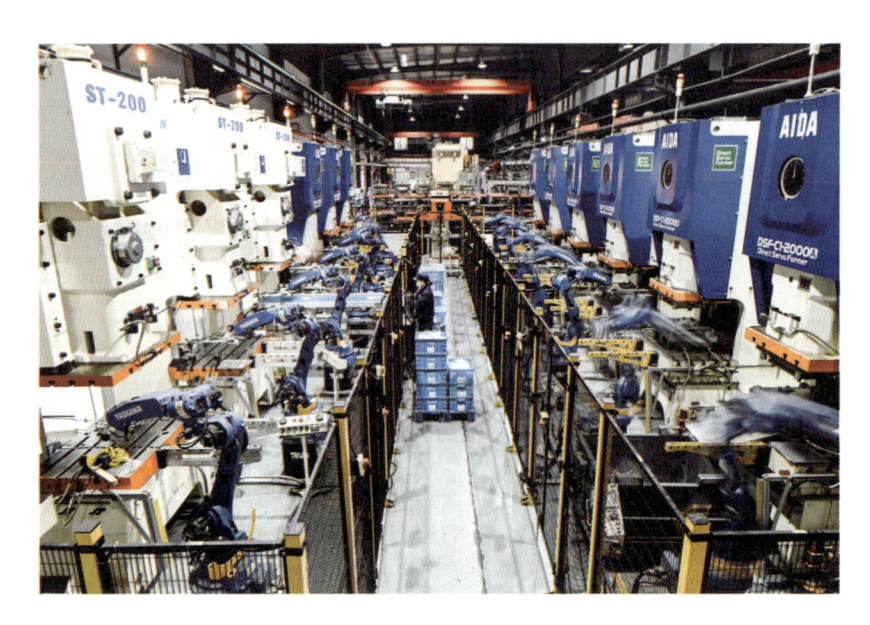

2024年2月28日，在"江苏省专精特新中小企业"无锡微研精工科技有限公司智能生产车间，机械臂在作业。（新华社记者季春鹏摄）

500强榜单的企业总数，多年稳居全省第一。2023年，规上工业总产值超2.5万亿元，规模超2000亿元的产业集群达6个，比2022年增加4个。

深厚人文贯通历史，前沿产业塑造未来。无锡市长赵建军说，将继续厚植实业之基，推动物联网、集成电路、生物医药、软件与信息技术服务等4大产业加快发展，形成6个优势产业和5个未来产业为支撑的"465"现代产业集群。

斗米尺布，政在养民

2020年8月29日，93岁老人尹元芬（右二）在滨湖区社会福利中心活动室带领老人们制作手工丝网花。（新华社记者杨磊摄）

不久前,一条"江南水乡·斗米尺布"文物主题游径新鲜出炉。40多处文物点,串联起"苏湖一熟天下足""贻谷高义传千秋""农桑锡纺工商兴"等六大文物主题。

"一斗米、一尺布,奠定了江南文化的物质基础,塑造了江南水乡的人文景观,更承载中华农耕文明运转的生命线,可谓一把理解江南的钥匙。"东南大学建筑学院教授沈旸说。

昔日"斗米尺布"攸关民生,如今鱼米之乡"民为贵"的内涵更加丰富,但细"治"入微的理念一脉相承。

滨湖区稻香片区最能体现锡式生活的"烟火气",也是"完整社区"规划的试验田。"怎么改,应当由居民说了算。"71岁的王荣庆成立"老娘舅工作室",收集了上百条意见,雪片似的飞到了专家案头。同济大学现代化研究院城市更新中心专家陈文杰走街串巷,收集道路POI数据、通过GIS绘制居民出行热力图、运用VR设备模拟老街新颜。

冬日暖阳下的稻香广场,居民们闲坐聊天,不远处可见整治一新的东新河;1公里内有口袋公园、商业街区、儿童游乐场;出门15分钟可娱乐、学习、就医;周边菜场、小吃成为网红打卡点,方便本地人也吸引外地人……"全龄友好"理念贯穿改造全过程,"老破小"焕发年轻态。

"那些在寻常巷陌的所闻所见,日常生活中无处不在的细节,才是一座城市'俘获人心'的魅力所在。"陈文杰说。

巷陌间有烟火气,还藏着无锡人的精气神。走进梁溪区后西溪社区的钟书房,一股书卷气息扑面而来,人们可以在这里聆听钱钟书经典文学作品片段、免费借阅著作,也可以点杯咖啡消磨时光。一街之隔,就是钱钟书故居。据统计,造型各异、功能不同的钟书房已经超过了100所,遍布城市角落。

"城,所以盛民也"。连续四年捧回"中国最具幸福感城市"奖杯的背后,是无锡始终把增进人民福祉、促进人的全面发展作为出发点和落脚点。

民有所呼,必有速应。脏乱的"夹花地带"翻新成为农趣园,迎来华丽转身;荒芜的桥下空间被盘活,成为运动空间;路边可见公共休息座椅,机动车可免费停车 30 分钟,地铁上的夏日纳凉区、冬日加热座椅,妥帖照顾着人们的生活细节。无锡用显微镜体察民生细节,用绣花功夫推进城市管理,2021 年以来已滚动实施"微幸福"民生事项

5718件、下发62批重点督办事项清单，群众满意率100%。

民有所需，必有所为。以实现更高水平的"民生七有"为目标，聚焦劳有所得，2023年城镇新增就业16.4万人，新增就业困难人员再就业2.4万人，发放失业保险稳岗返还资金6.22亿元；实现幼有所教，新建义务教育学校、幼儿园31所，启动建设市盲聋学校；推动老有所

2022年6月19日，列车行驶在江苏省无锡市境内的京沪高铁线上。（新华社发　还月亮摄）

养，新建及提升改建街道综合性养老服务中心 11 家，实现街道全覆盖，新建及改建提升助餐点 80 个，累计建成区域性助餐中心 133 家，助餐点近 600 个；开工建设无锡市文化艺术中心、无锡交响音乐厅、无锡美术馆三个重大文化设施，公共文化水平再上新台阶；太湖首次被生态环境部评为良好湖泊，无锡水域总氮、总磷浓度和富营养化指数达 2007 年以来最好水平，全市空气质量优良天数比率改善幅度位列全省第一……

一丝一缕织就多姿多彩、令人向往的幸福之城，不断满足普通人的向往，更在精细雕琢中"升温"城市人才吸引力，作答"未来发展依靠谁"的时代命题。

坚持把人作为推动高质量发展中最具活力、最具创造性、最具能动性的要素，无锡集聚起 16.64 万高层次人才、2.16 万留学归国人才、51.12 万高技能人才的高质量人才队伍。

有人奔赴"风口"。2023 年，锚定物联网产业，全国首批、江苏唯一的海归小镇落户经开区。从以"五个一"（即一个主导产业、一个公共平台、一套专项政策、一个招商专班和一个产业基金）为引领的一站式政务服务、高品质住房保障，到医疗、教育，保姆式服务贯穿始末。

有人徜徉山水。滨湖区一半以上的面积是水，剩下的面积三分之一是山林。自然山水中坐落着12家省部属科研院所、7个省级以上重点实验室，拥有8名中国工程院院士，获国家科技进步奖、技术发明奖22项，省级科学技术奖104项，高新技术产值占规模以上工业总产值比重76%。

2019年7月16日，在无锡市阳山镇桃源村大路头水蜜桃专业合作社，农户在采摘水蜜桃。（新华社记者李博摄）

有人收获甜蜜。阳山镇以盛产水蜜桃出名，院士小镇落户于此。2023年5月，中科院院士、华中科技大学无锡研究院院长丁汉在这里认领了一棵"士林"桃树，盛夏即收获了甜蜜。2021年以来，已有73名院士结下了"甜蜜之约"。

功以才成，业由才广。"这里有创新创业的沃土，愿与您一同收获；这里有时代前沿的风口，愿与您一起腾飞；这里有诗意栖居的生活，愿与您一道分享。"无锡市委书记杜小刚在2023太湖人才峰会上说。在连续四年捧回"中国年度最佳引才城市"称号之后，他又接连抛出了无锡引才三个新目标：海归第一站、双创首选地、营创最优城。

锡韵悠扬，声动未来

2023年3月28日，香港乐器经销商在无锡梅村街道二胡产业园古月琴坊车间内试琴。（新华社记者季春鹏摄）

城以文兴,成就无锡的过往;以文兴城,开创无锡的明天。

伯渎河畔的泰伯庙,始建于东汉永兴二年。千百年来,这里的泰伯庙会盛况延绵。随着国学堂、大夏堂、隔凡楼等文化空间拓展,看展、听课者络绎不绝。

不远处的二胡广场吴歌台上,曲韵婉转、琴声悠扬。历史上,华彦钧(阿炳)、刘天华、蒋风之领民乐风气之先,《二泉映月》《光明行》等名满天下。如今,建二胡文化园、产业园,办高规格乐器展、演奏会,"二胡之乡"名片越擦越亮。

汲古润今,与古为新。传承、守护好江南文脉,传统文化与现代文明交相辉映。无锡拈花湾尽展唯美禅意空间,金陵小城再现六朝风雅,尼山圣境打造儒家文化世界级"窗口"……拈花湾文旅探索传统文化的现代生成,让大众沉浸其中,个个皆为"爆款",在新时代文化画卷里留下地标。董事长吴国平说,精准提炼文化原动力,对传统文化予以可观可感的形象化再造,实现以文彰旅、文以载道。

推动江南文脉创造性转化、创新性发展,在无锡已成共识、化作行动。出台文物保护工作、"百宅百院"活化利用等三年行动计划,累计投入近4亿元;高位推动大运河、长江两个国家文化公园建设,举办江

2015年12月9日,在《梦回江南》大型实景演出中,演员在"二泉映月"章节中表演。(新华社记者王颂摄)

南文脉论坛;实施地域文明探源工程……无锡正成为世界读懂江南的重要窗口。

"在守护中开掘新深度,在创新中拓展新境界,让江南文脉更好地奔流向前。"无锡市委常委、宣传部长李秋峰说。

以文培元、以文立心。知所来、识所在、明所往，激活求实拓新的人文能量。

提跳腾挪行云流水，举手投足飒爽利落——江阴推进"锡剧进校园"工程，20所小学组建"小锡班"、6000多学生加入。南闸中心小学学生瑜锘楦说："每部戏都是一个历史故事，我们学习锡剧，就是要把其中的文化和精神传下去。"

一座城市的独特性，在于文物古迹等物化文明印记，更在于历史积淀下的人文精神。历经岁月洗练，"经世致用""义利双行""尚德务实"等人文精神已融入无锡的城市血脉；当下的无锡，正以人文经济学新实践，凝聚中国式现代化的内在动力。

经世济民，古今一揆，用明天的科技锻造后天的产业。第19届亚运会上，云深处科技公司研发的四足机器人绝影X20，承担在地下8米电力管廊深处守护亚运村供电安全重任；"头戴"激光雷达的自动驾驶小巴载着乘客缓缓驶过，成为城市新风景……传承百年的工商文化，"敢创人先、坚韧刚毅、崇德厚生、实业报国"的"锡商精神"，至今激励无锡企业家在最尖端、最前沿领域向高端攀升，构筑未来发展新优势。

坚守实业是底色，开拓创新是境界，面向世界是格局。改革开放之初，红豆成为无锡第一个亿元乡镇企业；进入新时代，首创中国特色现代企业制度；为响应"一带一路"倡议，又联合中柬两国企业打造柬埔寨西哈努克港经济特区，成为新样板……一颗红豆的成长之旅，成为锡商精神的最新注脚。

2024年2月29日，红豆衬衫厂员工使用订口袋自动化设备订口袋。（新华社记者季春鹏摄）

山海不远，同心则和。交往交流交融，持续涵养城市兼收并蓄的胸怀气魄。

访问友城、城市推介、招才引智……2023年8月，无锡经贸代表团奔赴中东和英国，分别促成38.61亿美元的34个项目、超22亿美元的20个项目签约，向国际展现了江南工商名城的经济活力、城市魅力和投资潜力。

月悬当空，余音缭绕。新年第一天，"无锡交响·世界听见"新年音乐会上，无锡交响乐团首次整建制亮相，66名海内外青年演奏员通过全球招聘加盟而来。一曲最新创作的《无锡序曲》与传统江南小调不同，恢弘大气、豪迈澎湃，正如这座城市的发展，走向世界，声动未来。

古往今来，南北交融、古今熔铸、人文经济相生相融的淬炼，造就了这里的独特气韵。昔日，学贯中西的宜兴人吴冠中，把油画与传统艺术审美融合绘就水墨江南；当下，青砖白墙、小河流淌的古镇与纵横交错的现代桥梁、地铁、空港处于同一时空。

千载未变，每一代人生生不息的奋斗，永远是这片土地最鲜活的注脚。

不久前，京杭大运河和无锡环城古运河交汇处，一座运河艺术公园整体开园，"往来千载——徐悲鸿无锡艺术特展"回到故乡，其中包括家喻户晓的《群奔》。开园当天，锡绣传承人赵红育的锡绣作品《群奔》正式起针，以非遗技艺重现传奇名画。

神采飞扬的六匹奔马和自强不息、勇猛精进的精神姿态，恰似中国现代美术史上著名写实主义倡导者徐悲鸿对家乡的最佳"写实"。

新华社北京2024年1月19日电
新华社记者刘亢、蒋芳、陈刚

"襟吴带楚客多游，壮丽东南第一州"。

素有"运河之都""淮上江南"美誉的淮安，雄踞苏北中心、控扼纵横水网。逶迤向东的千里淮河与纵贯南北的千年运河将其揽入怀中，两大经济和文化动脉交汇融通，孕育出九省通衢、物华天宝的自然禀赋，滋养出南北并蓄、包容开放的城市气质。

因水而生，因水而兴。行走在淮安街头，"南船北马舍舟登陆"的碑记，诉说着千年漕运的繁华；一代伟人周恩来的故居和纪念馆，激励着人们奋力向前；青砖黛瓦、石板长巷的河下古镇，至今流传着吴承恩、沈坤等文人雅士的过往；百年淮扬菜馆文楼前高悬的"小大姐，上河下，坐北朝南吃东西"上联，也让游客们苦思不得下联而开怀大笑……

"一城古迹半城湖"。遥望历史长河中的兴衰背影，擘画新时代的发展图景，淮安人有着更为清醒的守与变、慢与快、退与进的逻辑思考。在全力推动高质量发展的今天，淮安以水的灵动、水的坚韧、水的纳新，促进人文与经济交融共生，以文塑旅、以旅彰文，向"新"而行、择"绿"而立，城水相润、城人共美，展现出奋起直追的城市新气象。

满淮诗情征蓝海
——人文经济视野下的淮安观察

图为2021年6月25日拍摄的游人在江苏省淮安市河下古镇游览（无人机照片）。（新华社发 季春鹏摄）

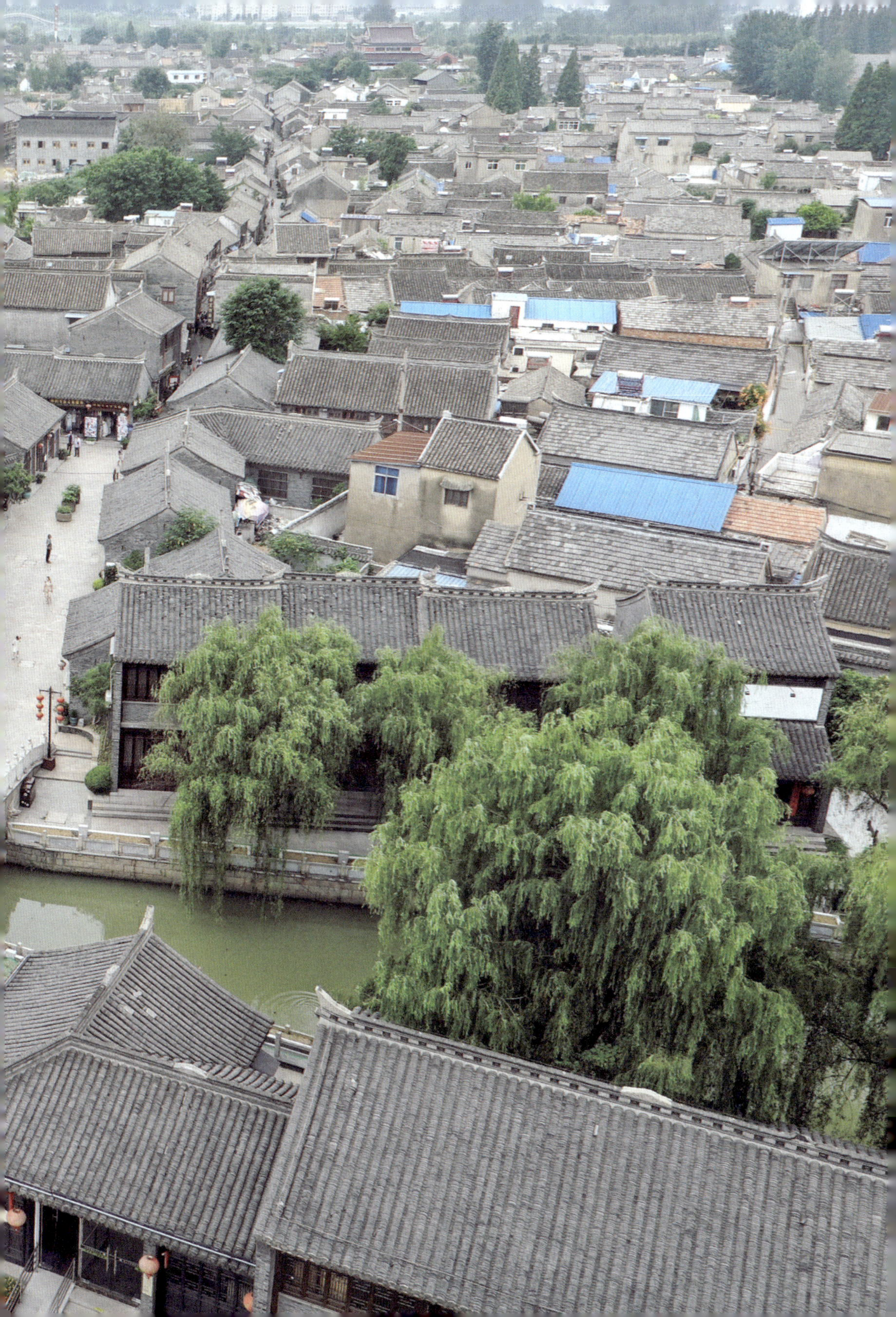

与古为新，以文兴旅

图为2024年5月28日拍摄的淮安市里运河文化长廊清江浦景区夜景。（新华社发　毛俊摄）

品味"运河之都",应以什么正确的"方式"打开?乘船夜游!

从清江浦游船码头出发,一声汽笛鸣响,沿着蜿蜒流淌的河水,运河画卷次第展开:国师塔重檐攒尖、中洲岛光影斑斓……水、光、景交融,夜色中的清江浦流光溢彩。"没想到在淮安也能有梦里江南之感。"来自浙江的游客钱豪说。

作为极少数完整见证邗沟、隋唐大运河、京杭大运河三段历史的城市,淮安围绕"文兴、水清、岸绿、业盛、人和"打造大运河百里画廊,从15.6公里的里运河文化长廊起笔,绵延125公里,覆盖全域,串起总督漕运署、板闸遗址、清口枢纽等遗产点,绘制出如意安澜、泱泱治水、传世古堰、湖山胜境"淮上四卷"。

淮水汤汤,汹波已化安澜;运河悠悠,文脉传承焕新。以水脉贯通文脉,淮安按下文化赋能经济"加速键"。

一半诗意,一半烟火。露营咖啡、漆扇DIY……城市"味道"在岸边的"运河集市"中氤氲,年轻化消费蔚然成风。紧挨着运河的百年花街,"90后"于杰在曾经的茶水铺旧址上开了一家糖水店,传统甜汤留住老清江浦的味道,老照片定格清江浦的旧时光。他说,与其说做生意,不如说是把对故土的眷恋留在花街。

图为2022年6月8日拍摄的在江苏省淮安市清江浦区里运河，一艘游船驶过清江闸（无人机照片）。（新华社发 王昊摄）

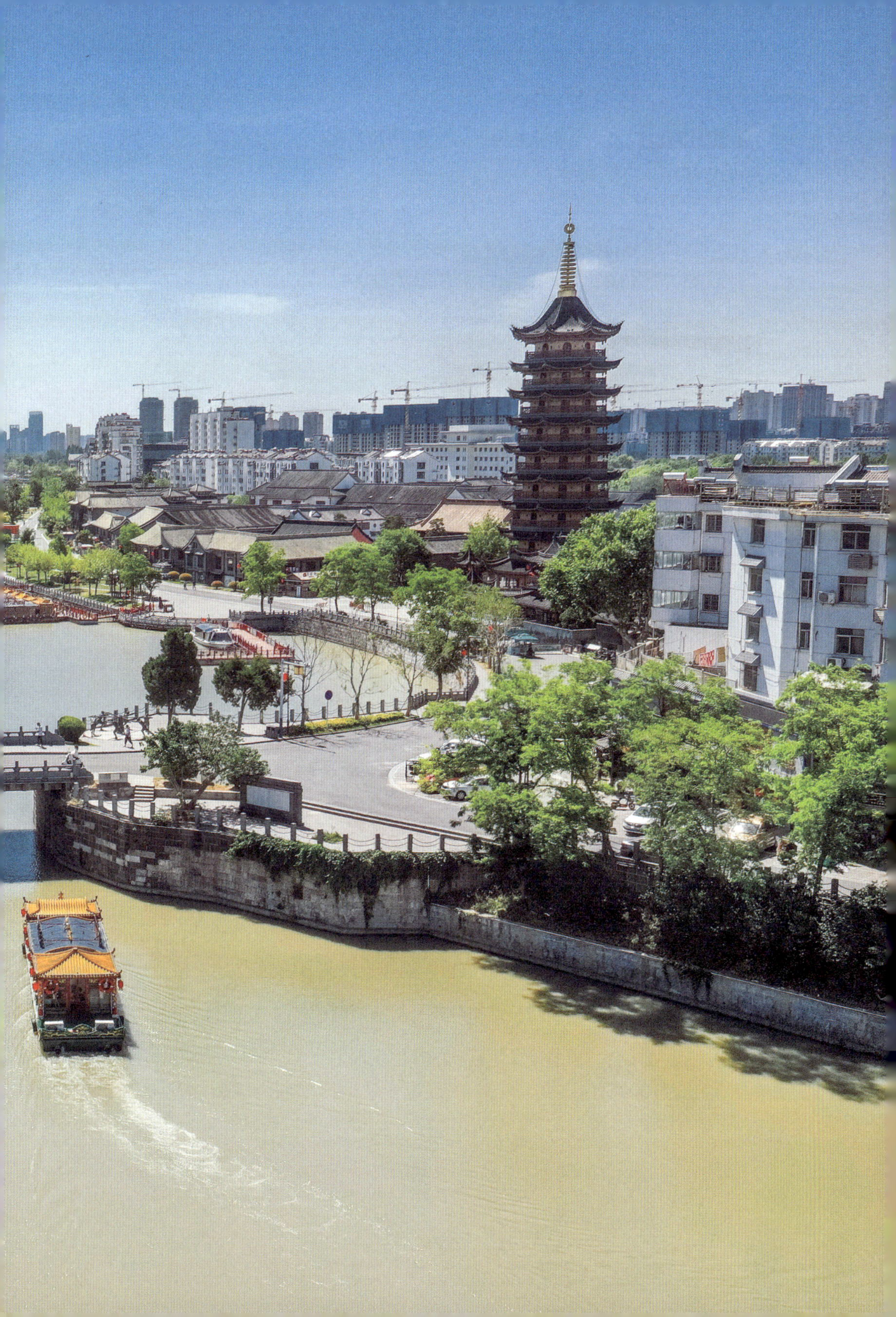

图为2024年5月28日拍摄的市民游客在淮安市里运河文化长廊清江浦景区游玩。（新华社发　毛俊摄）

清江浦运河边的百年建筑仁慈医院，以书房形式重回公众视野，一本书、一杯咖啡，选一个靠窗的位置，徜徉一段文艺的时光。二楼音乐厅里，黑胶唱片陈列满墙，旋律从唱片机里缓缓流淌，这里已成年轻人举办小型音乐会、读书沙龙等活动的热门场地。

沉浸式体验、颠覆性创意，古韵今风交相辉映，千年淮安青春登场。

周末，中学生周小琢最爱散步到清江浦，这里有比课本上更生动的历史：始建于明初的清江闸用于控制运河流量，方便漕船通过；石码头是明清南船北马舍舟登陆处；清江文庙、慈云寺、斗姥宫、古清真寺、福音堂，清江闸一公里范围内"五教汇聚"……

"清江浦的兴起是淮安城河同生、兴衰与共的缩影。"淮安市政协特邀文史委员祁宏说。

春秋时，吴王夫差修邗沟连通江淮，从淮安古末口入淮，渐成聚落；秦时置县，隋通运河，唐为港口，逐渐兴盛，为南北交通之孔道，至明清鼎盛；黄河改道，清末衰退。期间几度更名易址，变迁、兴衰与淮河、运河、废黄河息息相关。

曾经黄河夺淮的故道上，一座中国南北地理分界线标志园在此设立。不少游客慕名来此打卡，追寻"南北舟车界、黄淮内外河"的历史，体验当下"一脚跨越南北"的神奇。

河流的反复变化重塑了这块土地，南船北马、河流交汇赋予这座城市南北并蓄的气质，最直接的体现就在饮食上——催生了四大菜系中

2024年5月28日，市民在淮安市里运河文化长廊清江浦景区组织合唱演出。（新华社发　毛俊摄）

的淮扬菜。明清穷尽奢华的淮扬菜，自晚清走上返璞归真、百姓创造的转折，新中国成立后因口味兼容南北，成为开国第一宴上的主打菜。

现存于世的淮扬名菜名点有1300余种，讲究"不令不食"、多为就地取材，深受全国人民喜爱。"善吃爱吃"的淮安人还研发"新淮扬菜",盱眙龙虾尤最。吮汁、嗍黄、剥肉,当地的"夜宵江湖"中,小龙虾稳坐"顶流"宝座,各地"虾粉"因美食奔赴一座城,带火当地全域旅游,形成百亿级龙虾产业集群。

水,滋养了淮安,孕育出吴承恩、刘鹗等名士,诞生了《西游记》《老残游记》等名篇。淮安也因水陆联通得以文化交融,关汉卿以发生在淮安府署的事件为题材,写就元曲《窦娥冤》;施耐庵曾居于此,《水浒传》中可见淮安元素……

大胆创意,无中生有,西游梦照进现实:5D环绕体验项目大闹天宫、坐车观影体验勇闯盘丝洞……以唐僧师徒取经为线索,围绕经典故事设计中国人自己的主题公园,打造出"秒回童年"的淮安西游乐园。

水网密布、九省通衢,让淮安以包容的胸怀吐故纳新,创新火花不断碰撞,一座历史文化重镇也能发源"掼蛋"这样接地气的大众娱乐,风靡全国。

"平湖渺渺漾天光,泻入溪桥喷玉凉。"今天,运河边的景致仍是吴承恩看到的模样,一旁他曾居住的河下古镇却与古为新。谈古,这里是淮安古城保存最完好的历史街区,各类古迹、非遗点缀其间;论今,这里食、住、行、游、购、娱一应俱全，点燃"烟火生机"。

汲古润今，运河畔"明珠"不断涌现。2024年"五一"正式对外开放的古末口遗址博物馆迎来参观高峰，馆内巨幅动态画卷展示宋朝时期古末口的生长与繁荣；正在筹建的中国水工科技馆，将成为展示大运河水工成就和智慧的新窗口……

"文化是淮安发展的宝贵资源、最大优势。"淮安市委常委、宣传部部长李森说，淮安正通过重估文化价值、创新文化表达、张扬文化自信，让收藏在博物馆里的文物、陈列在广阔大地上的遗产、书写在古籍里的文字走出历史的圈层，凝练成这座城市的独特个性和品味，带动城市的活力与复兴。

2023年，淮安实现旅游业总收入512.59亿元，比上年增长104.9%，其中国内旅游收入510.21亿元。2024年"五一"假期期间，淮安共接待游客439.97万人次，同比增长31.2%。于汩汩水流中，人们感受这座城市从历史深处走来，城市文脉从岁月深处涌来。

创新赋能，逐浪"蓝海"

图为2023年6月2日拍摄的淮河入海水道二期工程在有序推进，工人在淮河入海水道二期工程淮安市先导段铺设护坡（无人机照片）。（新华社发　贺敬华摄）

淮盐出，天下咸。淮安历来盐业资源丰富，"淮关威镇渠通南北，盐运勃兴利济古今。"淮盐文化博物馆内的一副楹联，生动展现了明清时期淮安集"河、盐、漕"于一隅的繁荣景象。

20世纪90年代以来，淮安开始开采地下丰富的盐矿。数十年开采，淮安地下形成了巨大盐穴空间。

2024年4月28日，全国储能容量最大、转换效率最高的压缩空气储能项目在淮安正式开工。该项目利用1200多米地下已采空的90万立方米盐穴，建设两套30万千瓦压缩空气储能电站。首套机组投产后，可实现每天压缩16小时、发电8小时，储能量相当于240万千瓦时电化学储能电站水平。

淮安蕴藏着1300多亿吨岩盐，利用盐穴发展储气、储油、储能、储氢等产业潜力巨大。"淮安将把盐穴地下储能建设作为探索生态优先、绿色发展的新兴产业进行培育，助力盐化新材料产业转型升级。"淮安市科技局局长胡长青说。

绿色蝶变、创新再出发的不仅是绵延千年的盐业，更是"运河之都"在新时代锚定的"新航向"。

近年来，淮安以"绿色高地、枢纽新城"重新定位，以"五方辐

辖、通江达海"的区位优势优化资源配置，向"新"而行，换道超车，吹响了"工业强市"的冲锋号。

绿色东风，点石成金。驱车行驶在淮安市涟水县，一排排风机随风转动，在绿色风电助力下，总投资超百亿元的全球首个玻璃纤维零碳智能制造基地项目"乘风而起"。这座"零碳工厂"全部达产后，有望年产 80 万吨高性能玻璃纤维产品。

新中国成立后，淮安作为农业大市，虽也建立了门类较多的工业体系，但工业产值占比不高，地区生产总值在江苏省内长期排名倒数第三，一度被揶揄为"苏十一郎"。

"发展工业是发展经济的'头版头条'。"淮安市市长顾坤说，"我们深刻认识到推动制造业向高端化、智能化、绿色化发展，吸引优质重大项目落地，是实现跨越发展的关键。"

处于后发劣势的淮安，何以在激烈的招商之战中获取优势？

升级枢纽，区位取胜。在九省通衢的水运优势基础上，淮安加强港口建设和重整，高铁、航空、高速、港口等立体网络更加密集，"枢纽新城"的身姿更为靓丽：徐宿淮盐、连淮扬镇铁路建成通车；京杭运河绿色现代航运综合整治工程加快推进；淮安机场三期改扩建工程、淮河入海水道二期工程叠加二级航道开工建设……

"由常州基地自产的钢帘线盘条通过京杭大运河、盐河转运至淮安基地，运输成本仅为公路运输成本的十四分之一。"中天淮安精品钢帘线项目是当地引进的首个百亿级项目，公司常务副总经理万文华介绍，内河运输有效降低了企业成本，是项目落户淮安的关键考量。

图为2024年5月28日拍摄的淮安水上立交枢纽工程。
（新华社发　毛俊摄）

京杭大运河淮安段的黄码港提升工程总投资近 18 亿元，建成后将拥有 29 个千吨级装卸泊位。"激活"黄码港以来，益海嘉里、江苏省粮食集团等多家食品行业龙头相继入驻，绿色食品和水运物流产业快速崛起。清江浦区委书记朱海波说，招商不是"拉郎配"，更像"自由恋爱"，因为有了"港产园"融合的黄码港这一招商、选商的"聚宝盆"，才能实现政府和企业的"双向奔赴"。

项目为王，环境是金。筑巢方能引凤，营商环境最为关键。淮安连续四年将重大项目攻坚暨优化营商环境作为"新春第一会"，着力打造物流成本最低、要素成本最低、服务环境最优、办事效率最高的"四最"营商环境。探索实施重大项目要素市级统筹、分级保障制度，仅 2024 年以来就梳理各类存量建设用地，新编制完成 14 个 500 亩以上集中连片工业用地储备方案，实现从"项目等地"到"地等项目"。

提速"抢来"好项目。近三年来，13 个百亿级项目在淮安相继落地，速度不断刷新：台华新材料项目从签约到开工用时 70 天，捷泰新能源压至 51 天，天合光能四期仅用 27 天。到淮安涟水考察前，巨石集团已经在国内多地调研，涟水"入局"虽晚，行动却最快。面对企业提出的 16 个方面投资政策和要素保障需求，涟水"事不过夜"，所有需求均在48小时内给予正式盖章复函。"政府办事高效、服务热情，创造性解决了'零碳工厂'所需绿电，对项目落地起了决定性作用。"巨石集团淮安项目负责人顾建定说。

服务唯快不破，选企气定神闲。淮安多位干部坦言，补工业短板确有压力，但也不能患上"急躁症"，想赢必须降低失误率。"招商引资要克服冲动心理，不能捡到篮子里就是菜。"淮安市工信局局长杨维东介绍，为从源头把控项目招引质量，当地建立由工信、发改、智库单位等多部门参与的研判工作组，对全市拟签约的计划总投资10亿元以上的工业项目加强研判，72小时内完成研判报告。

专业且暖心的服务，还让对台交往基础优势并不明显的淮安，成功打响"南有昆山、北有淮安"的台资高地品牌。截至目前，淮安累计设立台资项目近1500个，总投资超240亿美元。

政策赋能，培优育新。招进来必须稳得住、成长好。淮安坚持着眼长远，杜绝"杀鸡取卵"，持续下好政策"及时雨"。过去三年，淮安澳洋顺昌光电技术有限公司由于研发新品投入较大，缴税有限，当地政府没有丝毫慢待，而是及时帮助企业申请研发奖励与税收返还，有力助推了企业创新跃升。2023年，企业营收约14亿元，在显示、汽车及

泛工业照明等高端市场领域受到海内外客户高度认可。

为帮助更多企业竞逐新质生产力赛道,淮安深入实施绿色制造、"智改数转网联"等"六项工程",市县两级财政不断加大企业研发补贴力度。

图为2012年9月13日拍摄的京杭古运河苏北航段借力"绿色航运"焕发生机,船只在江苏淮安船闸内等待出闸。(新华社发 沈鹏摄)

在惠企政策的牵引和滋养下，总投资超 200 亿元的中天淮安精品钢帘线淮阴区项目、总投资 116 亿元的巨石玻纤涟水县项目、总投资 120 亿元的台华新材料洪泽区项目接连落地，以钢帘线、玻纤丝、锦纶丝为骨架的新材料产业集群不断壮大。天合光能、捷泰新能源等"链主"不断为工业强市输出强大"新动力"。

喜新不厌旧。既要"换道领跑"，也要"弯道超车"。在大力发展新兴产业，积极布局未来产业的同时，淮安以创新赋能，持续推动传统产业转型升级。

在江苏共创人造草坪产业园，展厅的一组数据令人惊叹：产品遍布 140 多个国家和地区，累计铺设面积逾 4 亿平方米，全球市场份额达 18%。"苦练内功，拥有核心技术，人造草也能跨越山海，铺向世界各地。"公司董事长王强翔说。

奋勇争先，逐梦"蓝海"，淮安经济拔节成长。2021 至 2023 年，淮安地区生产总值三年平均增速 7.1%，居江苏第一。淮安市发改委主任蒋继贵介绍，2023 年部分传统行业指标下滑，依靠增量项目形成新的增长点，淮安地区生产总值迈上 5000 亿元新台阶，规模以上工业投资增长 24.4%、突破千亿元。

涟水县曾是江苏经济洼地之一，近年来迅速崛起为"工业强县"。通过攻坚实体经济，尤其是依靠巨石玻纤、捷泰新能源、阿特斯新能源和今世缘酒业技改4个百亿项目支撑，2023年地区生产总值突破700亿元。"工业不强完不成跨越。"涟水县委书记洪然说，对标省内强县，差距依然很大，必须有不进则退的危机感，持续追跑。

淮水安澜，安民不止

图为2020年12月12日拍摄的淮安水上立交枢纽工程（无人机照片）。（新华社发　南水北调东线总公司供图）

站在淮安水利枢纽安澜塔远眺，河道纵横、绿地如茵，南北走向的大运河上船队浩荡、往来如梭，淮河水在下方东流入海，两条水道立体交叉、互不干扰，形成亚洲最大的"水上立交"。繁荣又平静，很难想象地处淮河中下游的这片土地，曾是屡遭水患的"洪水走廊"。

洪泽湖大堤沿线的周桥大塘，一组群雕诉说着林则徐在丁忧期间，率众治水、六年筑堤的悲壮历史，足显治淮之紧急与艰难。治淮，是沿淮人民世代的愿望。中华人民共和国成立后，毛泽东主席发出"一定要把淮河修好"的号召。1950年，中央人民政府作出《关于治理淮河的决定》。苏北灌溉总渠建成、淮河入海水道完工、淮河入海水道二期工程开工建设……几十年努力，淮水终安澜。

城水相润、人水相亲、城人共美，一幅"幸福河湖"的美丽画卷，正在淮安徐徐展开。

四通八达的水网造就苏北"江南"，稻花香里，丰收连年。淮安建成万亩以上灌区26个，有效灌溉面积达600万亩以上。江苏省灌溉总渠管理处主任周灿华介绍，苏北灌溉总渠建成以来，引排水4860亿立方米，淮安站抽引江水775亿立方米。在一片片智慧农田里，一排排水肥一体化喷灌机矗立田间，"大数据+云计算"助力科学种田，

"万亩良田"于"方寸屏幕"间实时掌控，昔日"水口袋"已变"米粮仓"。

守住青山绿水，建设宜居之城，美丽生态成为最普惠的民生福祉。初夏，驱车行进在百里洪泽湖大堤上，葱茏堤林的绿、清澈见底的蓝、落日余晖的金，仿佛打翻了大自然的调色盘，还有清风拂面、鸟鸣回荡；漫步盱眙淮河风光带，向上可览都梁山绿树繁花，向下可观淮河水千舟竞发，还可过个马路一赏米芾笔下的"且是东南第一山"；泛舟金湖水上森林公园，四季皆景，有夏日限定"绿野仙踪"，亦有秋冬层林尽染、色彩斑斓……水清岸绿、鱼翔浅底成为常态，开窗见景、出门见绿变为现实。

人退水清，人水和谐。对非法采砂采取严打高压态势，实现洪泽湖淮安水域采砂船"清零"；探索将治水与富民结合，洪泽湖淮安水域渔民全部转产上岸安居，引导渔民在适宜区域推广稻田综合种养，水质优Ⅲ比已达96%；推动洪泽湖综合保护、水系连通、生态修复，打造河湖生态岸线，形成洪泽湖全面保护、绿色发展的新格局。

将"以人民为中心"的理念贯穿城市建设全过程，治淮安民、兴淮惠民，"淮水安澜"有了新内涵。

民之所盼，势必行之。87类"淮上关爱一件事"实现跨区域、跨层级、跨系统通办联办，一次办结、全程免费；"十四五"期间计划改造老旧小区680个，截至目前已改造完成644个，占比94.7%；将"崇文"刻入基因，把教育提到地级市核心竞争力的高度，全面实施"县中振兴"；实现全市公共体育场馆免费或低收费对外开放；关心关爱新就业群体，不仅为外卖小哥提供歇脚驿站，还有免费体检……

文化滋养，精神丰盈。走进吴承恩故居旁的淮安书房，咖啡香与书卷气扑面而来，据统计，像这样的书房，淮安有近600个，遍布城乡；涟水县淮剧团每年"送戏下乡"120场，近几年打造的农村题材"村官三部曲"等，因贴近生活深受百姓喜爱；新开放的大云山汉王陵博物馆、板闸遗址公园等一批公共文化空间已成新晋"打卡点"。

还有家门口的"小确幸"。早上杠子面、中午软兜长鱼、晚上再来个蒲菜肉圆汤，淮安人会说"小日子不知道有多美"；得空再去传统澡堂子里修脚、敲背，"啪嗒啪嗒"的拍打声此起彼伏；沿运河跑个步、去文庙溜溜鸟、到剧院听个戏、在楚秀园赏赏花……烟火缭绕中，饱含着这里的人们对美好的追求和向往。

淮安民本之脉，在于精神、在于传承。周恩来故居、黄花塘新四

2024年5月15日,市民游客在淮安市金湖县水上森林公园乘船游玩。(新华社发 毛俊摄)

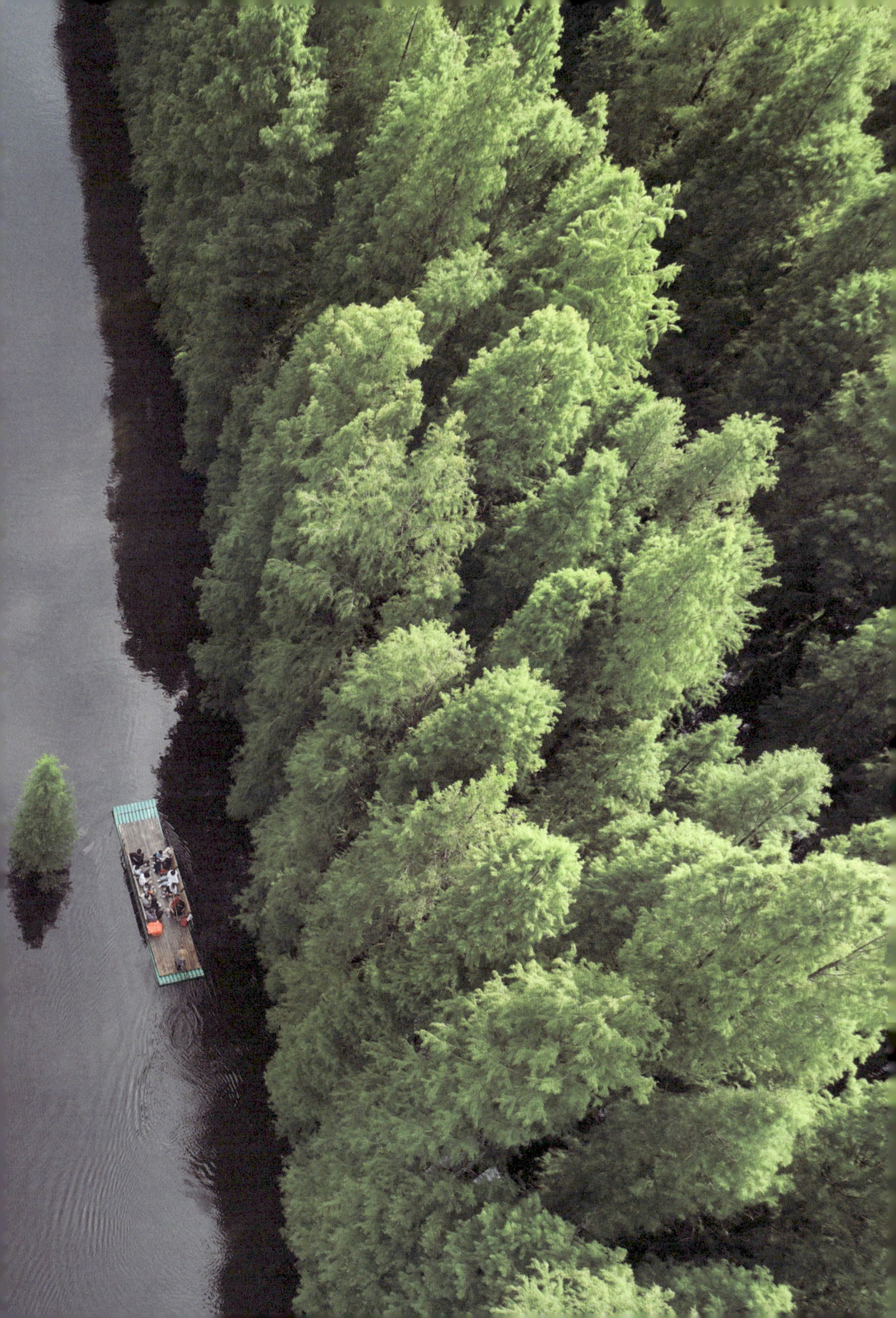

图为2024年5月28日拍摄的淮安市历史建筑镇淮楼。
（新华社发　毛俊摄）

军军部纪念馆、新安旅行团历史纪念馆等，一座座地标串联起这座城市的精神图谱。

路标指引，走得再远也不会忘记为什么出发。穿越时空，"人民就

是江山、江山就是人民"已融入淮安血脉。

"不断实现人民对美好生活的向往是我们矢志不渝的价值追求。"淮安市委书记史志军说，淮安将坚持以人民为中心的根本立场，接地气、察民情、聚民智、惠民生，让人民群众的获得感、幸福感、安全感更加充实、更有保障、更可持续，幸福满淮更加可感。

淮安市淮安区中轴线上的镇淮楼，相传初为谯楼，为登高远望、防御敌兵，后因淮河水患肆虐，更名镇淮楼，意为镇住淮水。

一座镇淮楼，寄托安澜梦。如今，历经千年的镇淮楼将继续见证，淮安在中国式现代化的新征程上劈波斩浪、再赴山海。

新华社北京 2024 年 6 月 11 日电
新华社记者王圣志、邱冰清、陆华东

扫描二维码查看视频

杭州，是什么？

对于这座"天堂之城"，无数人心中的无数个答案，抽剥开所有的修饰和营造，都只会留下一个极简的核心——美丽。

西湖、西溪、钱塘潮，是美丽的；越剧、丝绸、茶文化，也是美丽的；科创、文旅、互联网，更是美丽的。

如今的杭州，自然风光与人文景观相互融合，经济繁荣与人文发展交相辉映，一种美丽的发展扑面而来，一种发展的美丽迎风摇曳，这已经是她的"城市DNA"。

在"上有天堂、下有苏杭"千年盛名之下，新时代的杭州既是"人间天堂"，同时也是一座"网红之都"，更是一座"未来之城"。她正奋力书写人文经济学的新传奇，正给世人展现出一幅在人文熏陶中美丽发展、在经济发展中更加美丽的神韵画卷……

最『熠』是杭州
——解码新时代杭州的人文经济学

图为 2023 年 4 月 20 日拍摄的杭州未来科技城。（新华社记者翁忻旸摄）

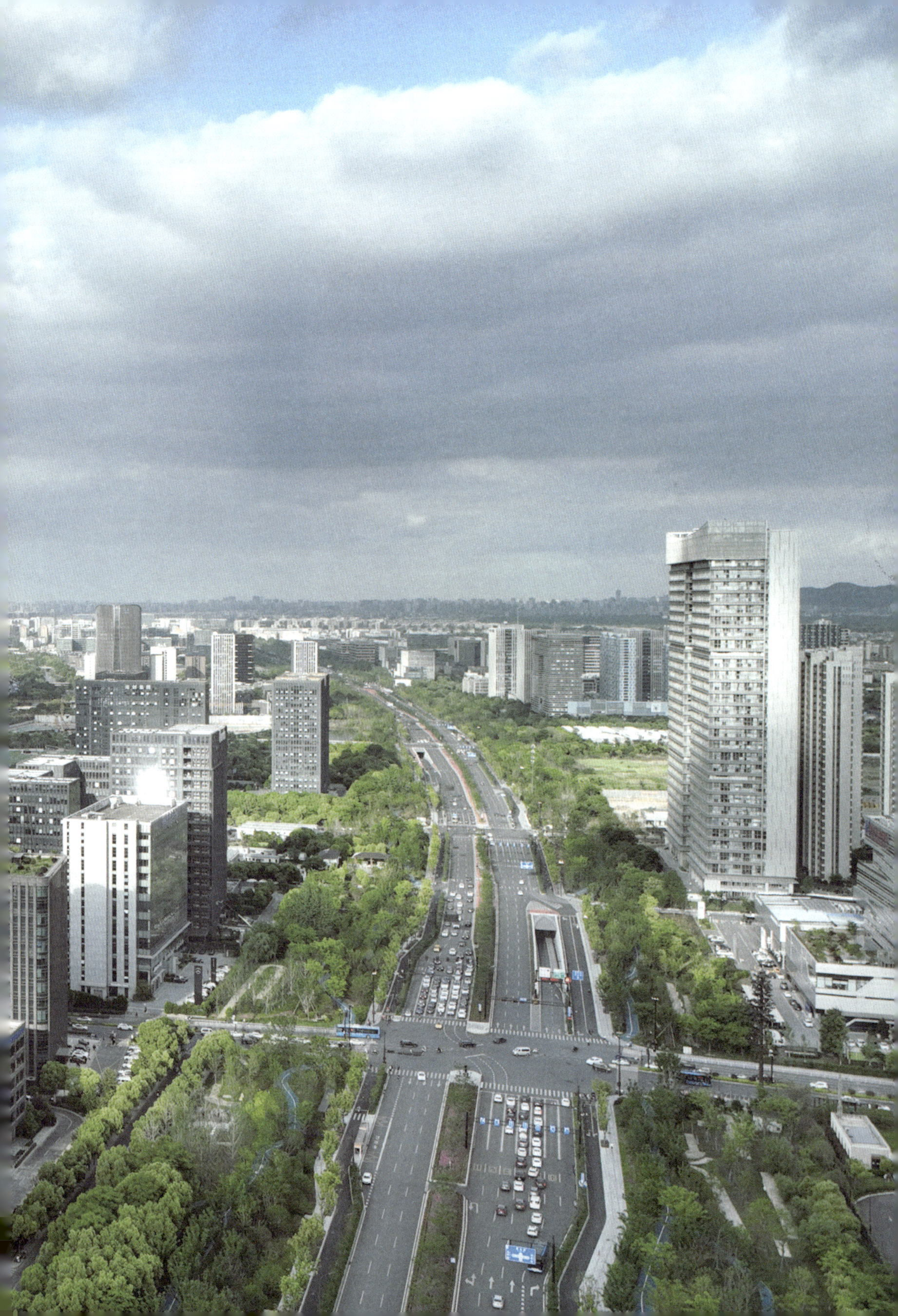

美丽的发展：
"人间天堂"的新时代盛景

2023年4月2日，游客在杭州西溪湿地观看宋韵花朝节游船巡游。（新华社记者翁忻旸摄）

初夏，杭州城西北。一片绵延的湿地，一个国家湿地公园，一曲溪流一曲烟。

这是独属杭州西溪的美。

这种美，从田园赏菊的东晋，直到工业化如荼的当下，源远且将流长。

而仅仅在六七公里之外，杭州未来科技城，总建筑面积近百万平方米的阿里巴巴全球总部拔地而起，这个特大型智慧建筑群已经成为杭州的新地标。

"杭州最让人骄傲之处，是我们的经济发展与文化保护、繁荣同步提升，杭州的发展步伐从来没有丢掉文化的灵魂。"浙江省委常委、杭州市委书记刘捷说，新时代杭州的发展是独具杭州特色的一种美丽的发展。

杭州，连续16年蝉联"中国最具幸福感城市"，"美丽的发展"背后，蕴含的是走出了一条经济持续繁荣、人文和谐发展的人文经济学特色之路。

"杭州把保护好西溪湿地作为城市发展和治理的鲜明导向，统筹了生产、生活、生态三大空间布局。"据西溪湿地生态文化研究中心副主任刘想介绍，约11.5平方公里的西溪湿地成为了"城市之肾"，周边是高教密集区、休闲旅游区和高新技术产业集聚区，这个大自然的课堂还吸引了大批学生上科学课。

杭州，有许多"文化名片"成为了"经济品牌"，美丽的发展可观可感——

西湖文化景观、中国大运河（杭州段）、良渚古城遗址三大世界文化遗产，胡庆余堂、张小泉、西泠印社等传统老字号品牌享誉海内外。宋韵文化主题活动实现了雅俗共赏，《秦时明月》等杭产剧作深受群众喜爱。

这些，构成了杭城响当当的"文旅IP"。

2022年，杭州实现旅游总收入1298亿元。十余年来，杭州文化产业一直保持快速发展，2022年全市文化产业增加值达2420亿元，高于全市GDP增速2.5个百分点，占GDP比重12.9%，成为经济发展的重要支柱。

"读白居易写下的诗，走苏东坡走过的桥，品陆游品过的茶，赏柳永赏过的花。"在"小百花越剧场"及诸多剧院听一曲婉转悠长的越剧，于西湖边点点错落的茶园、茶社品一壶龙井香茗，更是很多杭城老少的

最"熠"是杭州
——解码新时代杭州的人文经济学

图为2023年4月19日拍摄的杭州西湖景区雷峰塔。
（新华社记者黄宗治摄）

"文化家常菜"。

"精心守护好杭州这座历史文化名城，守护好杭州的绿水青山，这些宝贵财富构成了我们发展人文经济的独特竞争力。"杭州市市长姚高员说。

杭州，有许多"经济品牌"逐渐成为新的"人文标识"，美丽的发展动能澎湃——

短短 1791 米，拥有 16 家上市企业，总市值超过 6500 亿元——杭州物联网街，位于高新区（滨江）物联网产业园内。这里是国家物联网产业基地和数字服务出口基地，是国家 3A 级旅游景区，也是浙江省特色小镇和浙江省公民法治素养观测点。

坚持发展数字经济这一核心优势产业、实施百家上市企业计划、"专精特新"中小企业梯度培育行动……以高新区（滨江）为代表的杭州产业兴盛背后，是优质公共服务普惠共享，是打造最优营商环境吸引四海八方人才。

"我们努力给予企业和个人参与地方经济社会发展全过程的机会，在医疗、教育、休闲、娱乐等方面做好规划配套。"高新区（滨江）物联网产业园党委书记李程旭说。

习近平总书记曾在《之江新语》里写道：文化的力量，或者我们称之为构成综合竞争力的文化软实力，总是"润物细无声"地融入经济力量、政治力量、社会力量之中，成为经济发展的"助推器"、政治文明的"导航灯"、社会和谐的"黏合剂"。

2003年以来，杭州始终在经济高速发展中高扬着人文繁荣的旗帜——GDP以年均12%左右的增速翻了9倍达到近1.9万亿元，在全国各城市中名列前茅；在治安、文化底蕴、文明程度等中国城市幸福感评价体系指标中，杭州也始终以高分名列前茅。

"杭州人文经济学的发展，由习近平总书记的思想做引领，杭州的历史文化做铺垫，浙江的现代文明做基础。"刘捷说。

发展的美丽：
"网红之都"的新城市气质

2022年5月27日，行驶在大运河上的货船通过杭州拱宸桥。
（新华社记者江汉摄）

最近20年，杭州在美丽中不断发展。同时，因其十足的人文底蕴，杭州的发展更是一道美丽的风景，成为当下无数人向往的"网红之都"。"看的是景，感受的是人文情怀，体验的是品质生活。"游客感知的背后，正是一种被越来越多杭州人所认同的新城市气质——这种"发展的美丽"的最好注脚。

"杭州独特的城市气质塑造了独有的经济业态和治理逻辑，人们会用人文关怀的思维去解决城市发展建设中遇到的问题。"浙江省城市治理研究中心执行主任江山舞说。

"云树绕堤沙，怒涛卷霜雪。"千百年来，面对汹涌澎湃的钱塘潮水，杭州城从来没有退缩，而是城潮共生，越发繁荣壮大，从而形成了勇立潮头、开放大气的独特人文气质，这是当代杭州最精髓的一面——

在钱塘江即将入海前的杭州段岸边，诞生了一座新城。其中，占地面积约19万平方米的G20杭州峰会主场馆国际博览中心，自G20杭州峰会落幕以来，就成为了游客观光打卡的"网红景点"之一。

从沿江发展、跨江发展到拥江发展，钱塘江两岸构成的城市新中心，成为杭州由"西湖时代"逐步迈向"钱塘江时代"的重要标志。

钱江新城管委会党组书记朱党其说："20年接续奋斗，这里形成了独特的城市形态、经济业态和人文内涵。"

"弄潮儿"，是杭人之勇的写照。

曾经巨大的烟囱和滚涌着热浪的生产厂房，被高科技数据计算中心、国家3C认证实验室、科技创新园等所代替。杭州钢铁集团66年

图为2023年4月17日拍摄的建设中的杭钢工业旧址公园。
（新华社记者江汉摄）

风雨兼程,生动诠释了"杭铁头"精神。

"杭钢的变化是杭州城市变化的一个重要缩影。顺应时代发展需求,以钢铁意志做人、建业、报国,一直是我们的企业文化。"杭钢集团下属中杭监测技术研究院中检研发中心副主任陆智勇说。

"未能抛得杭州去,一半勾留是此湖。"西湖,水波不兴,温婉而绰约。千百年来的审美积淀,形成了一个人与自然融为一体的西湖文化圣地。尊重自然、崇尚和谐,是杭州另一种温润如玉的美丽气质——

千百年来,西湖逐渐成为一个独特的人文景观和文艺创作的重要母题。"西湖遍地是名人、遍地是文化、遍地是诗歌。"杭州亚运会设计总监、中国美术学院教授宋建明说,这汪碧水,成为一代代文人墨客的"灵感缪斯",构建起心灵栖居的精神家园。

梅子黄时,漫步在拱墅区小河直街历史文化街区,感受城市人文脉搏。

这里地处京杭大运河、小河、余杭塘河的三河交汇处,曾经的危旧房经过城市更新重焕生机。咖啡茶饮、昆曲书画、陶艺手作、设计软装……文保建筑承载着厚重的历史记忆,安好的岁月随河水静谧流淌。

"很多企业之所以最终选择落户杭州,就是因为这座城市独特的人文气质。半小时车程内，总能找到有山有水、有历史文化底蕴的地方。"杭州宏杉科技股份有限公司总裁杨柳说。

杭州不断充实和丰富着自身的文化内涵、文化特色，同时鲜明的人文特色又在带动城市的繁荣发展，新经济业态不断涌现——

2022年，杭州以新产业、新业态、新模式为主要特征的"三新"经济增加值占GDP的比重为39%。

杭州，被誉为"中国动漫之都"。2022年动漫游戏产业全年营收实现408.06亿元，在2022年11月举办的第十八届中国国际动漫节上，杭州共吸引57个国家和地区的292家中外企业机构、1400余名展商客商和专业人士参与。

杭州，要建设"国际文化创意中心"。2022年，第十六届杭州文化创意产业博览会吸引40个国家与地区的3800余个企业（机构）和品牌参展，现场成交及项目签约额21.15亿元。

杭州，正在打造"电竞名城"。2022年底，《关于推进新时代杭州动漫游戏和电竞产业高质量发展的若干意见》发布，着力推动"动漫+、游戏+、电竞+、元宇宙+"深度融合创新。

践行人文经济学：
"未来之城"的现代化答卷

图为 2022 年 7 月 23 日拍摄的国家版本馆杭州馆。
（新华社记者翁忻旸摄）

在杭州的行政版图上，钱塘区等全新的板块正向着巨大的杭州湾、向着蔚蓝色的大海吹响面向未来的号角。

"艮山门外丝篮儿，望江门外菜担儿，凤山门外跑马儿，涌金门外划船儿"……历史光影穿梭在古老歌谣中。1995年以前，杭州市区面积仅约430平方公里，是名副其实的"迷你"省会。如今，伴随G20杭州峰会、杭州亚运会等重大活动的契机，杭州将发展目标定为"世界一流的社会主义现代化国际大都市"。

翻开最新版杭州地图，"两环八横五纵八连"的快速路网新格局彰显城市新脉动——城北，临平国家级杭州余杭经济技术开发区、临平新城、大运河科创城三大平台联动发展；城南，萧滨一体化提供经济硬核力量；一路向西，4条东西向大动脉共同构成了城西科创大走廊"一廊四城两翼"的"金纽带"，串联起了大走廊区域重量级的产学研高地；一路向东，环江东大道构建沪杭宁"1小时经济圈"，助推城东智造大走廊发展，打造杭州先进制造业新的增长极。

全面落实习近平总书记当年擘画的蓝图，杭州的发展，必然要走出以钱塘江、西湖为核心的传统"江湖"人文地理框架，迎着钱塘潮走向更广袤的"蓝海"——中国式现代化的杭州新答卷。

最"熠"是杭州
——解码新时代杭州的人文经济学

2023年4月30日,游客在杭州西湖景区游览。
（新华社记者江汉摄）

图为 2023 年 4 月 26 日拍摄的杭州奥体中心体育游泳馆（左）与杭州奥体中心体育场（右）。（新华社记者江汉摄）

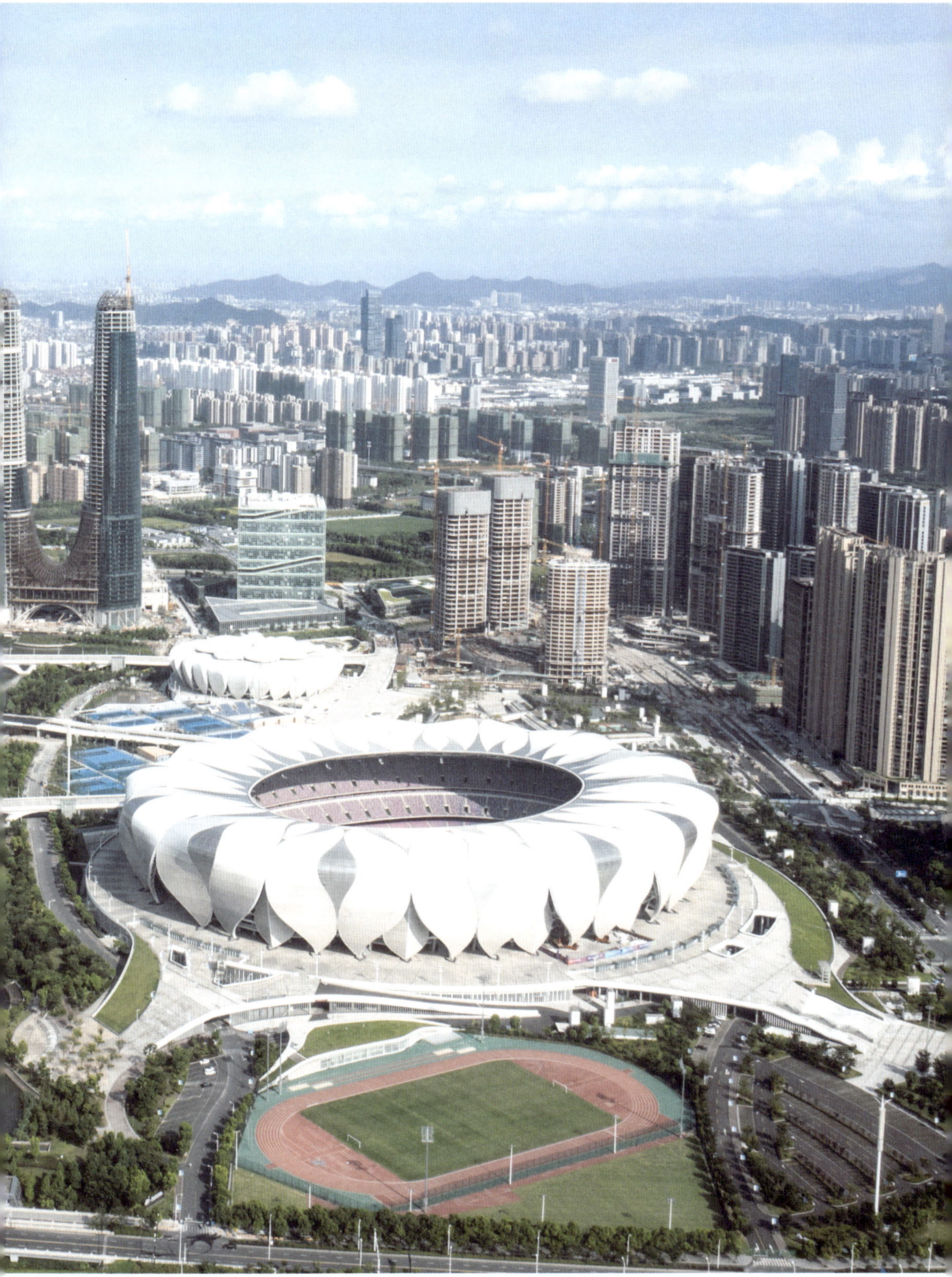

2022年以来，杭州提出了全面推进"奋进新时代、建设新天堂"系列变革性实践，在以"两个先行"打造"重要窗口"中展现头雁风采，努力成为中国式现代化的城市范例。

钱塘江畔，以"莲花碗"为代表的杭州亚运会体育场馆迎四海宾客。

杭州亚组委副秘书长、杭州市副市长陈卫强说，以亚运会、亚残运会举办为契机，杭州坚持城市侧和赛事侧一体推进，持续放大亚运综合效应，打造"独特韵味、别样精彩"的"新天堂"；通过实施数字经济创新提质"一号发展工程"，以扩中提低为导向完善收入分配制度体系等，打造创新创业、活力迸发、共享幸福、良法善治的"新天堂"。

2022年，杭州市数字经济核心产业实现增加值5076亿元，占GDP比重27.1%，占全省数字经济核心产业比重为56.5%。以数字经济为代表的创新创造在逆周期中跑出加速度，成为杭州转型发展的主动力、经济稳增长的"压舱石"，也成为了杭州的"金名片"。

践行人文经济学，杭州将始终把满足全体市民的全方位需求、全面提高全体市民的素质作为出发点，通过城市政治经济文化社会生态的高质量发展推动人的全面发展——

"从还湖于民、还河于民，到问情于民、问需于民、问计于民、问绩于民，无论是推动经济发展，还是提高城市人文素养，最终要落脚到老百姓身上来。"杭州市委常委、秘书长朱华说。

杭州持续迭代升级"民呼我为"数智平台，探索"民意直通车"等机制，构建共建共治共享机制，老百姓成为城市建设的参与者、评判者、获益者。

杭州聚焦"文化惠民"，开发"文化优享"公共文化服务数智应用大场景，纵贯省市县乡村五级，横跨宣传、文旅等近20个部门，点单式配送演出、培训等文化服务，促进公共文化服务精准匹配、优质均衡、共建共享。

践行人文经济学，杭州将不负"历史"，拥抱"未来"。让历史文化名城焕发新生，推动产业升级城市更新，实现中华优秀传统文化的创造性转化、创新性发展——

"我们在发展中，要处理好保护优秀传统文化和发展现代经济之间的关系。让优秀传统文化通过转化利用，促进现代经济发展；更要让经济发展能够反哺文化的传承保护和继承利用。"刘捷说。

杭州城西北，良渚古城遗址以美轮美奂的玉器、气势宏伟的三重

2018年6月26日，观众在良渚博物院了解良渚文化历史。
（新华社记者翁忻旸摄）

城、规模宏大的水利工程，实证了中国在5000多年前就有了伟大的史前稻作文明和城市文明。

距离良渚古城约1小时车程外，杭州钱塘元宇宙新天地产业园将围绕数字孪生等元宇宙核心底层技术，游戏、社交、教育等元宇宙新型应用场景，引进培育大批面向未来的科创型企业。

杭州市委常委、宣传部部长黄海峰说，新一轮科技革命正在加快重塑传统文化业态。杭州将深入实施文化产业数字化战略，积极壮大数字内容、影视生产、动漫游戏等优势产业，推动图书、报刊等传统业态升级，

同时布局元宇宙等新赛道，用数字化手段全方位展示杭州文化的魅力。

"好风吹落日，流水引长吟。"

从海洋科技、陆海联动的向海进军，到高新技术科技创新的蓝海开拓；从一系列网红小镇的文旅融合，到中国历代绘画大系、杭州国家版本馆等文化传承国家级项目的持续丰富——在人文经济学的大框架之内，杭州正在从多方面着手打造"未来之城"，在实现中国式现代化的新征程上必将交上一份更加精彩的答卷。

新华社杭州 2023 年 5 月 30 日电
新华社记者邬焕庆、方益波、俞菀、冯源、马剑

扫描二维码查看视频

这里有"万年人类活动史、2500余年建城史、千年宋韵史",厚重的历史文化赋予了一座城市独特的精神力量。

这里"船方尖履小,士比鲫鱼多",大儒王阳明、书圣王羲之、文学家鲁迅等人文巨擘灿若星河、闪耀至今。

这里"古越风华今更盛",干部敢为、地方敢闯、企业敢干、群众敢首创的浓厚氛围中,崛起一座经济繁荣的现代都市。

老绍兴,今更兴。透过人文经济视野,走进首批国家历史文化名城——浙江绍兴,一幅经济发展与人文精神交相辉映、传统文韵与现代文明相得益彰的诗意画卷徐徐铺展。

老绍兴 今更兴
——人文经济视野下的绍兴发展观察

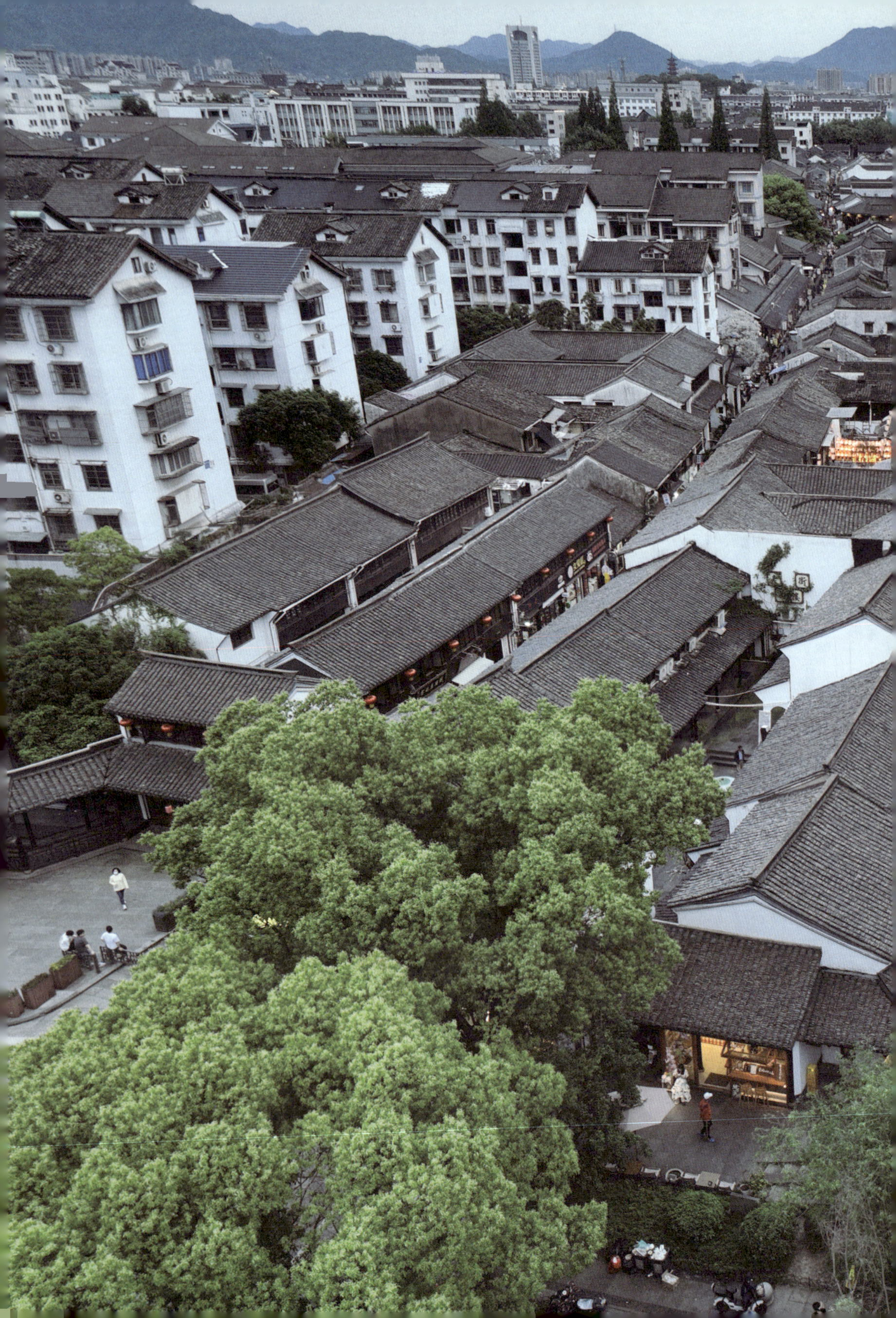

图为 2024 年 4 月 24 日拍摄的仓桥直街。仓桥直街位于浙江绍兴市中心,全长 1.5 公里,街区总面积 6.4 公顷,是以古城风貌为特色、传统城市人居文化为内涵的历史街区。(新华社记者翁忻旸摄)

历久弥新：传承"没有围墙的博物馆"

2023年4月20日，演员在典礼上表演献祭舞。当日，2023年公祭大禹陵典礼在浙江省绍兴市大禹陵广场举行，通过乐舞表演、敬献贡品、恭读祭文等方式祭祀大禹。2006年，大禹祭典被列入国家级非物质文化遗产保护名录。（新华社发　梁永锋摄）

尧住城郭、舜会百官、禹得天书，象田、尧城、舜庙、禹陵……走进今天的绍兴，总能不期而遇上古传说。

绍兴是大禹治水毕功之地、大禹陵所在地。2018年以来，绍兴陆续发布《绍兴禹迹图》《绍兴禹迹标识导读》《中国禹迹图》《浙江尧舜遗迹图》等，通过组织文献积累、野外考察、文物普查、古今地图结合应用、现代考古成果应用等，系统梳理上古传说的现实标识，从而更好流传下去。

悠悠数千年，会稽山下这方水土，历史文脉绵延至今、独树一帜。

从大禹治水、勾践复国，到晋移豪族、宋迁士人；从哲学思想、书画艺术，到中医理论、史学巨著；从王阳明、王羲之、陆游、徐渭，到鲁迅、蔡元培、竺可桢……

赓续历史文脉，加强文化遗产保护，推动优秀传统文化创造性转化、创新性发展。近年来，绍兴扎实推进历史文化保护传承工作，让这座"没有围墙的博物馆"历久弥新。

走进绍兴古城，驻足八字桥环顾，白墙黑瓦的民居错落有致，"白玉长堤路，乌篷小画船"的画面清晰可见。不远处，迎恩门历史文化街区、上大路历史文化街区、东浦黄酒小镇等一派繁华。

因地制宜、创新发展、活化利用，规划引领、统筹保护8个历史文化街区、41个文保点、55处历史建筑、3.5万件各类馆藏文物，实施古城微更新专项行动，加快"数字古城"建设……绍兴古城保护更新绵绵发力。

从中华优秀传统文化中汲取智慧力量。走进绍兴阳明故里，王阳明先生居所建筑的历史遗存、500余年前的生活场景映入眼帘。2022年建成以来，这里成为中国乃至世界阳明文化爱好者瞻仰遗迹、交流学术的崭新平台。

借鉴明代"王学讲会"方式，绍兴发挥大型学术活动的辐射作用，持续举办纪念王阳明逝世国际学术研究会、中国阳明心学高峰论坛等高端学术交流活动，"阳明心学大会"永久会址也落户绍兴。

"名士之乡"也是"戏曲之乡"，"嵊"开的越剧则是绍兴活态传承历史文化的缩影。

创排、复排越剧《孟丽君》《梁祝》、绍剧《喀喇昆仑》《台风眼》等精品力作，"越剧春晚""全球戏迷嘉年华"等活动在全国唱响"绍兴好声音"……在越剧发源地嵊州，百年越剧拥抱时代，成长为中国第二大剧种。

如今的嵊州人，无论男女老幼，都能轻松哼唱出几句有腔有调的越剧唱词。2023年以来，当地推出"富乐嵊州·村村有戏"大展演活动，各个村庄每年上演300余场。

图强争先：奋力谱写新时代胆剑篇

2024年4月8日，在绍兴柯桥的浙江梅轮电梯股份有限公司智能化车间内，自动化设备在生产电梯配件。（新华社记者徐昱摄）

有着2500多年建城史的绍兴，厚重的历史文化赋予了城市独特的精神力量。

"苦心人天不负，卧薪尝胆，三千越甲可吞吴"——越王勾践终成霸业的故事勉励后世之人，也在绍兴生发出卧薪尝胆、奋发图强、敢作敢为、创新创业的"胆剑精神"，形成这座城市奋发向前的文化驱动力。

历史上，绍兴人敢闯敢冒、敢为人先的故事数不胜数，从基层治理的"枫桥经验"到越商创业的"四千精神"，从独领风骚的专业市场到闻名遐迩的块状经济，从全国率先的企业改制到全国领先的企业上市，这种争先精神造就了绍兴经济大市的重要地位。

现如今，绍兴以"卧薪尝胆、奋发图强、敢作敢为、创业创新"为精神内核，以"五创图强、四进争先"为基本路径，以"做极致、干精彩、看实效、争一流"为实践要求，奋力谱写新时代胆剑篇。

支柱产业从"酒缸、酱缸、染缸"转型升级为"芯片、药片、刀片电池"；境内外上市公司累计突破100家，数量居全国同类城市第三位；2023年实现地区生产总值7791亿元，7.8%的增速居浙江全省第2位……

经济发展与人文精神交相辉映，塑造了一座城市高质量发展的独特

2021年4月11日，讲解员在枫桥经验陈列馆向参观者介绍"枫桥经验"发展历程。（新华社记者翁忻旸摄）

气质。

20世纪80年代以来，从"箩里来、筐里去"提供裸珠的"麻袋经济"，到加工珍珠粉、毛衣链等半成品，再到做成品、创品牌，困境倒逼诸暨珍珠产业一次次走出"舒适区"、打破"瓶颈期"。

每一次困境，都是新起点——诸暨珍珠领军企业、浙江阮氏珍珠股份有限公司董事长阮铁军说，数十年迎难而上的发展历程，让企业形成了这样的规律性认识。

底蕴深、链条长、分工细的绍兴大纺织业，不断展现新气象。

历时7年攻克全龄人工饲料工厂化养蚕技术，创建茧丝生产新技术体系，200名工人填补10万养殖户空缺，鲜茧年产能超过4.7万吨；全面展开蚕丝在生物医药、高端装备、新材料等领域应用……

工厂化养蚕技术突破，让古老的蚕丝业重获新生。嵊州陌桑高科股份有限公司董事长金耀说，企业以每年研发投入占比超过10%的力度，开启转型升级之路。

越城印染、化工，柯桥纺织、印染，上虞化工、机电，诸暨袜业、珍珠，嵊州领带、厨具，新昌医药、轴承……秉承胆剑精神，接续图强争先，绍兴块状经济不断夯实全国乃至全球影响力。

鲁迅笔下的少年闰土，喜欢带着一柄钢叉在瓜地里找獾。现实中，位于绍兴上虞的浙江闰土股份有限公司，距离鲁迅故里仅约30公里。

这家上市公司、国家重点高新技术企业，是国内染料行业主要供应商之一。凭借龙盛集团、闰土股份等头部企业，上虞成为我国精细化工领域重要的原材料基地。

以文化人：打造人文经济学绍兴范例

2023年4月3日，油菜花盛开的覆卮山古梯田。
（新华社记者翁忻旸摄）

春日俯瞰浙东古运河畔，千亩油菜花与鉴湖湿地交相辉映，构成一幅灵动的江南水乡画卷。

2023年底，鉴湖湿地通过专家组验收评估，成为国家湿地公园。绍兴鉴湖湿地管委会表示，将更好涵养生态环境本色与历史文化底蕴，打造独具特色的精品湿地公园。

走进新时代的绍兴，处处繁花似锦，彰显澎湃活力。

在越城感受千年古城和现代新城的古今交融，在柯桥感受国际纺都和杭绍星城的熠熠生辉，在上虞感受青春之城和联甬接沪的开放包容，在诸暨感受治理之道和珍珠之光的交相辉映，在嵊州感受高铁新城和越剧小镇的独特魅力，在新昌感受科技创新和绿水青山的融合之美。

文明永续发展，既需要薪火相传、代代守护，更需要顺时应势、推陈出新。

聚焦擦亮精神共富文化底色要求，启动"博物馆之城"创建，擦亮"绍兴海外文化周"品牌，打造"大师对话""越酒行天下"等平台讲好"绍兴故事"……

做精"绍兴有戏""树兰阅读"两大品牌，2023年开展送戏下乡2354场、送书下乡30.69万册、送展览（讲座）下乡2681场，"线上

新时代中国奇迹的人文经济学观察

2023年6月9日,人们在浙江绍兴上虞区驿亭镇白马湖畔的茶社喝茶。
(新华社记者翁忻旸摄)

+线下"服务群众近 4200 万人次……

推出"跟着课本游绍兴""乡村四时好风光"等文旅消费品牌活动，全面激活"亚运热、古城热、古镇热、文化热、乡村热"，2023年全市接待游客、旅游总收入均创历史新高……

以文化人，现代文明之花绚丽绽放。在绍兴，新时代文明实践站（所）遍布全市，崇德向善蔚然成风。

赓续千年文脉，绘就时代新篇，努力在建设中华民族现代文明上积极探索。

绍兴市委提出，坚持守正创新、革故鼎新，坚定扛起新时代新的文化使命，努力创造符合时代特征、彰显绍兴特质的新文化，积极探索以人为中心、以文化为基础、以人文价值为导向的新发展形态，更好实现传统文韵和现代经济双向赋能，全力打造人文经济学的绍兴范例。

新华社北京2024年4月21日电
新华社记者邬焕庆、方问禹、岳德亮

黄山是一座山，更是一座城。

展开地图，黄山市形如一枚枫叶嵌在安徽省最南端；翻开古徽州历史，黄山市魂系徽文化千年。作为古徽州的主要组成，黄山根深于徽文化，在传承与创新中枝繁叶茂，在包容与开放中挥洒中国风与国际范。

习近平总书记深刻指出，要坚持以社会主义核心价值观为引领，坚持创造性转化、创新性发展，找到传统文化和现代生活的连接点，不断满足人民日益增长的美好生活需要。

黄山循古而来、向新而去，徽派古建、徽墨歙砚、砖雕木刻、制茶技艺，走进乡村田野会客厅，走入国际会客厅，打开人们的文化情感通道。徽风皖韵的人文经济在这里与时代融合、以创意表达、向世界呈现。

向新写意中国风
——人文经济视野下的黄山观察

图为 2023 年 9 月 13 日拍摄的黄山市黟县宏村。（新华社记者郭晨摄）

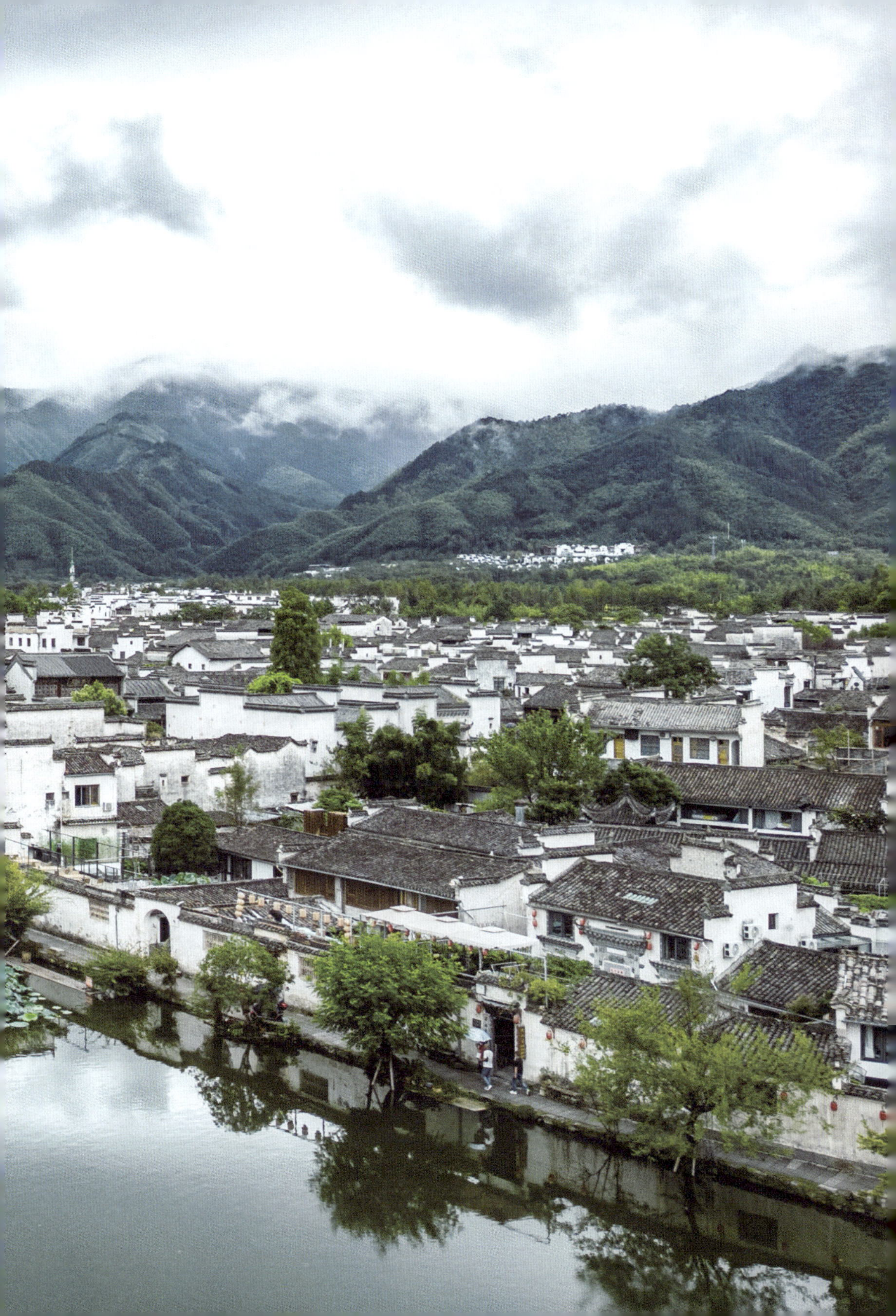

徽派国际会客厅：是中国的也是世界的

图为2023年4月1日拍摄的安徽省黄山市歙县深渡镇阳产村。（新华社发 樊成柱摄）

初秋黄山，细雨霏霏，山霭苍苍。一场中外时尚发布会在黄山脚下举行。模特们身着中外设计师打造的时装，将"自然""国风""创新"主题在大美黄山碰撞、盛放。

这是一场山水人文的展示，亦是一次国际美学的对话。上海大学巴黎国际时装艺术学院法籍立裁专家玛蒂尔德说："黄山变幻万千的云海和独特的徽派建筑，让我印象太深刻了！我的服装设计用了很多黄山元素。"

中国风，国际范，在徽派风格的国际会客厅黄山融为一体。

由春及冬，一系列主场外交活动去年在黄山市屯溪区举行，从去年3月的第三次阿富汗邻国外长会等70余场外交活动，到去年12月的中国政府与主要国际经济组织负责人"1+6"圆桌对话会。

由人文至经济，一系列国际对话合作今年陆续在黄山展开。年初，中国、印度和斯里兰卡三国在祁门县开启"世界三大高香红茶"的首次"对话"。仲夏，2023RCEP地方政府暨友城合作（黄山）论坛在此举行，约500名中外嘉宾共商RCEP合作新机遇。

为什么是黄山？

黄山市委书记凌云说，壮美河山、独特厚重的人文内涵，是跨越地域民族的人类共通语言，更是追溯文明、读懂中国的重要密码。

创意黄山，大美徽州，迎客天下，和合共进。

论"山"，它集世界文化与自然遗产、世界地质公园、世界生物圈保护区三项桂冠，以奇松、怪石、云海、温泉、冬雪著称。

述"文"，它是徽文化发祥地，涵盖经史哲医科艺等，孕育了新安

2023年9月12日，在安徽省黄山市屯溪区南溪南村"卓文的小食堂"，美国人卓文展示制作的披萨。（新华社发　樊成柱摄）

理学、新安医学、新安画派、徽派雕刻等，文明星空璀璨。

如果宛若仙境的山水、独具魅力的人文呈现黄山的世界，那么自信中的包容、自立中的开放构筑世界的黄山。

站在屯溪区东郊的南溪南村村口，"绿树村边合，青山郭外斜"的诗意扑面而来。在这座有着千年历史的徽州村落，新添了一张国际化名片：卓文的小食堂。

臭鳜鱼披萨、枇杷酱……虽是西式餐厅，风格简洁，飘散的却是满满徽州味。美国小伙、黄山女婿卓文是餐厅创办者，说着一口流利的中国话。

臭鳜鱼披萨，是卓文将徽州和西方美食融合后独树一帜的创造。2021年，在黄山安家不久的卓文就在抖音平台上发布自己做菜的视频。

"在南溪南村开店，是因为向往徽州田园生活，没想到生意这么火，每天披萨供不应求。"卓文说。隔壁开店的当地人老吴，和卓文是"铁哥们"。

黄山市徽州区潜口镇原始古村坤沙村的三山两谷之间，有一处顺地理位置而取名的民宿"居田谷"，粉墙黛瓦的建筑融于周边山林田野中。

类似这样农文旅结合的乡村会客厅，在黄山有近3000处，在田野乡村中向世界展示中国风。打造"大黄山"世界级休闲度假旅游目的地，这是安徽省对黄山的最新定位。

黄山市已摸排梳理"大黄山"建设项目210多个、总投资近2000亿元，东黄山高端度假酒店群、市域旅游铁路T1线、新安江百里大画廊等重点项目加快建设。

从传统自然到现代人文，从物种多样性到文化多元性，从乡村会客厅到国际会客厅，黄山在世界聚光灯下绽放中国风、国际范。

活化文化遗产：
是历史的也是时尚的

2023年3月9日，年轻人在安徽省黄山市屯溪区的一处茶空间里"围炉煮茶"。安徽省黄山市是黄山毛峰、太平猴魁和祁门红茶的原产地，饮茶历史悠久。（新华社发　施亚磊摄）

吸引全球游客纷至沓来的，不仅是自然景观，还有黄山既传统又时尚的文化瑰宝。

5个项目入选联合国教科文组织人类非物质文化遗产代表作名录，拥有310个中国传统村落、8000处历史文化遗存、百万件徽州文书……黄山积极推动名录遗产与数字结伴、同创意碰撞，让更多陈列在广阔大地上的遗产活起来。

传统与现代的交融，"一条鱼"来讲故事。

每年正月十五前后，黄山市歙县溪头镇汪满田这座静谧的古村都会被鱼灯点亮。从制作鱼灯到嬉灯排练，全村老幼倾尽全力，演绎出大山深处的浪漫，也点燃起全球游客的热情。

这是一座以鱼灯为魂的村庄。汪满田嬉鱼灯始于明初，相传这项安徽省非物质文化遗产活动与火有关，村里过去木屋居多，常有火灾发生，鱼生于水，水能灭火，于是衍生出祭鱼克火的嬉鱼灯民俗，在600年时光中传承光大。

2023年春节期间，汪满田村鱼灯巡游四晚，18000多名外地乃至外国游客赶来感受浓浓嬉灯年味。其间，农户制作的小鱼灯线上线下销售1000余只，销售额35万余元。

向新写意中国风
——人文经济视野下的黄山观察

2022年2月14日晚，在安徽省黄山市歙县溪头镇汪满田村，游客和村民嬉鱼灯。（新华社发 水从泽摄）

汪满田鱼灯已非"春节限定"。在黄山市文创产品展示商店、街头商铺甚至在咖啡厅，都能看到"游弋"的鱼灯，相关文创产品在线上线下热销。

历久弥新的，还有徽州书房里走出的历史文化遗产——墨与砚。

落纸如漆、经久不褪。以松烟、桐油烟、漆烟和胶等主要原料制成的徽墨，已不仅仅是静置案头的书写工具，更是文化传播的载体。

在歙县县城，坐落着乾隆年代老字号胡开文墨庄的余脉——老胡开文墨厂。一间间房门内，炼烟、和料、制墨、晾墨、打磨、描金等11道古法制墨工序各有讲究。

南唐时，制墨在徽州生根发芽。如今，老胡开文墨厂探索将年轻人喜爱的国潮元素融入徽墨产品中。徽墨制作技艺传承人周健每天准时打开直播镜头，介绍徽墨歙砚。

"忠于古法，行于创新"，这是老胡开文墨厂的经营之道，更是黄山众多文化瑰宝传承发展的共同路径。

墨香浸润，茶香添韵。2022年11月，作为"中国传统制茶技艺及其相关习俗"的子项，产自黄山的毛峰、太平猴魁、祁门红茶制作技艺成功入选联合国教科文组织人类非物质文化遗产代表作名录。

向新写意中国风
——人文经济视野下的黄山观察

图为 2023 年 4 月 20 日在安徽省黄山市拍摄的小罐茶"超级工厂"。（新华社发　樊成柱摄）

人工智能、大数据正在将传承千年的制茶匠心以科技的方式记忆、传扬。

在黄山市高新区的小罐茶"超级工厂"，繁忙的生产线上几乎看不到工人。工厂厂长李伟民介绍，生产线利用人工智能等技术，将绿茶、红茶、黑茶、乌龙茶等制茶非遗传承人的手工技艺复制到设备中。非遗传承人的制茶经验，比如杀青温度、时间、揉捻压力、发酵条件、焙火等，经过上万次的计算分析，设置为工艺参数，非遗技艺探索出标准化、规模化。

不仅如此，这家企业还研发出智能泡茶机，根据不同茶类精准设置茶水比、冲泡温度、出汤时长等，让"茶小白"也能体会茶艺中的文化。

没有传承，城市将失去灵魂；裹步传统，城市将凝滞不前。"创新是最好的文化传承。"李伟民说。

截至今年8月底，黄山市与旅游相关的文化、体育和娱乐业营业收入同比增长超过252%，全市服务业增加值同比增长7.8%，位居安徽省第二，对GDP增长贡献超过68%。

一花一叶一味：
是文化的也是经济的

2023年2月25日，游人在安徽省黄山市歙县雄村镇卖花渔村赏花。（新华社发 樊成柱摄）

在黄山，文化与经济从来相伴相成。

从阡陌街巷到山水之间，黄山擅长用文化找到共富"密码"。

地处新安江上游南岸沟谷的歙县卖花渔村，因村庄形似鱼而得名。这个始于唐代的村落只卖花不打鱼，世代以种植盆景花卉为业，其技艺入选国家级非物质文化遗产。

漫步村中，只见罗汉松仿若一株株微缩版"迎客松"，游龙梅如蛟龙腾云般姿态万千，家家庭院摆满匠心独运的大小盆景。

徽派盆景技艺省级代表性传承人洪定勇介绍，村里老中青三代盆景技术队伍越来越壮大，年轻人学习了现代园林设计知识后，将其融入到盆景的创新性设计中。

近年来，得益于进村道路拓宽、旅游步道建设等一系列改造提升举措及政策支持，卖花渔村在家做起了全球生意。

"人在养花，花在养人。"卖花渔村党支部第一书记徐玉龙说。2023年一季度，卖花渔村村集体经济收入突破170万元，外来游客16万人次。

黄山市农村居民收入居安徽前列。2023年上半年，黄山市城乡居民人均收入比值为1.67，城乡收入差进一步缩小。

提起八大菜系里的徽菜，必须说到臭鳜鱼。

因徽商走南闯北而诞生的臭鳜鱼，几百年前被盛装在木桶里、泡在淡盐水中沿江运输，如今形成了从加工到烹饪的地方及团体标准，进入现代化生产线，顺着电商平台，"游"向东南亚、欧美、日韩等地。

在黄山皖新徽三食品供应链有限公司车间内，工人们正在对鳜鱼进行预处理、腌制发酵、包装和发货。2023年，这里预计产出臭鳜鱼

2023年6月7日，在安徽省黄山市一家食品供应链公司内，工作人员在生产线上加工臭鳜鱼。（新华社发 樊成柱摄）

2021年3月10日在黄山风景区卧云峰处拍摄的瀑布流云奇观。（新华社发　施亚磊摄）

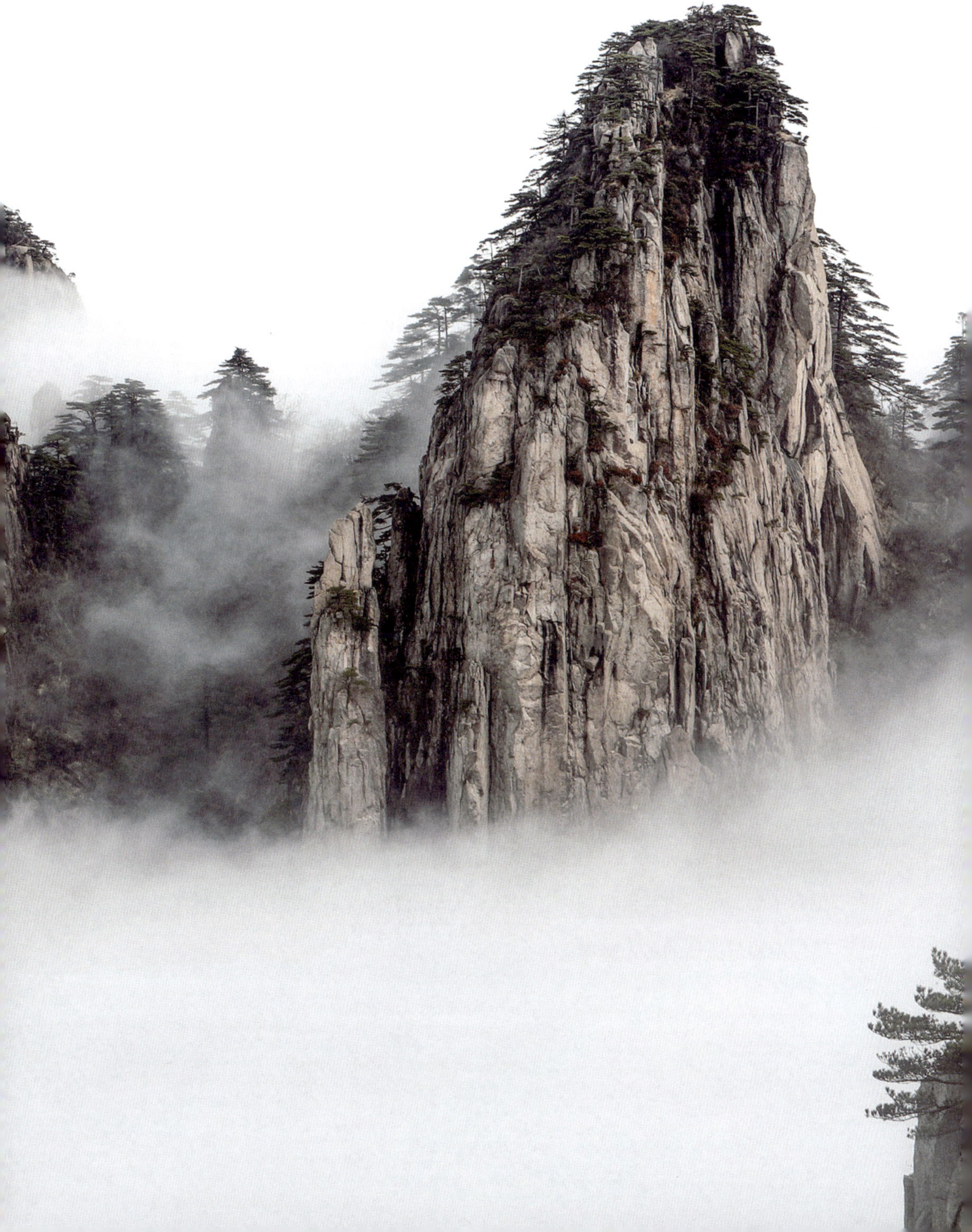

500多万斤，总产值2亿多元。

"家族五代人，用一百年做一条鱼。"徽三臭鳜鱼第五代传承人吴永学说。

一百年间，臭鳜鱼从地域美食发展成为年产值近40亿元、年加工量超5万吨的大产业，全市现有臭鳜鱼加工企业100余家，其中规上企业10家，年销售收入超千万元企业30余家，带动就业3万余人。

从柴米油盐酱醋茶的人间烟火，到琴棋书画诗酒茶的精神享受，一片小小的树叶散发的是文化魅力，也是文化与产业的融合体。

中国十大名茶中，黄山占三席。如今，黄山除了产出鲜茶，还延伸出冻干茶粉、花茶配制、化妆品等茶叶深加工产品，全年综合产值达230亿元，茶农年人均收入1.2万元。仅小罐茶"超级工厂"合作茶农就有2000余户近万人，带动年人均增收2000元。

来黄山，看的是景，感受的是文化。

黄山的夜晚，尽显"文艺范""时尚范"。屯溪老街、河街、黎阳三条历史文化旅游街区，完美串联独具徽州气质的夜经济，河街"昱"见音乐会，黎阳古戏台唱响，新安江畔大型水幕激光秀，演绎出大气磅礴中浪漫与激情的黄山魅影。

刚刚过去的中秋国庆假期，黄山市共接待游客822.6万人次，较2019年增长20.6%。今年前三季度，黄山市接待游客超6293万人次，同比增长73.8%，较2019年增长9.2%，旅游总收入575.96亿元，同比增长69.2%，较2019年增长10.9%。

行走黄山，不仅感受徽州，更可品读中国。传统与时尚、中国风与国际范的融合，让黄山韵味无穷。这魅力，正是中华优秀传统文化与中国式现代化发展路径的相携共进。

新华社合肥2023年10月14日电
新华社记者刘菁、陈尚营、何曦悦

扫描二维码查看视频

2018年6月13日,习近平总书记来到烟台,考察中集来福士海洋工程有限公司烟台基地,强调"加强自主创新能力,研发和掌握更多的国之重器"。在蓬莱阁,总书记要求"领导干部要多读一点历史,从历史中汲取更多精神营养"。

得益于历史文化的滋养,烟台的发展历程,始终带着人文与经济相互交融的特质。百年风雨,作为近代民族工业重要发祥地,烟台不忘本来,吸收外来,生发出"引进、消化、创新"的发展基因,成为"品重醴泉,实业兴邦"的产业之都、实业之城。

山海『实』业共潮生
——人文经济视野下的烟台观察

图为2023年6月12日拍摄的烟台市烟台山。
(新华社记者朱峥摄)

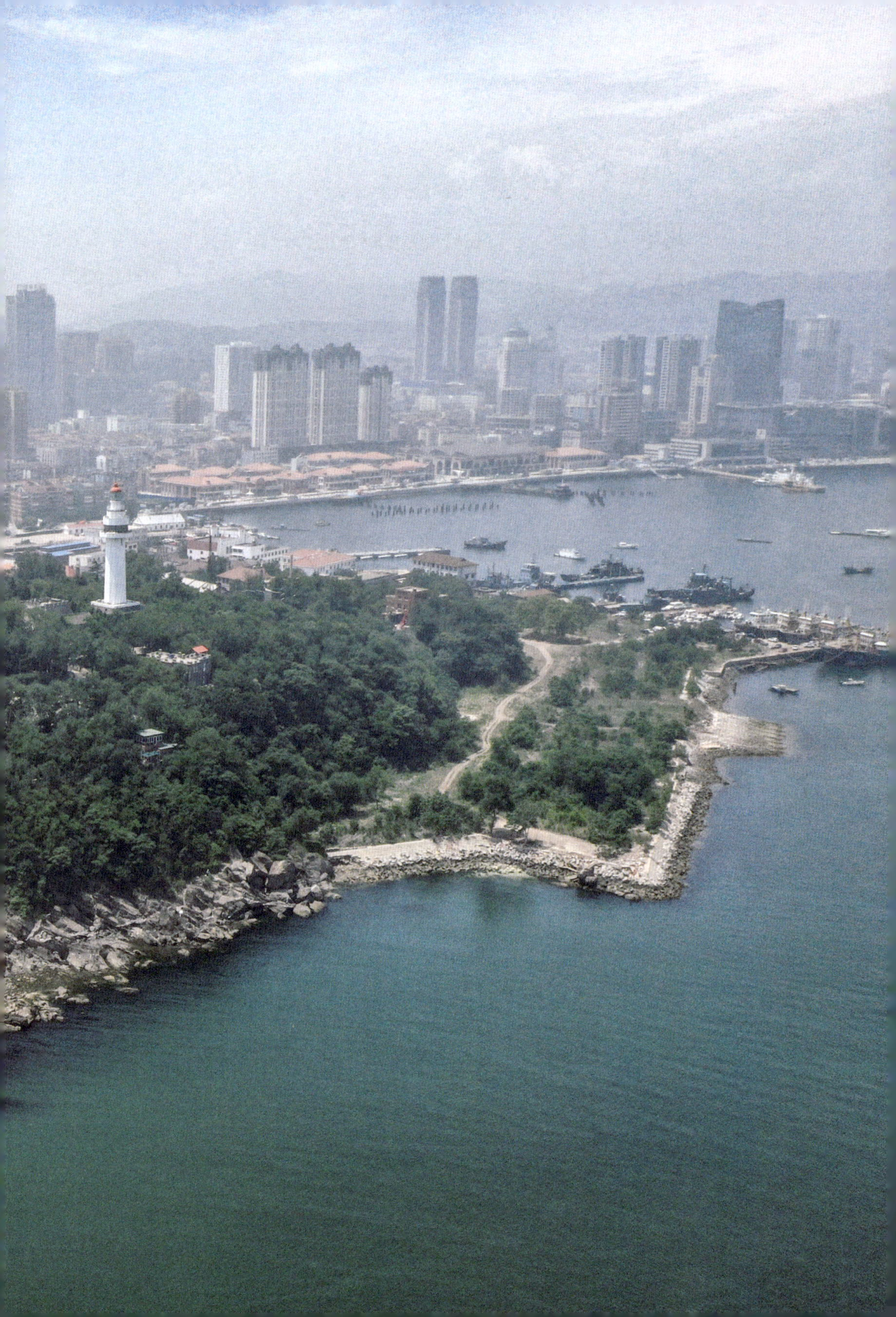

叩问历史：苦难中涵养不屈的人文气质

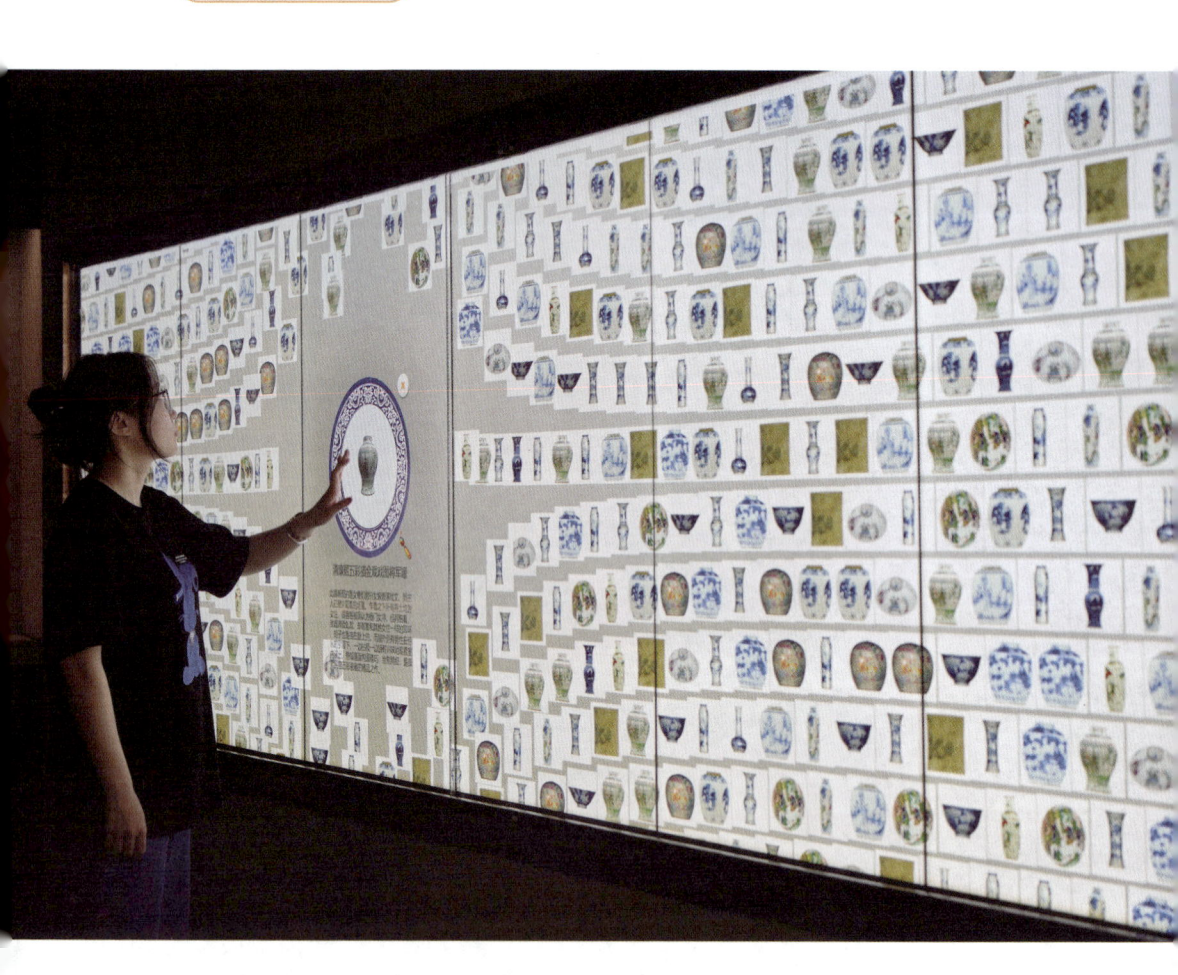

2023年5月18日，在山东烟台博物馆，观众通过互动屏幕了解中国古代瓷器。（新华社发　唐克摄）

上古奇书《山海经》多处闪现"烟台元素"。古人无穷的想象力、创造力，是中华优秀传统文化最初的一块拼图，也成为烟台人文思想的缘起之处。

因频遭倭寇袭扰，1398年，朱元璋准奏批建奇山守御千户所，在山上设狼烟墩台，烟台由此得名。军事堡垒"所城"，正是烟台的城市雏形。第二次鸦片战争爆发后，清政府与英法等国签订不平等条约《天津条约》，烟台于1861年被迫开埠。至1932年，相继有17个国家在烟台山及周边设立领事馆。

水深火热之中，无数仁人志士探索救国救民之路。面对"制不如人""器不如人""技不如人"的叩问，烟台做出了"实业救国"的回答。一批工业企业相继创办，接受并吸收先进技术，在夹缝中生存，励精图治发展壮大，烟台因此成为中国近代民族工业最早的发祥地之一。

张裕酒文化博物馆，孙中山题写的"品重醴泉"被放置在展厅显著位置。1892年，爱国华侨张弼士胸怀富民强国梦想，在烟台创办了张裕酿酒公司，开创了中国葡萄酒现代化酿造的时代，百年张裕见证着烟台乃至中国近代民族工业发展史。

2023年6月12日，游客在张裕酒文化博物馆内参观。（新华社记者朱峥摄）

  张裕从酿造中国第一瓶干红、干白、白兰地起，打破西方葡萄酒对中国市场的垄断。如今，张裕已成长为国内历史最长、规模最大、产业链最完备的葡萄酒企业，在东方绘就了葡萄酒文化的璀璨画卷。

  烟台市芝罘历史文化研究会副秘书长冷永超说，除了张裕葡萄酒，还有宝时造钟、三环锁业、醴泉啤酒和罗锅香皂等近代工业，这些企业都掌握在中国人手里，中国老板聘请外国技师和员工，在当时的烟台是一道独特的风景。

山海"实"业共潮生
——人文经济视野下的烟台观察

"奇山春秋事，之罘海上烟。"上溯到600多年前，抗击倭寇的军事要塞横空出世，几经沧桑，所城里至今风采依旧。在老院落中静坐一隅，听一听胶东大鼓和古琴，剪一纸红艳艳的窗花，感受当地人质朴而浪漫的生活，游客沉醉其间，流连忘返。

烟台市民黄静生活在所城里附近，她对当地大力保护城市文脉赞叹有加："消失近百年的宣化门原景重现，十字大街沿街民居恢复仿古式门窗、老青砖黑瓦，古色古香充满所城元素。"

行走在烟台山的曲径之间，随处可见完好保留下来的西式建筑。登上烟台山灯塔，海景市貌尽收眼底，曾经泊满外国炮舰和商船的埠口，已成为现代化的国际港口，大批出口商品车集结到港准备通过滚装船发运，一派繁忙景象。如今，作为爱国主义教育基地，烟台山一年四季游人如织。

祖籍烟台的"甲骨文之父"王懿荣诗云："昨梦乘风破浪去，满山灯火是烟台。"近年来，烟台市委、市政府重点培育文化旅游产业，围绕迷笛音乐节、市民文化节等大型活动，打造创意市集、草地露营等多元消费场景，丰富市民和游客文化体验。"满山灯火"的烟台，人文吸引力不断增强。

新时代中国奇迹的人文经济学观察

图为 2023 年 4 月 28 日在山东烟台拍摄的"耕海 1 号"。
（新华社发　唐克摄）

从高处俯瞰四十里湾,"耕海1号"一期和二期平台在水中遥相辉映,以栈桥围栏相连,似一条璀璨夺目的宝石项链漂浮在海面。

迎着夏日海风,记者乘船登上这块深海"宝石"。这是融合海洋渔业、海工装备、海洋文旅、科普教育、影视娱乐等功能于一体的"海上综合体"。河北游客陈家栋海上垂钓之后,还参观了海洋科普馆,体验深海电梯。他说:"这里的项目特色鲜明,比城里的综合体更有趣。"

山东省委常委、烟台市委书记江成说:"烟台悠久的历史积淀、深厚的文化底蕴、特殊的地理环境,孕育了'开放、创新、包容'的文化内质。烟台的人文经济,依托千年文脉并借助厚重的历史,推动实业报国和文旅融合发展。"

"八仙过海"：锻造敢于创新的人文精神

图为 2017 年 7 月 28 日拍摄的山东烟台蓬莱阁旅游风景区。（新华社发 赵玉国摄）

"东方云海空复空，群仙出没空明中。"苏轼任登州（今烟台蓬莱）太守期间创作《海市诗》，道出对海上神山仙岛的无尽遐想。古人将仙境作为理想寄托，"八仙过海"美妙神话传说自烟台缘起，并广为流传。

烟台人懂得，"八仙过海"这个神话传说的深刻涵义，关键在一个"过"字。神仙们各显神通，目的是越过浩渺烟波，最终抵达彼岸。

以人为本，实现绿色低碳高质量发展，是烟台要抵达的"彼岸"。

蓬莱打造"新时代人间仙境"风貌，要"过"的第一关，是如何统筹做好保护历史根脉和新城市建设这篇大文章。

科学绘就新城市建设蓝图，需要集思广益采纳群众意见。在2023蓬莱城市推介会上，重点项目的规划设计成果下都附有征求意见的二维码，市民用手机一扫，便可写下意见和建议。"这样的细节，充分彰显了一座城市以人为本的发展理念。"中国电建水电六局华东公司副总经理宋晓光说。

尊重历史，敬畏文化，积极践行以人民为中心的发展思想，蓬莱确定"一体两翼"总体格局，即以登州古城、蓬莱新城为"一体"，加大文物修缮保护力度，为文化传承留足空间，在老城区之外的"两翼"布局千亿级工业产业园区，为城市发展提供新动能。

人间仙境看蓬莱，海上仙山看长岛。地处胶辽半岛之间的长岛，由151个岛屿组成，纵列于渤海海峡。乘船入岛，碧海蓝天，成群海鸥伴船飞翔，"气质"好"颜值"高，长岛成为越来越多人眼中的"诗和远方"。

绿色发展永无止境，长岛锚定建设"生态岛"目标，为了"过"绿色低碳关，使出了"十八般武艺"。

长岛痛下决心拆除已经建成并投产的80多台陆域风电设施，全面清理近岸养殖，昔日污水横流的海滩变成了公园，岛上植被覆盖率超过六成。当地还构建起符合海岛实际的垃圾分类处理模式，实现全域覆盖，全程闭环，全民参与，破解了"垃圾围岛"困局。其中，所属大黑山岛2022年成为全国首个负碳超过2000吨二氧化碳当量的"负碳海岛"。

位于烟台黄渤海新区的万华化学集团股份有限公司，40多年来所闯"过"的，是敢为人先的改革创新关。

万华化学集团成立于1978年，曾因不掌握核心技术步履维艰。万华人锲而不舍冲破技术封锁，闯出自主创新发展之路，从昔日生产合成革的传统国企成长为现代化高端化工新材料企业，自主研发并完成转化

的重大科技成果超过 100 项，攻克了 30 多项"卡脖子"技术，成为全国制造业最具创新能力的企业之一，堪称世界化工领域的佼佼者。

2018 年 6 月，习近平总书记走进万华烟台工业园，强调"一鼓作气、一气呵成、一以贯之，朝着既定目标奋勇向前"。

万华化学的拳头产品 MDI，是一种用途广泛的高分子材料，如今被广泛运用于国计民生，比如建筑保温、轻工纺织、汽车家电等多个领域。"可以说，现在每个中国家庭中都有 MDI 元素。"常务副总裁、技术总监华卫琦说。

"我们近年来奋力攻关，在高端精细化学品尼龙 12、柠檬醛、可降解塑料等方面接连突破，自主创新能力显著增强。连续两年年营业收入过千亿元，净利润过 150 亿元。"董事长廖增太说。

今天的烟台苹果，品牌价值突破 152 亿元，连续 14 年蝉联中国果业第一品牌。自清同治十年（1871 年）西洋苹果由美国传教士引入，勤劳聪慧的烟台农民利用枝条嫁接改造当地苹果，百年来不断改良、创新生产方式，闯过种植技术关，如今又闯过市场关，鲜果及加工品已出口到世界 30 多个国家和地区，出口量占全国的五分之一。

千载潮起潮落间，世界早已天翻地覆。从苦难、困顿、屈辱中奋

2020年10月27日，参观者在2020年中国·山东国际苹果节上观看苹果展品。（新华社发　孙文潭摄）

起的烟台，靠着"八仙过海"一样的无穷想象力和创造力，描绘出人文与经济相互交融新图景，属于烟台的"神话"远未落幕。

仰望星空：
人文光芒映照崭新未来

2023年6月12日，游人在烟台市朝阳街游玩。（新华社记者朱峥摄）

1912年8月21日,孙中山在烟台朝阳街克利顿饭店发表"实业救国"演讲:"为今之计,欲商业兴旺,必从制造业下手。"

朝阳街华灯初上,克利顿饭店依然保留着一百多年前的风貌,六月的黄海之滨,暖阳普照、轻风拂波。作为近代民族工业重要发祥地,近年来烟台海工装备制造、生物医药、海水淡化和综合利用等实体产业蓬勃兴起。

"碧波万顷腾长龙,一箭七星海上来。"2019年6月5日,以烟台海阳港为发射母港,我国首次固体运载火箭海上发射取得成功。截至目前海上发射"五战五捷",累计发射卫星37颗。

既仰望星空,又脚踏实地。火箭"出海"之处,一座"东方航天港产业园"正迅速崛起。依托完备的产业基础,烟台发力"三航"(航空、航天、航海)这3个万亿级产业,奔赴高端制造的"星辰大海"。同时,将打造国内首个集"发射观礼、航天科普、研学体验"为一体的大型文旅综合体,拉动航天文旅产业发展,吸引更多人了解航天,喜欢航天。

万顷碧波,海天相连。在南隍城岛海域,由中集来福士海洋科技集团打造的亚洲最大量产型深海智能网箱平台——"经海001-008号"

山海"实"业共潮生
——人文经济视野下的烟台观察

图为 2023 年 2 月 7 日拍摄的中集来福士山东烟台建造基地。（新华社发　唐克摄）

如一个个"海中城堡",囤起一座座"蓝色粮仓"。

中集来福士前身是1977年成立的烟台造船厂。多年来,集团累计交付上百座各种类型的海洋装备,包括目前全球最新一代超深水半潜式钻井平台"蓝鲸1号""蓝鲸2号"、国内首座深水智能网箱、全球最大的三文鱼养殖工船等。其中,"蓝鲸"系列平台在我国可燃冰试采中承担重任,创造多项世界纪录,"大国重器"展露锋芒。

"目前集团在手订单金额超过37亿美元。"集团供应链管理中心报关运输室主任尉春涛说,从购买技术到自主研发、自主设计,公司各类海工装备自主知识产权家底越发厚重,装备建造周期和建造工时大幅缩短。

从金山湾畔到莱州湾畔,带着包容创新的人文基因,烟台市一个个重点项目拔节生长:东诚药业成为全国最大的硫酸软骨素原料药生产和加工出口基地,烟台华康生物开发的海参活性肽系列功能产品成功上市,南山集团固定资产和年经营收入均突破1000亿元,位居中国企业500强前列……

"为企业和企业家提供真诚的人文关怀,是烟台优化营商环境的关键一招。"烟台市市长郑德雁说,以"实业报国"为己任,烟台着力发

山海"实"业共潮生
——人文经济视野下的烟台观察

展"9+N"制造业集群，大力推行 16 条重点产业链"链长制"，构建产业垂直生态体系，努力形成 1 个 3000 亿级、1 个 2000 亿级和 4 个 1000 亿级产业集群方阵，力争利用 5 年时间再造一个烟台工业体量。全市经济保持稳中向好、进中提质。2023 年上半年全市地区生产总值完成 4705.65 亿元，同比增长 7%。

"今来海上升高望，不到蓬莱不是仙。"

进入新时代，对优秀传统文化的创造性转化和创新性发展，更赋予这座城市无尽的活力。如今，烟台正阔步行走在中国式现代化发展道路上，打造黄渤海之滨以文兴城新高地。

新华社济南 2023 年 8 月 12 日电
新华社记者王念、杨守勇、张武岳、邵琨

扫描二维码查看视频

山东潍坊市寒亭区杨家埠民间艺术大观园内一间300多平方米的作坊里，七八名师傅忙着手工扎制各种风筝。从绘制画面到扎制骨架，一只风筝需要61道手工工序。不远处的年画作坊里，两位艺人娴熟地印刷木版年画，游客驻足观看。

杨家埠是中国三大木版年画产地之一。"从刻版、印刷到装订，全部是纯手工的。以前百姓家里图喜庆，春节时用得比较多，现在很多人买来当纪念品送朋友或收藏。"杨家埠年画第18代传人、67岁的杨乃强对记者说。

冬季是淡季，但这里游客络绎不绝，他们可以现场体验。讲解员介绍，目前平均每天接待游客近千人，旺季每天几千人。除了国内游客，更有美国、韩国、日本、新加坡、马来西亚等地的旅游团慕名而来。

赓续文脉 向『新』而行
——人文经济学『潍坊实践』

2023年5月3日,游客在山东潍坊青州古城景区游玩。(新华社发 王继林摄)

九州佳泰
民宿
7333777
冰激凌
奶茶
3元
冰淇淋
奶茶
3元
和睦相处
和衷共济
和谐发展
奶茶
密室逃脱
30元一位
30元一位
20

保护遗产　赓续文脉传统

2024年4月20日，第41届潍坊国际风筝会万人风筝放飞活动在山东省潍坊市世界风筝公园举行。（新华社记者徐速绘摄）

赓续文脉　向"新"而行
——人文经济学"潍坊实践"

潍坊是"世界风筝都"。目前,潍坊共有风筝企业600多家,从业人员8万人,年销售额20多亿元,产品远销50多个国家和地区。

杨家埠风筝有着600多年的历史,代代传承至今。

36岁的徐洋是杨氏风筝第16代传人和潍坊风筝市级代表性传承人。她从小喜欢风筝,曾在杨家埠民间艺术大观园系统学习风筝扎制及绘画技艺,后到自己小姨的风筝作坊学习风筝制作和绘画。

"我小时候每周去姥姥家,小姨都在做风筝,我会帮着画一画涂一涂。"她说,"我们是风筝世家,能做一点自己喜欢的事挺高兴的。"

据潍坊坊子区三利风筝厂经理王立财介绍,现在每天仅电商订单就有1000多单,2023年销售风筝200万只。

近年来,潍坊荣获联合国教科文组织"手工艺与民间艺术之都"、2024年"东亚文化之都"等多项称号;不久前,美国《远方》杂志发布2024年全球最值得旅行的25个地方,潍坊是中国唯一的上榜城市。

不断"出圈"的潍坊,提供了观察人文经济学的新样本。

这里有风筝、核雕、剪纸等17项国家级非遗,历史上,贾思勰、欧阳修、苏东坡、范仲淹、郑板桥等150多位文化名人都曾在潍坊地区居住生活或执政理事,并留下许多传世经典之作,潍坊高密是诺贝尔文学奖得主莫言的家乡。

西杨家埠村的杨静一家是年画世家，丈夫从小跟父母和爷爷学年画，两人分别是区级和市级非遗代表性传承人。他们对年画的感情深厚，开展过精彩丰富的非遗进校园活动，还推出广受欢迎的年画抱枕、帆布包等系列文创产品。

2024年1月3日，山东潍坊市寒亭区杨家埠年画艺人在印刷木版年画。（新华社发　张驰摄）

"年轻人通过认识木版年画，了解老祖宗的智慧和技艺，包括年画内容故事蕴含的传统文化，从而增加民族自信和文化自信。"杨静说。

对非遗的保护传承促进了文旅和相关产业发展。2023年，潍坊国际风筝嘉年华参与人次800多万，拉动文旅消费约4亿元；中秋国庆期间，潍坊32家重点景区接待游客333万人次、实现营收2.6亿元，分别增长188.8%、195.4%。

潍坊市文旅局介绍，2023年，全市争取上级资金1.37亿元用于推进文物保护利用和非遗保护传承，其中包括新增博物馆7家。

"潍坊有着崇文重教的浓厚氛围，文化教育事业成为经济发展的重要支撑。今天的教育就是明天的经济，今天的教育也是今天的经济。"山东省泰山教育创新研究院院长王清林说。

科教创新 发展现代产业

图为 2022 年 9 月 19 日拍摄的位于山东省潍坊市的潍柴工业园。
（新华社记者徐速绘摄）

经济融入人文，人文浸润经济，文化与经济相互促进，共生共荣。

潍坊历史上手工业、商业发达，清朝时有"南苏州、北潍县"之说。当今，潍坊的传统与现代交融愈加明显。以科技创新为支撑的现代产业体系透射着这个940多万人口城市的创造力和潜力。

在山东发展格局中，潍坊农业水平全省第一，工业规模第二，经济体量第四。

"潍坊农业实力雄厚，工业基础坚实，文化底蕴深厚，教育和区位优势突出，发挥好这些特色和优势，促进人文和经济的深度融合与互动，将为高质量发展创造更强动能。"潍坊市委书记刘运说。

据了解，全国41个工业大类，潍坊有37个，包括所有31个制造业行业。动力装备、高端化工、新一代信息技术、食品加工等产业规模均过千亿元，拥有潍柴和歌尔两家国家智能制造示范工厂。动力装备集群入选国家先进制造业集群。

有70多年历史的潍柴集团正在加速推进新一代信息技术与制造融合应用，打造行业领先的"黑灯工厂"，相继投资建成大缸径高速高端发动机智能工厂、新百万台数字化动力产业基地，成为全球最大的柴油

2024年4月21日,人们在第二十五届中国(寿光)国际蔬菜科技博览会上参观。(新华社记者徐速绘摄)

发动机生产制造集群。

据介绍，3年前，潍柴的工业机器人密度为390台/万名工人，现在已达到1160台/万名工人，是原来的3倍。过去，一条清洁能源发动机生产线需要500多人，改造后新产线满负荷生产只需100人。

向"新"而行。潍坊加力突破磁技术、新型储能、元宇宙、工业母机等新产业赛道，3个产业集聚区被评为国家新型工业化产业示范基地。

坚持传统与现代结合，不仅重视传承历史文化，更加追求高科技创新和高质量发展。虚拟现实正成为全球新一代信息技术产业的风口。在潍坊高新区，歌尔股份有限公司智能制造基地内，光学、声学等各类元器件被加工成高端VR设备。

这家成立于2001年的民营企业智能耳机、智能穿戴、智能音箱等产品出货量世界领先。2022年营收超过千亿元。公司正推动制造模式向标准化、精益化、自动化、智能化转变。

潍坊作为国家职业教育创新发展试验区，拥有职业院校60多所，

新时代中国奇迹的人文经济学观察

2023年11月30日，在潍柴动力股份有限公司总装生产线，机器人在装配清洁能源发动机。（新华社发　孙国祥摄）

赓续文脉 向"新"而行
——人文经济学"潍坊实践"

在校生30多万人，为高质量发展提供了可持续的人才支撑。

"潍坊利用自身传统特色，以人文科教赋能高质量发展，可有力拓展高质量发展新空间。"山东大学教授王忠武说。

新华社济南2024年1月7日电
新华社记者李来房、王志

身着华服，手执团扇，于暗香徐来的夜晚荡舟开封御河，河道蜿蜒，画舫交汇，水面上下灯火辉映，亭台远近歌舞相合，仿佛穿越回桨声灯影里的廊桥遗梦。

清明上河园、东京梦华实景演艺……传统文化的风情世俗与现代都市交相辉映。数据显示，今年前7个月，开封累计接待游客7406.1万人次，实现文旅综合收入440.78亿元。

开封的城市兴衰与黄河息息相关。2019年9月，习近平总书记在郑州主持召开黄河流域生态保护和高质量发展座谈会时强调，深入挖掘黄河文化蕴含的时代价值，讲好"黄河故事"，延续历史文脉，坚定文化自信。

有着4100余年建城和建都史的八朝古都开封，在中华文明进程中犹如一颗璀璨的明珠。站在新的历史起点，开封以文化城，城以文兴，把优秀历史文化融入城市高质量发展，用以人为本的理念涵养城市气质，文化传承创新与经济社会发展相得益彰，千年古城正焕发出新时代的风采。

一城文韵共烟火
——人文经济视野下的开封观察

2023年6月20日拍摄的开封清明上河园。
（新华社记者张浩然摄）

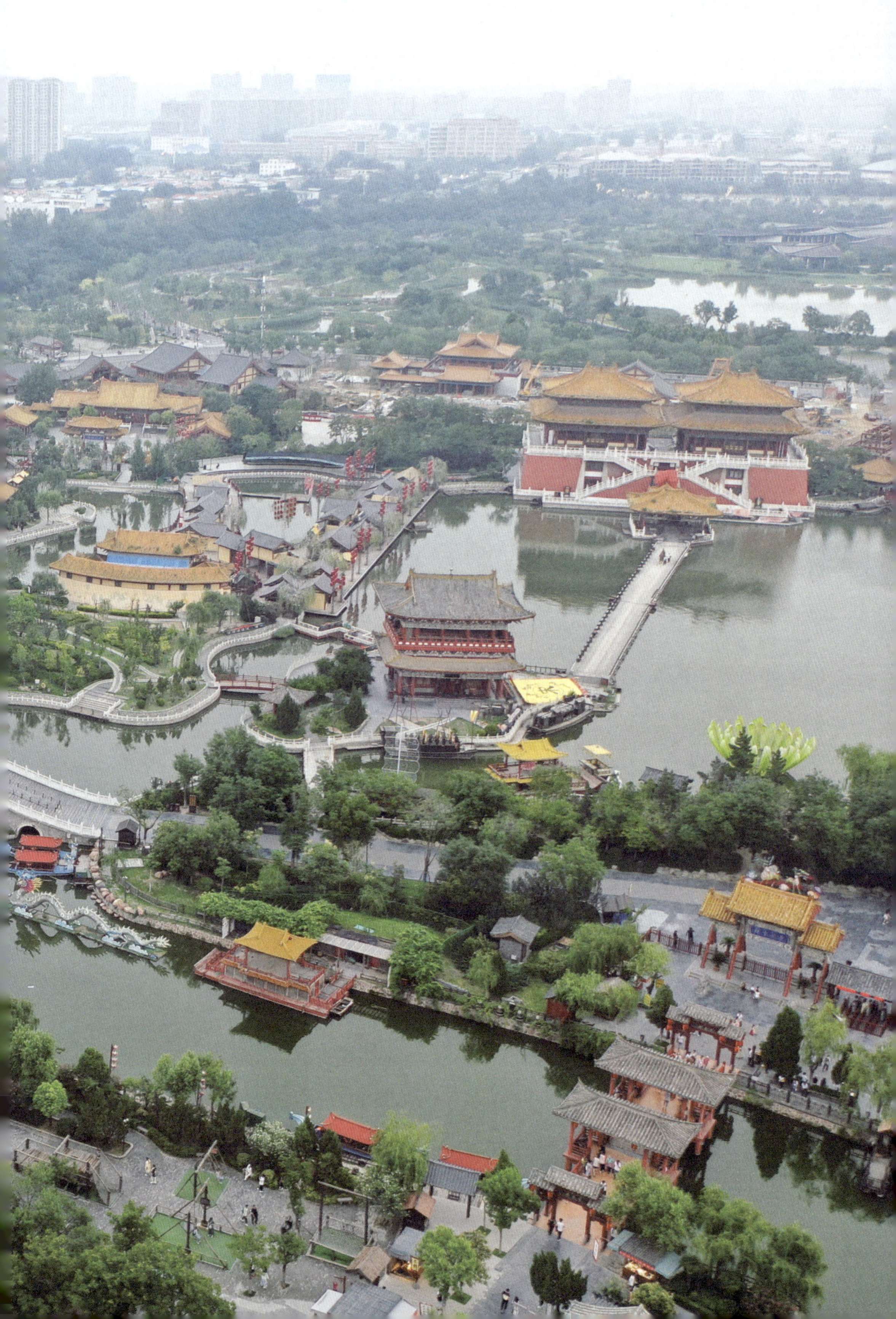

一半风雅　一半烟火

2023年2月14日，演员在开封清明上河园景区内进行实景演出。（新华社记者李安摄）

大殿巍峨庄重，河湖澄碧微漾，廊桥飞架，词曲悠扬，勾栏瓦肆间，身着襦衣的商贩卖力地招揽生意……走进开封清明上河园，张择端笔下的汴梁盛景扑面而来。

一朝步入画卷，一日梦回千年。科技加持之下，历史的细节不再遥不可及。

在园内5D影院，座椅随着光影流转摇摆，游客以鸟瞰的视角，时而俯冲穿过城门，与匆忙的贩夫走卒撞个满怀；时而掠过屋脊冲上云霄，掀翻房顶几张瓦片，俯瞰汴梁袅袅炊烟。

沉浸式体验是开封文旅最鲜明的特点。

从每天清晨开封府的"迎宾礼"开始，全城各大景区纷纷亮出"看家绝活儿"，300余场各类演出轮番呈现，既古亦新，美幻惊艳。

作为千年古城，开封沿袭了汴梁的气质，可以风雅到极致，游人钗环叮当、长袖纱帽，就连街边的奶茶冷饮都被唤作"声声慢""长相思"；可以"滋腻"到极致，三五亲友，短裤蒲扇，相约畅饮于巷尾地摊，用地道的"开普"豪爽地喊一声，"老师儿，再弄一扎！"

人间烟火气，最抚凡人心。夜幕降临，也是开封烟火气升腾的时刻。夜市，饱含对生活的热爱。美食，是夜市的灵魂。漫步在开封的

新时代中国奇迹的人文经济学观察

图为2023年6月20日拍摄的开封鼓楼夜市。（新华社记者张浩然摄）

夜市街，杏仁茶、炒凉粉、涮牛肚、羊肉炕馍，美食小吃香味诱人，文创文玩琳琅满目，灯牌鳞次栉比，摊位人声鼎沸。

这样的烟火气，在开封已经缭绕了上千年。

据不完全统计，目前开封夜市集中地多达57个，经营摊位超过5000个。

固本开新　以文兴业

2023年2月14日，游客在开封清明上河园景区内观看展示的皮影。（新华社记者李安摄）

开封的雅，还有万般颜色的菊花。可赏心悦目，可舌尖生香，既是城市品位，也是中国品牌。

开封素有"菊城"的美誉，有着上千年的菊花种植史，"黄花遍圃中，汴菊最有名"。

近年来，开封做大"菊文化"、做强菊花产业、做优菊花品牌，对菊花的食用、饮用、药用、酿用等价值综合开发，研发出了茶、酒、糕、蜜、瓷、绣等系列产品，贯通了种植、观赏、加工、销售产业链条，产品畅销海内外。自1983年开封举办首届菊花花会以来，菊花文化节已逐渐成为开封联通世界的又一扇大门。

去年菊花文化节期间，开封现场签约114个项目，总投资1470亿元，一批大型企业在开封落地生根。

创造性转化，赓续文脉；创新性发展，固本开新。

汴绣、木版年画……在开封，市级以上非物质文化遗产项目多达281个。经过发掘和创新，传统技艺焕发新生。

多年来，经过几代汴绣艺人努力发掘整理，工艺日臻完善。"我们采取画绣结合的方式，对汴绣创新发展，加入时尚元素的汴绣越来越受青睐。"国家级非遗保护项目汴绣传承人程芳说。

一城文韵共烟火
——人文经济视野下的开封观察

2016年10月17日,演员们在中国开封第34届菊花文化节开幕式上表演。(新华社记者李安摄)

以针为笔、抽丝为墨。十指春风下，针法细密、格调高雅的传统汴绣，在围巾、手提包、抱枕等各式现代生活用品上，流淌出千年汴京的柳暗花明。

最好的传承，莫过于融入百姓生活。

每逢重大节会，张灯结彩自然少不了朱仙镇木版年画、汴京灯笼，经过改良的产品成了热门伴手礼；灌汤包子、桶子鸡香飘大街小巷，一些特色小吃被加工成预制菜，端上了千家万户的餐桌。

丰厚的文化积淀赋予开封厚积薄发的文化张力，开封依托资源和区位优势，2020年7月，建立中部首座艺术品保税仓，2022年4月创建的"国家文化出口基地·双创园"将"文创"与"科创"融合，带动文化产业创新性发展，成为优秀传统文化双创展示和驾船出海的重要渠道。

惊艳的裸眼3D巨幕、童话般的"汴幻灵境"……走进"国家文化出口基地·双创园"，沉浸式数字艺术空间，亦真亦幻、唯美浪漫。自设立以来，该基地相继组织推动文化艺术品出口到德国、意大利、韩国、新加坡、阿联酋、摩洛哥等多个国家和地区。

"'国家文化出口基地·双创园'主动培育经营主体国际化经营，已成为中原文化走出去的新载体。"河南自贸试验区开封片区管委会常

2023年6月20日，在位于开封的国家文化出口基地·双创园，剧本演绎体验中心的工作人员在测本。（新华社记者张浩然摄）

务副主任郑红英说。随着与东亚国家文化交流更趋频繁，开封正在争创"东亚文化之都"。

　　文化赋能，以文兴城。2022年，开封市GDP达2657亿元，增速4.3%。数据显示，"十三五"期间，开封市以文旅产业为代表的第三产业经济贡献率达到50.6%，为城市高质量发展注入了新活力。

精神高地　民生福祉

图为 2023 年 6 月 20 日拍摄的开封鼓楼夜市。（新华社记者张浩然摄）

在开封顺天门城摞城遗址考古发掘现场，自下而上叠压着战国、五代、宋金、元、明、清等不同时期的6座城池遗迹。

伫立遗址旁，凝望"城摞城"下沉默的八朝繁华，感受着这座黄河南岸古城的一次次淹没、一次次重建的悲怆与不屈，一种生生不息的精神力量不由得直抵心底。

爱国爱家，坚韧不拔，悠久的历史涵养了开封人独特的人文气质。

今天，这块土地上耸立的一座精神丰碑——焦裕禄精神，时刻激励着人们艰苦奋斗、勿忘人民。

退休干部朱金喜把住房作抵押贷款，带领乡亲们勇闯致富路；"放电影的好闺女"郭建华，坚持为基层群众放映40余年；体检医生韩昆朋累计献血8000余毫升，并成功捐献造血干细胞，荣获全国无偿献血金奖。

城市新气象，文明是底色。行走在开封的街道，志愿服务"红马甲"随处可见；截至目前，开封市注册志愿者46.5万人，推评出全国道德模范、中国好人60多人。"汴"地有好人，为开封渲染出最亮丽的人文底色。

民心所向，忧之念之；民康物阜，盼之行之。

全面消除黑臭水体，古城墙实现"五贯通"，"一渠六河"水系成

新时代中国奇迹的人文经济学观察

2021年7月1日,参观者在焦裕禄同志纪念馆参观。
(新华社记者郝源摄)

景，打造城市绿道98.75公里，联通公园河湖、古迹景区，成功创建国家森林城市，蜿蜒百里的黄河生态廊道变身百姓休闲观光的河景公园。

一城文韵半城水，绿意葱茏满开封。推窗吹来古风雅韵，出门即是绿地公园，举步临水、抬头见绿的画中美景已成为现实。

传统对接现代，古风演绎时尚。站在开封地标建筑鼓楼向东南方眺望，"鼓楼里"文化商业街华灯璀璨、人流熙攘。但多年以前，这里还是一片棚户区。为保护古城风貌，开封拆除违章搭建，将古典美学融入建筑风格，建成了远近闻名的历史文化风情街。

开封与部分书店、文化艺术场馆等机构联合打造各具特色的城市书房，构建"15分钟读书圈"。寻宋书房主打历史文化专题图书，宣和书房以人文旅游书籍居多，市民可免费借阅，在满城书香中找寻"诗和远方"。

"人文情怀是城市高质量发展的应有之义。"开封市住房和城乡建设局局长霍国防说，每一条街巷、院落都承载着老开封的珍贵记忆，厚重古朴与现代时尚相得益彰，既顺应时代潮流，也能留住乡愁。

生态宜人、文脉昌盛，宜居宜业的人文环境已成为开封筑巢引智、投资兴业的金字招牌。开封市人力资源和社会保障局相关负责人表示，如今的开封机遇叠加，郑开科创走廊、开港经济带等加快建设，郑汴一

新时代中国奇迹的人文经济学观察

2023年6月20日,市民在开封的寻宋书房阅读。
(新华社记者张浩然摄)

体化迈入郑开同城化发展新阶段,吸引越来越多周边地市人口来开封定居创业,在外成功人士返乡创业脚步加快加密,对高端优秀人才的吸引力逐步增强。

仅2022年,开封市就引进院士专家团队5个、国外高端人才19

人，新建中原学者工作站1家。心脏电生理领域专家郝国梁返乡创建贝威科技公司，研发出多种型号的三维心脏功能标测仪器；美籍药物设计专家徐学军，主导的抗癌靶向药物研究跻身世界先进水平。

"发展为了人民，发展依靠人民，发展成果由人民共享。开封始终坚持以人民为中心，深入贯彻新发展理念，切实做好人文经济的'暖文章'，实现新时代文化经济深度交融，让城市发展更有温度。"开封市委书记高建军说。

敬畏历史、敬畏文化、敬畏生态。植根历史沃土，开封汇聚文化赋能的发展动力，以人文精神护航高质量发展，在人文与经济的良性互动中走出了一条传承创新之路，一幅新时代的中国式现代化画卷正在徐徐展开。

新华社郑州2023年9月9日电
新华社记者唐卫彬、王圣志、牛少杰、唐健辉

扫描二维码查看视频

这是一座因水而兴的城市。长江与汉江在此交汇,通达八方的地理优势、开放包容的人文品格,让"货到汉口活"成为醒目标识。

这是一座奋进拓新的城市。研制出中国第一根光纤、成立全国第一家技术市场……"敢为天下先"的精神浸润城市发展。

这是一座潜力无限的"未来新城"。从百湖之市到湿地之城,"人与自然和谐共生"的图景处处可见,生态禀赋日益转化为绿色崛起的新优势。

极目江城万象新
——人文经济视野下的武汉观察

2023年6月14日拍摄的武汉市两江四岸。（新华社记者伍志尊摄）

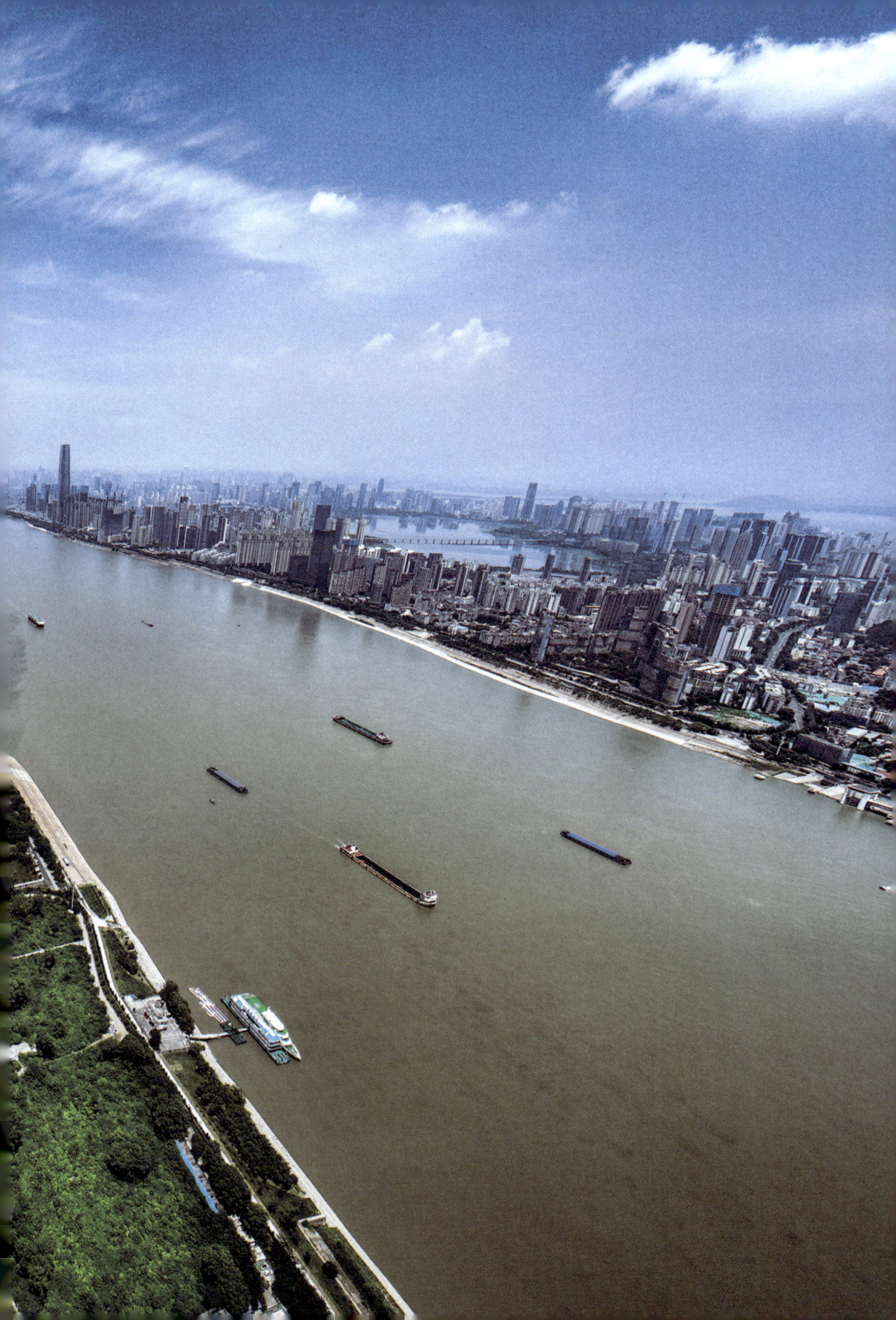

勇立潮头育商机

2023年6月6日,船舶在湖北省武汉市阳逻港区水域行驶。
(新华社记者伍志尊摄)

极目江城万象新
——人文经济视野下的武汉观察

白露时节，江城武汉秋意渐浓。曾经的防汛险地龙王庙公园前，长江最大的支流汉江从秦巴山脉奔腾近1600公里后，出龟山北麓，与长江交汇。

因水而兴、因商闻名的武汉，在重要历史关头总能勇立潮头、引领风尚——

20世纪70年代末，改革开放浪潮奔涌。两江交汇之处，103位青年在汉正街持证成为全国首批个体经营者，怯生生的吆喝叫卖声，成为我国商品流通体制改革的生动一幕。

短短几年，汉正街的商品已辐射到全国20多个省份，商品成交量曾多年在全国排名第一。

"一分钱一根针，一年能卖出1亿根；一角钱一粒的打火石，一年能卖出2吨。堆积滞销的货物，到手上就能盘活。"83岁的郑举选老人从未想过，自幼视力微弱的他，有朝一日会坐在人民大会堂，接受"改革先锋"表彰。

郑举选的传奇经历，足以窥见这座城市的气质和闯劲。

如今，步入位于汉正街的云尚·武汉国际时尚中心，主播们的"带货"声此起彼伏。仅一栋写字楼内，就聚集了近400家直播产业生态

图为 2017 年 9 月 16 日拍摄的武汉花博汇。
（新华社记者熊琦摄）

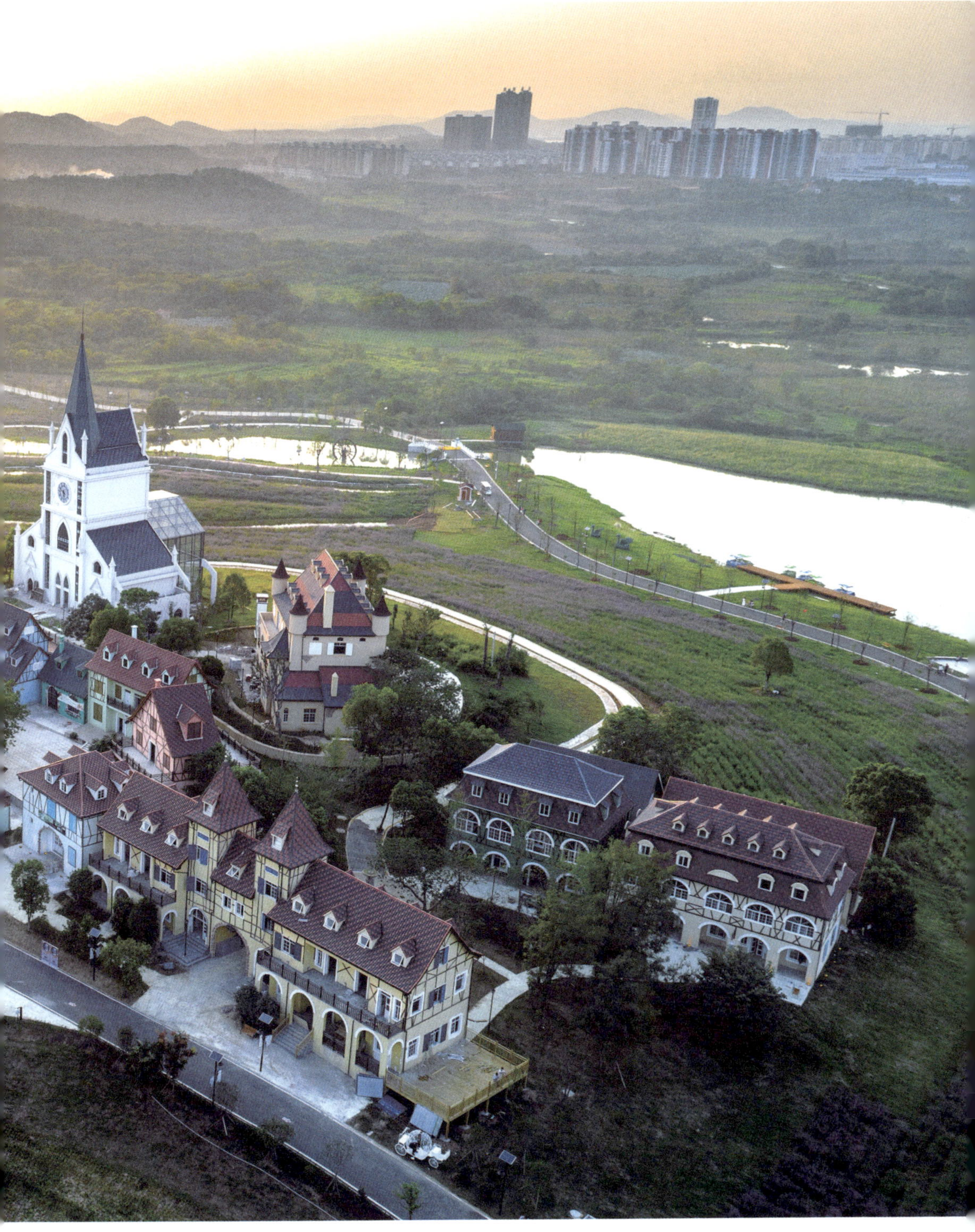

上下游的企业商户，直播间面积超过两万平方米。

从线下到线上，从"买全国卖全国"，到"买全球卖全球"，作为"小商品批发市场"代名词的汉正街已经属于过去，但"艰苦奋斗的创业精神、敢为人先的创新精神、善抓机遇的商业精神"在武汉始终延续。

敢闯敢拼，同样敢于攻坚克难——

新冠疫情袭来，在严峻的抗疫斗争中，武汉人民识大体、顾大局，不畏艰险、顽强不屈，自觉服从疫情防控大局需要，主动投身疫情防控斗争，作出了重大贡献，让全国全世界看到了武汉人民的坚韧不拔、高风亮节。

在艰难中重启，在阵痛中复苏，由"暂停"到"重启"后，英雄之城武汉全力推动经济社会发展，重回"主赛道"、跑出"加速度"。2023年上半年，武汉市地区生产总值9503.33亿元，比上年同期增长5%。

"茫茫九派流中国，沉沉一线穿南北。"武汉大学国家文化发展研究院院长傅才武说，地理空间深刻地影响地域社会的文化心理结构，塑造了武汉善于通变而任放、善于创化而兼蓄的城市品格。

外有居中之地的区位优势，内有开放包容的文化底蕴，武汉正以跨越之姿、攻坚之志、担当之责，加速构筑"枢纽链接之城"——

2022年，作为内陆最大河港的武汉阳逻港吞吐量已达202万标箱，年均增长10%；今年5月，武汉对外开放以来首次入境的万吨海轮"长越1"号自韩国釜山港抵达武汉；6月，2023年世界交通运输大会在武汉开幕，作为全国唯一获批的交通强国建设试点省会城市，武汉再一次

2023年6月14日，世界交通运输大会在武汉开幕。
（新华社记者程敏摄）

新时代中国奇迹的人文经济学观察

站上世界舞台……

"江汉西来于此会，朝宗东去不须分。"如今，武汉正从沿海开放的"后队"，加速迈向新时代内陆发展的"前队"。

"昔贤整顿乾坤，缔造多从江汉起；今日交通文轨，登临不觉亚欧遥。"清代张之洞当年不曾实现的愿望，正在百年之后变成现实。

奋进拓新铸大城

图为 2023 年 6 月 14 日拍摄的武汉光谷广场综合体。
（新华社记者伍志尊摄）

"为武汉将来立计划，必须定一规模，略如纽约、伦敦之大。"百余年前，孙中山先生在《建国方略》中为武汉擘画蓝图。

有着3500年建城史的武汉，一直有着"大城"的梦想。20世纪初，汉口的商品贸易额一度超过天津、位居上海之后，跻身中国第二大对外通商口岸和四大金融中心之一。

"驾乎津门，直追沪上"，成为江城的"高光"时刻；"东方芝加哥"的赞誉，彰显了武汉的昔日繁华。

撑起一城繁华的，是武汉人"敢为天下先"的壮志豪情，和对求新、求变、求进的不懈追索。

从楚国先民"筚路蓝缕、以启山林"，到清末张之洞大力推动"办新学"；从武昌城头的枪声拉开辛亥首义的序幕，到改革开放后请来新中国第一位"洋厂长"；从鼓励"星期六工程师"到成立全国第一家技术市场……"苟日新，日日新，又日新"的奋进与拓新精神，浸润于城市的发展进程。

创新争先、砥砺奋进，激发澎湃动能——

首套国产化数控激光切割机、首台高性能光纤激光器、首个半导体激光器芯片……来到华工科技产业股份有限公司，一个个"中国第一"

图为2022年7月9日拍摄的位于武汉光谷未来科技城的武汉新能源研究院大楼。（新华社记者程敏摄）

令人瞩目。

作为武汉光谷光电子信息产业的代表性企业之一，华工科技牵头制定了中国激光行业首个国际标准，获得国家科技进步奖3项，并在高端光芯片、高性能光纤、超快激光器等领域实现了核心技术突破，从年营业额不足8000万元的校办企业，成长为营收百亿级企业。

新时代中国奇迹的人文经济学观察

"目前，华工科技正围绕新基建、新材料、新能源、汽车新四化、工业数智化开展协同创新，丰富产品链，完善产业链，深入拓展高端市场。"华工科技董事长马新强说。

铺展开武汉的城市地图，华工科技的所在地光谷，多年前一度被称为"武汉地图上被遗忘的两厘米"。

从城郊之地到"世界光谷"，源于"一束光"照亮的科技自立自强之路。

1976年，中国第一根石英光纤在武汉邮电科学研究院旁的一个简陋实验室诞生。依靠自主创新，我国光纤通信技术和产业发展实现了零的突破。

追"光"奋进、以"光"筑梦，武汉市以光电子信息产业为重点推进光谷建设，带动相关企业飞速发展、集群成链。

光谷，逐步成为首批国家级高新区之一，获批国家光电子信息产业基地，并成为全球最大光纤光缆研制基地，中国最大的光器件研发生产基地、中小尺寸显示面板基地，以及中国最大的激光产业基地之一。

截至2022年，光谷的光电子信息产业集群年总营收突破5000亿元。"科学之城""追光之城"日益成为"向往之城"。

光谷，是武汉锐意创新、勇于突破的一个缩影。

放眼江城，武汉经开区已集聚9家整车企业、13个整车工厂和500余家知名零部件企业，年产整车百万辆、工业产值超3200亿元，正全力建设"中国车谷"；

武汉市东西湖区正以国家网络安全人才与创新基地建设为契机，高标准打造具有影响力的"中国网谷"……

武汉市科学技术局的统计数据显示：2022年，武汉规上高新技术产业增加值为5245.4亿元，占湖北省比重为44.84%。

奋楫扬帆风正劲，勇立潮头满目新。展望未来，武汉前景可期——

作为长江经济带发展和中部地区崛起两大国家战略的交汇点，拥有高校90所、在校大学生近130万人的武汉，已建设国家级创新平台149个，各类人才总和304.29万，并获批建设"具有全国影响力的科技创新中心"。

武汉市市长程用文表示，2023年，武汉明确新的目标：高新技术企业突破1.3万家，高新技术产业增加值增长11.5%以上……

绿色崛起谱新篇

2022年9月10日，农历八月十五中秋节，在湖北省武汉市黄鹤楼，一轮圆月缓缓升起。（新华社发　周国强摄）

长江、汉水穿城而过，市内 166 个湖泊、277 座水库星罗棋布，水域总面积约占全市国土面积四分之一，人均水资源占有量约为全国平均水平 40 倍……

武汉兴于水，也曾困于水。

"野水迢迢遮去雁，渔舟点点映飞乌。"宋代诗人袁说友笔下，800 多年前的东湖雅致灵动。但十几年前，因为工业化、城市化而水质快速恶化的东湖，却让东湖首任"民间湖长"柯志强夜不能寐。

进入新世纪，武汉水环境治理的号角吹响。外源截控、内源清理、水系连通、生态修复、智慧监管……一场湖泊污染治理战应声打响。

"如今，东湖水质已稳定进入'Ⅲ类时代'。"柯志强说，水域面积超 33 平方公里的东湖再现"一围烟浪六十里"壮景。

10 大子湖、120 余个岛渚、近 20000 亩葱郁山林……沿着东湖绿道一路骑行，四时风景不同。散落各处的书店、美术馆等城市公共空间，更为之增添了浓郁的人文情怀和浪漫的艺术气息。

"山水相依、城湖相融、人文相映，这里正成为更多游客心中的'诗和远方'。"东湖生态旅游风景区工委书记、管理委员会主任刘栿

图为 2018 年 1 月 29 日航拍的湖北武汉木兰山雪后风光。（新华社发　柯皓摄）

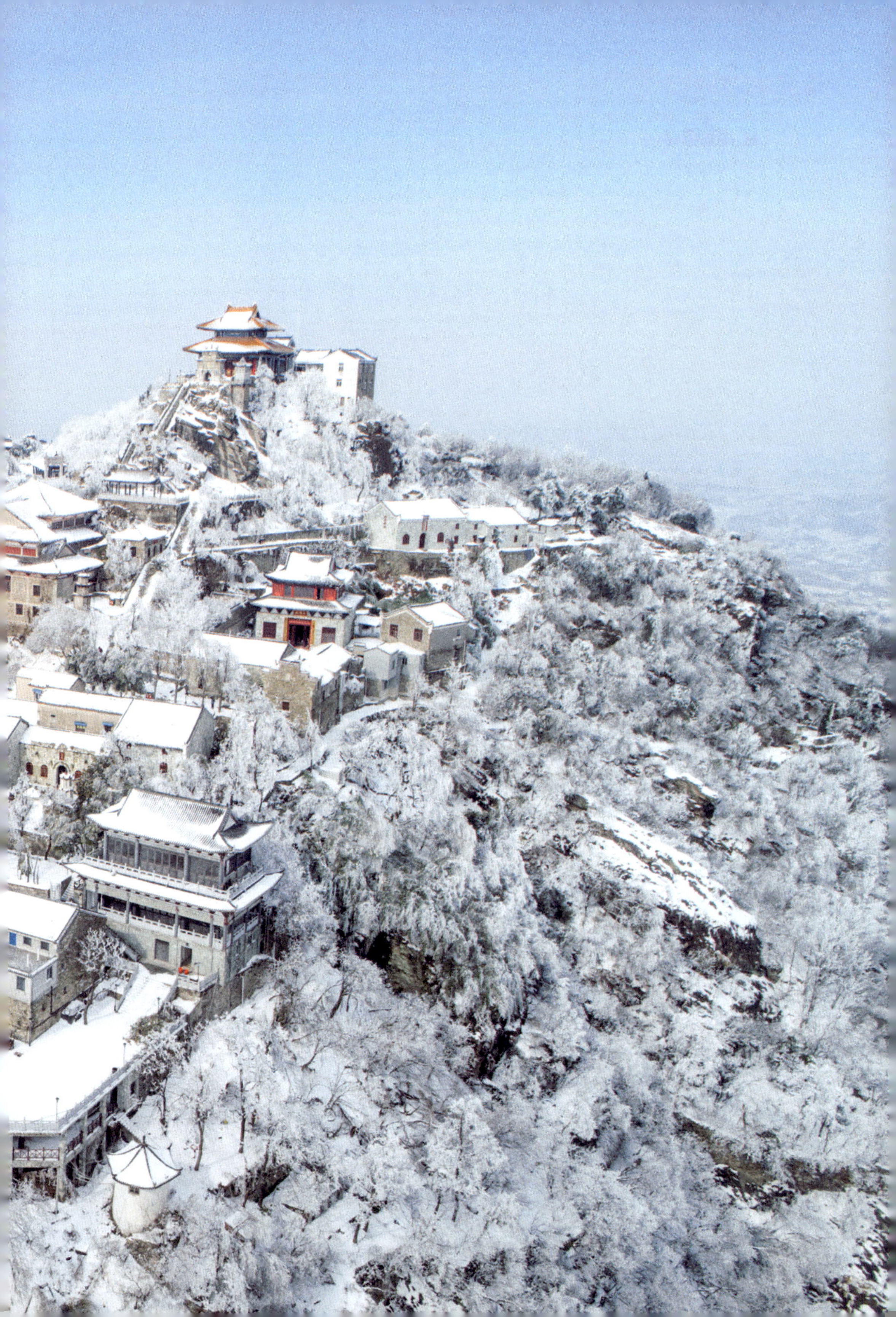

堂说。

2023年"五一"假期，武汉上榜全国十大热门旅游城市。长江大桥、凌波门、江滩……一系列的亲水平台成为热门景点，吹江风、赏湖景，人们在此登高望远、下阶亲水，感受人水共生的江城魅力。

云横九派，江水相连，湖光潋滟。随着生态环境的改善，围绕一池碧水展开的城市地理空间重塑，悄然拉开序幕。

2023年2月，《武汉新城规划》正式发布，一个瞄准"世界级科技创新策源高地、中国式现代化宜居湿地城市样板"的新城呼之欲出。

这座打破传统行政区划，横跨武汉、鄂州两市的新城，规划面积约1689平方公里，重点项目库目前已集聚亿元以上项目205个，总投资4376.44亿元，将梁子湖、严西湖等湖泊湿地环抱其中。

"美丽风景也是美丽经济，世界上重要的创新片区往往都有水的元素。"华中科技大学建筑与城市规划学院教授赵守谅说，山水格局让城镇特色风貌有了基底，丰富的公共空间更能汇聚创新人才。

从"人水冲突、城江对峙"到"人水相依、向水而生"，从"乐业带动安居"再到"安居带动乐业"，城市发展逻辑的转化背后，是发展观念的全面进步。

极目江城万象新
——人文经济视野下的武汉观察

"把酒酹滔滔,心潮逐浪高。"面向未来,武汉在生机与活力中,正书写人文、科技、生态、经济融合发展的新篇。

新华社武汉 2023 年 9 月 13 日电

新华社记者惠小勇、李鹏翔、梁建强、熊琦

扫描二维码查看视频

湘江北去，橘子洲头。沉静悠远的岳麓山和流光溢彩的摩天大楼隔江相望。登麓山之巅看风景，串历史街巷品文化，逛五一商圈好吃畅玩……别称"星城"的长沙，是拥有三千年历史的古城，也是领风潮之先的世界"媒体艺术之都"、时尚新潮的"网红城市"，还是吸引无数青年慕名而来的"年轻人友好城市"。

2020年9月，习近平总书记在长沙考察调研时指出，谋划"十四五"时期发展，要高度重视发展文化产业。要坚持把社会效益放在首位，牢牢把握正确导向，守正创新，大力弘扬和培育社会主义核心价值观，努力实现社会效益和经济效益有机统一，确保文化产业持续健康发展。

源远流长，兼收并蓄，守正创新，风华正茂——这就是长沙。

风华正茂是长沙
——人文经济视野下的长沙观察

图为2023年6月7日夜间拍摄的长沙城区景色。
（新华社记者陈思汗摄）

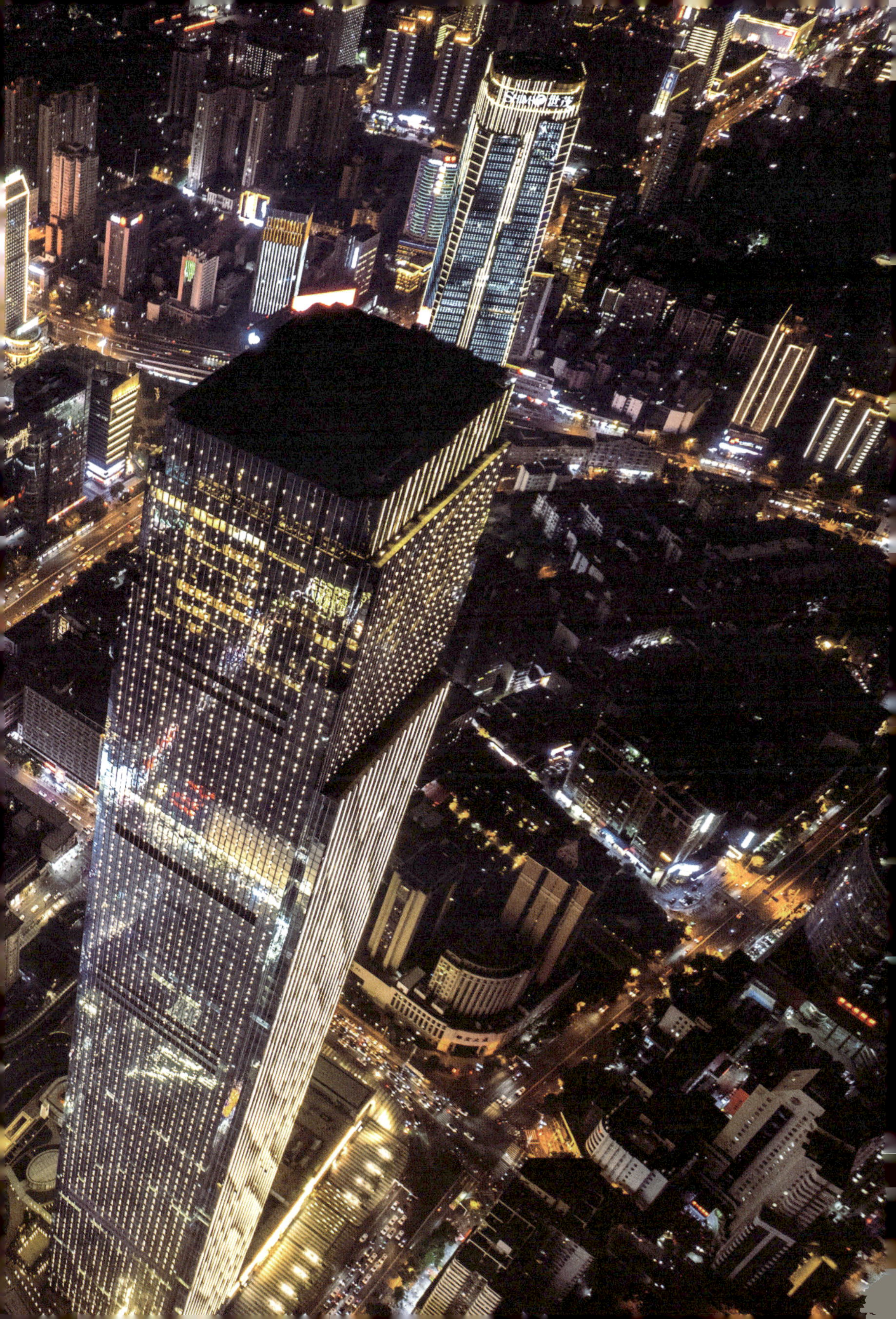

文与城"双向融合"

图为 2023 年 6 月 8 日在长沙市岳麓区拍摄的岳麓书院。（新华社记者陈思汗摄）

一座城的气质，往往取决于其人文底蕴。

"吾道南来，原是濂溪一脉；大江东去，无非湘水余波。"千年学府岳麓书院的一副楹联，写尽湖湘文化之源远流长，也映照着长沙作为千年古城的自信与从容。

来到毗邻闹市的西文庙坪，你会看见古代长沙最高学府"长沙府学宫"保存下来的牌坊巍然矗立，刻有"道冠古今"的斑驳麻石历经沧桑。牌坊一侧，一家黑胶唱片主题咖啡店里，顾客青春洋溢。

走进湖南博物院，千年不朽的辛追夫人、薄如蝉翼的素纱单衣等浩如烟海的国宝文物，仿佛带你回到过去，而动态展《一念·辛追梦》又将历史文物复原展示、传统京剧表演与多媒体视觉影像巧妙结合，如梦如幻。

登临岳麓山，你会发现一处处与毛泽东、黄兴、蔡锷等密切相连的革命文物掩映在苍松翠柏间。当你打开社交软件，又会看到旅游爱好者开辟出的"爱心穿越线"，带你"打卡"名胜古迹……

在长沙，这样奇妙而和谐的"古今同框"并非个例。当人们漫步于这座国家历史文化名城的街头巷尾，会看到古老与青春、历史与潮流在这里双向融合、交相辉映。

"天上有颗长沙星，地上有座长沙城。"相关研究显示，商代长沙就有人口聚居，战国时期的楚国开始在此营建城邑，城中心就位于现在最火爆的五一商圈地带。

黄兴南路步行商业街管委会办公室副主任谭梓婕说，"网红长沙"不仅年轻、时尚、好吃、好玩，还有着深厚的文化底蕴。"历史街巷也是商业街区，这本身就证明，优秀传统文化会给一座城市带来强大的生命力。"

与城市相融的长沙文化，是"经世致用"。麓山脚下，作为地方古籍出版社的岳麓书社，陈列室里展示着湖湘人物全集等数万种图书，文脉赓续，引人入胜。岳麓书社社长崔灿说，岳麓书社着力把湖湘先贤在历史节点上的思考和探索介绍给当代青年，不断探索中华优秀传统文化的创造性转化、创新性发展。

与城市相融的长沙文化，是"兼容并包"。从广州来长沙旅游的吴女士感叹，长沙街头随处可见穿着汉服的国风少年或者"二次元"女孩，"一座城市的包容与活力扑面而来"。湖南师范大学旅游学院教授许春晓说，长沙兼容并包的文化特色，让不同偏好的人群都能找到"打卡点"。

风华正茂是长沙
——人文经济视野下的长沙观察

2023年5月15日,观众在第三届长沙国际工程机械展览会参观展出的工程机械设备。(新华社记者陈思汗摄)

与城市相融的长沙文化，是"敢为人先"。长沙是联合国教科文组织评选的我国首个世界"媒体艺术之都"、首批国家文化和旅游消费示范城市之一，"电视湘军""出版湘军"蜚声业界。长沙还是知名的"中国工程机械之都"，拥有三一、中联重科等多家龙头企业，产业规模连续13年保持全国第一。

一座历史悠久的文化名城，又处处洋溢着清丽洒脱——这是长沙博物馆馆长周慧雯眼里的长沙。"这是一座不背包袱的城市，一边尽情吸收千年历史的滋养，一边轻松转身、向前奔跑！"

文与产"双向赋能"

图为2023年6月7日在长沙市开福区拍摄的湖南博物院及周边景色。
（新华社记者陈思汗摄）

历经千年,文化与经济的融合,有了更多时代样本。

文化"软实力",练就产业"硬实力"——

2020年9月,习近平总书记在马栏山视频文创产业园考察时指出,文化和科技融合,既催生了新的文化业态、延伸了文化产业链,又集聚了大量创新人才,是朝阳产业,大有前途。

相传,三国名将关羽"战长沙",曾在浏阳河第八道湾处屯兵养马,留下"马栏山"地名。今天,马栏山视频文创产业园从一个城中村蝶变为创意迸发的国家级文化产业示范园区。

不到0.2毫米的金丝,经由掐、填、攒、焊、堆、垒、织、编等技法,形成绝美造型……落户马栏山的湖南知了青年文化有限公司《了不起的匠人》纪录片创作团队拍摄的一项项非遗技艺,在视频平台上走红。

知了青年联合创始人陈娓娓说,公司致力于传统文化的深度挖掘和创新表达,打造传统手艺匠人、湖湘文化等系列IP,找到了"正能量"和"大流量"的双重密码。

如今,3400多家视频文创产业链上下游企业集聚马栏山,形成了以高清视频为特色,内容制作、存储、播发、交易和监管等全链条的数

风华正茂是长沙
——人文经济视野下的长沙观察

图为 2023 年 6 月 7 日在长沙市开福区拍摄的马栏山视频文创产业园。（新华社记者陈思汗摄）

字文化"生态圈"。2023年上半年,马栏山视频文创产业园实现营收337.42亿元,同比增加11.55%。

文化"新标签",催化经济"新业态"——

近年来,长沙成为国内独具特色的新消费品牌创新策源地,众多品牌都有"文化+经济"双轮驱动的特点。

网红茶饮、糕点品牌"茶颜悦色""墨茉点心局"等走的是国潮、国风路线;网红餐饮品牌"文和友"将老长沙的市井场景复刻到现代购物中心,消费者在20000平方米的空间里一站式品尝地道长沙味,沉浸式感受长沙文化的独特魅力。

孕育了大量网红品牌的长沙市天心区,酝酿由"文旅+"向"+文旅"转变。长沙市天心区文化旅游体育局局长张灵说,当地正研究制定文化产业发展奖补扶持政策,促进文化产业化、产业文创化、基础设施艺术化,打造一批文旅消费新场景。

文化赋能,一些传统产业焕然一新。在"中国花炮之乡"长沙浏阳,结合声、光、电、影、焰等多种元素的沉浸式焰火嘉年华每周上演。

作为焰火嘉年华主办方的花火剧团,将自己定位为一家文创企业。

风华正茂是长沙
——人文经济视野下的长沙观察

创始人黄成说,他们致力于在烟花中注入更多文化元素,由"卖产品"变为"卖创意",实现跨界融合。

经济"活跃度",提升文化"开放度"——

"君生我未生,我生君以(已)老""住在绿池边,朝朝学采莲"……长沙博物馆里,造型看似普通的唐代长沙窑青釉褐彩瓷壶、

2023年6月7日,游客在湖南博物院参观马王堆汉墓出土文物"素纱单衣"。(新华社记者陈思汗摄)

445

瓷罐、瓷碗，因为写有诗句而光彩夺目。

作为著名的外销瓷，唐代长沙窑瓷器开创了书写诗文装饰的先河，销往海外的同时也传播了中华文化。据了解，繁盛之时，长沙窑器物到达过约30个国家和地区，最远可至南亚和非洲北部。

时至今日，长沙已构建"海陆空"立体开放格局，着力打造内陆地区开放高地。2023年上半年，长沙进出口总值为1525.4亿元，增速在中部六省会城市中排名第二。

2023年6月29日至7月2日，第三届中非经贸博览会在长沙成功举办，密切的经贸联系加深了文化交流。位于长沙市雨花区的中非文化与经贸研学实践基地负责人唐柱说，他们开发的手工创作、互动体验等精品课程很受欢迎，研学活动搭建起"文化之桥"。

人与城"双向奔赴"

图为2023年6月7日在长沙市开福区拍摄的潮宗街及周边景色。（新华社记者陈思汗摄）

在长沙解放西路的茶饮品牌"楂堆"门店里,创始人牟生指着广告标牌上的"长沙茶"字样,自豪地说自己是"新长沙人"。2017年年底,他和合伙人在长沙开了第一家门店,目前已获得投资机构青睐。

牟生是一名来自东北的"90后",曾在一线城市工作过的他留在长沙创业、安家。在他看来,长沙吸引他的不仅是商业创新氛围,更是敢为人先、兼容并包的文化氛围,这让人和城市之间产生"深度连结"。

经济社会发展的出发点和落脚点在于"人"。从"惟楚有材,于斯为盛",到"恰同学少年,风华正茂",长沙的人文经济往往落笔于"人"的价值发现、挖掘与培育。

长沙连续15年蝉联"中国最具幸福感城市",今年又提出进一步提升城市宜居幸福指数,擦亮对年轻人友好的城市底色,吸引更多年轻人安居乐业。

湖南省委常委、长沙市委书记吴桂英说:"我们始终牢记让人民生活幸福是'国之大者',聚焦群众关切,兜牢民生底线,坚持每年新增财力七成以上用于保障和改善民生,努力建设人民的幸福城市、幸福的人民城市。"

2023年6月7日，游客在长沙市天心区太平老街游玩。（新华社记者陈思汗摄）

在潮宗街历史文化街区，400多年历史的麻石古街见证了城市变迁。经过有机更新，这里成为集文化、旅游、商业等于一体的潮玩街区。酒吧、剧本杀、轰趴馆等新潮业态在这里"生长"，老建筑改造成的长租公寓为年轻人提供一站式租房服务。

在马栏山视频文创产业园，近5万名产业人才的平均年龄不到27岁。打破青年人才文凭、职称、资历、身份等限制，开辟就业创业绿色通道，对优秀青年创业项目最高奖励50万元等一系列政策，为青年搭建广阔舞台。

"这座城市有人情味儿、有发展前景，能让我很好地平衡工作与生活。"提起选择长沙的理由，在长沙求学、毕业后创办新媒体公司的陈清宇说："我与长沙就是一场'双向奔赴'。"

"为什么选择长沙？"当你向这座城市的青年提出这个问题，答案是：在这里，不仅能碰到志同道合的伙伴，还能享受城市为青年发展提供的良好创业环境和扶持政策，拥有平等的机会和丰富的资源。

文化润物细无声，幸福见于细微处。色香味俱全的夜市，为外地游客设立寄放行李的爱心驿站；网红奶茶店，为排长队的客人提供小马扎，赠送冰棒、冰凉贴……

宜居、宜业、宜游，让越来越多的年轻人会聚长沙。在已公布的千万人口城市 2022 年常住人口增长数据中，长沙以一年新增 18 万人位居第一。

人与城"双向奔赴"，城与人共同发展。长沙新消费研究院负责人张丹丹认为，长沙接地气、有烟火气的城市气质，让年轻人相信在这里能实现个人价值，而城市也因为年轻人而保持生机与活力。

恰同学少年，风华正茂。以提升城市品质为抓手，打造更好的宜居环境；以深化改革开放为契机，化解更多的难点堵点；以网红变"长红"为目标，搭建更大的圆梦舞台……

在人潮涌动的湘江两岸，奋楫扬帆的昂扬气息激荡澎湃，如浩浩汤汤的湘江水，千百年来奔腾不息，每一朵浪花都是新的！

新华社长沙 2023 年 8 月 11 日电
新华社记者陈俊、苏晓洲、白田田、谢樱、张格

扫描二维码查看视频

花城广州屹立在祖国南疆之地。

习近平总书记曾指出，广州是中国民主革命的策源地和中国改革开放的排头兵。1000多年前，广州就是海上丝绸之路的一个起点。100多年前，就是在这里打开了近现代中国进步的大门。40多年前，也是在这里首先蹚出来一条经济特区建设之路。

这里既国际，又乡土；既现代，又传统；既温柔，又刚劲；既闲适，又奋斗……

也许，正是这样的人文性格，积淀出这座城近3万亿元的经济体量和全国商贸中心城市的厚重底蕴。

这里是广州，此处最"广州"。

商都气脉雄如此

——人文经济视野下的广州观察

2023年6月10日，夜幕下的珠江两岸流光溢彩。
（新华社记者刘大伟摄）

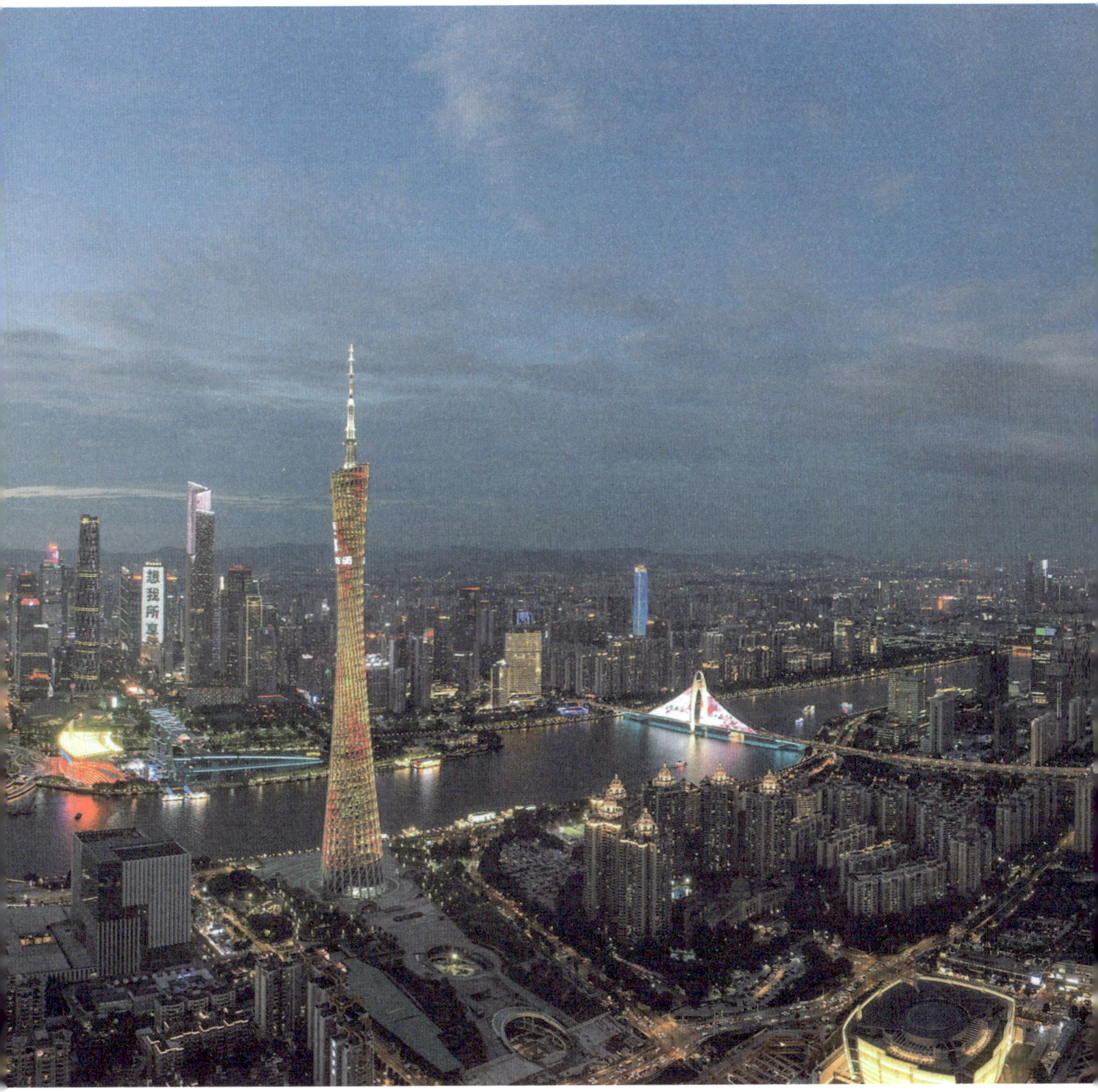

既国际，又乡土

2023年5月8日，位于广州 CBD 的猎德村村民进行龙舟训练，备战端午龙舟赛。（新华社记者刘大伟摄）

广州以包容的胸襟融汇八方文明，中西方文化在此相得益彰，成就长盛不衰的传奇。

"百货均输成剧邑，五方风气异中原。"在被誉为"近代中国走向世界第一人"的黄遵宪笔下，广州是一个因世界贸易而繁忙、融合了各方外来文化的城市。

来自世界各地的商人聚集于广州，靠着勤劳和智慧在这里实现他们的梦想。2010年，坦桑尼亚商人塔米姆来到广州追梦。13年后，他已成为一家货运公司中国区总经理，并被选为广州坦桑尼亚商会主席。

广州既国际，又乡土。粤语保留古汉语元素最多，同时吸收英源外来词也最多。粤语中商店"士多"是英语"store"的音译，这种自成一派的鲜明风格，显示出粤语的巨大包容性。

漫步越秀和荔湾老城区，骑楼随处可见。这种由西方古代建筑与中国南方传统文化相结合演变而成的建筑，可避风雨防日晒，其跨出街面的部分，还可弥补室内空间的不足，特别适应岭南炎热多雨的亚热带气候。市民可于此从容逛街、购物、休闲。风雨无阻地保持稳定的商业流量，是骑楼背后清晰的商业逻辑。

中西交汇还在广州碰撞出绚烂夺目的艺术高峰——岭南画派。高

图为2021年8月6日拍摄的广州荔湾区永庆坊。
(新华社记者邓华摄)

剑父、高奇峰、陈树人等人秉承"折衷中西、融汇古今"的原则，在中国画的基础上融合东洋、西洋画法，兼工带写、彩墨并重，成为20世纪中国画坛的三大画派之一。

每逢端午，位于广州CBD的猎德村就会有一种奇景：珠江之上，鼓声铿锵中，"包租公"们合力划船赛龙夺锦，租房客们聚集在两岸大

声呐喊加油鼓劲，如此奇异又如此和谐。

在珠江新城上班、租住在猎德村的李运就曾是岸上呐喊的一员。在他的眼里，广州是一个多元化的城市，不管是外来的还是本土的人们，都能在这里和谐相处并找到自己的生存空间。近3万亿元的经济体量里有众多产业，只要有梦想都可以融入这里，安居乐业、开枝散叶。

改革开放初期，广州成为国内最早接纳外来工的城市之一。近年来，广州不断创新体制机制，让外来人口全方位融入羊城。以"广式"包容，全力构建一流国际化营商环境，让所有外来人员、资本和企业都能融入当地经济发展中，正是广州的成功密码。2023年1至5月，广州新设立外商投资企业2175家，实际使用外资超208亿元。累计在穗投资企业超过5万家，其中世界500强企业超过300家。

一年多前将公司总部搬到广州的陈立说，广州的包容是平等以待和内心认同。如同广州人对地标建筑广州塔的称呼——"小蛮腰"，不膜拜不低视，就像是看见心中的姑娘，亭亭立于珠江之岸，生发出内心的欢喜。

既现代，又传统

2023年6月18日，演员在第三届粤港澳大湾区中国戏剧文化节上表演京剧《五女拜寿》。（新华社记者张金加摄）

商都气脉雄如此
——人文经济视野下的广州观察

1000多年前,广州就是海上丝绸之路的一个起点。从此,昔日南蛮之地,成为千年商都、开放之所。

在珠江广州白鹅潭段宽阔的江水之畔,34层高的白天鹅宾馆矗立在青翠的花草树木间,似绿水环绕的白玉屏风,又如展翅欲飞的洁白天鹅。

这是内地首家中外合资的酒店,也是广州对外开放、招商引资的标志性建筑。改革开放初期,这里是外国客商和政要到广州时落脚地的

图为2023年6月13日广州珠江江畔的白天鹅宾馆。(新华社记者邓华摄)

必然之选，客人中有超过九成是外国人。40年来白天鹅宾馆接待过超过40个国家的150余位元首和王室成员。

莽莽珠江水自云贵高原奔腾而下，横贯2000多公里，在珠江三角洲形成了"三江汇集、八口入海"的壮阔景象。位于南海之滨、珠江之畔的广州在地理位置上连江通海，从汉代海上丝绸之路的起点到如今的对外开放窗口，广州港是世界海上交通史上少见的2000多年长盛不衰的大港。汤显祖诗赞："气脉雄如此，由来是广州。"

珠江水的流量亦是财富的流量。千年来，商都品格日益成型，开放传统也历久弥新。唐代时，市舶司首次在广州设立。《旧唐书》中"广州地际南海，每岁有昆仑乘舶以珍物与中国交市"，是官方历史文献对广州对外贸易盛况的权威记载。明清时，诗人屈大均《广州竹枝词》里"十字门开向二洋""银钱堆满十三行"等诗句，描写出当年广州的繁华经济。新中国成立后，广交会承担起对外开放"窗口"的使命。

如今，作为"中国第一展"的广交会，是中国对外贸易重要的"窗口"和"晴雨表"。今年4月，第133届广交会在新冠疫情发生后首次全面线下举办，吸引了超过220个国家和地区的境外采购商参会，近13万名境外采购商飞越重洋来到广州。万商云集凸显广州对外开放高地的吸引力。

商都气脉雄如此
——人文经济视野下的广州观察

2023年4月15日,第133届广交会在新冠疫情发生后首次全面线下举办。(新华社记者刘大伟摄)

2023年上半年,广州商品进出口总值达5450.12亿元,同比增长8.8%。在不断推动高水平对外开放、加快构建新发展格局下,广州近年来着力推进外经贸转型升级,大力推动南沙自贸试验区制度创新,积极参与"一带一路"国际合作和粤港澳大湾区建设,逐渐形成全方位、多层次、宽领域的对外开放格局。

既温柔，又刚劲

2020年2月19日，广州市区中山纪念堂和越秀山旁的木棉树绽放出鲜艳的花朵，吐露着春天的气息。（新华社记者刘大伟摄）

水乡广州富有水的温柔，但敢闯敢干、敢为人先，更是广州万亿元级经济体这一成就背后的精神支柱。

"靓仔，要把头盔戴好，不然就一直跟着你""白色小车，天青色等烟雨，而你等来了我，你停在这里干什么呢"……广州交警梁佳昕执法时的温柔喊话，让人窥见了广州人的温柔。

生活在水乡之中的广州人，有被水深深影响的柔性。在花城一年四季的繁花锦绣、姹紫嫣红中心情愉悦的广州人，对这个世界往往温柔以待。

广州是一座温柔的城市，但在重要的历史关头，广州又是刚劲的。

四月芳菲天时，站在广州老城市中轴线起点越秀山上望去，高大密集的大榕树、芒果树间，不时有一树火红跃出片片青葱，如燃烧的炽热火炬。这就是木棉，广州的"英雄花"，温柔的花，有不屈的骨。

广州三元里抗英是不会被遗忘的英勇事迹，从广东出发的北伐战争是掀起了反帝反封建高潮的革命斗争。在抗击"非典"、抗击新冠疫情的斗争中，来自广州医科大学的钟南山院士耄耋之年，披甲上阵，被誉为"国士无双"。

40多年来，广州一直是中国改革开放的先行地，以敢"第一个吃

1997年6月30日晚，广州三元里地区农民喜迎香港回归祖国。
（新华社记者黄鉴秋摄　中国照片档案馆征集）

螃蟹""饮头啖汤"而闻名。1978年，广东以广州为试点，放开部分蔬菜、塘鱼河鲜价格。20世纪80年代，广州诞生了改革开放后的全国第一批万元户和第一条个体户商业街。

眼下，大胆创新的广州正继往开来大步向前。2022年，广州全社会研发经费支出总额较上年增长13.79%，研发经费支出占GDP的比

重达 3.12%，成为实现连续 8 年稳定增长的一线城市。努力在突破关键核心技术难题上取得更大进展已成为广州社会各界的共识。

一系列的重大创新平台和项目正不断布局。钟南山院士领衔的广州实验室正朝着人类健康方面的难题进行科研攻关，粤港澳大湾区国家技术创新中心已挂牌运行，人类细胞谱系大科学研究设施、冷泉生态系统研究装置列入国家专项规划。可燃冰试采、"天河二号"超算应用入选中国十大科技进展。

广东省体制改革研究会副会长彭澎认为，广州之所以能领风气之先，是因为这里的人思维、心态都活跃，容易接受新生事物、进行敢为人先的创新。

既闲适，又奋斗

图为 2022 年拍摄的中国国家版本馆广州分馆一角。（新华社发）

低调务实，成就了一座活色生香的烟火之城，一座一步一铿锵昂首迈向未来的希望之城。

广州有一种流行文化——"叹早茶"。这里的"叹"字，是品味、享受的意思，喝个寻常茶，能品味出悠闲、淡定的生活情趣。

煲汤，更是每个在广州生活过的人都无法忘记的广州印记。在"美食之都"广州，人们爱吃、会吃的基因是刻在骨子里的。丰富时鲜的河海食材在"万物皆可煲"的技艺里变成美味的靓汤。天南地北的梦想，也在广州兼容并包的"大锅"里，小火慢炖成美好的生活。

这里白天是花之城，夜晚是灯之海。当夜幕掩去城市里燃烧的木棉、红艳的勒杜鹃和多彩的紫荆花后，珠江两岸就铺开流光溢彩的画卷，绚烂的霓虹中一艘艘游船，是这座城市强劲经济中充满活力的现代化符号。

2022年，广州再次获评"中国最具幸福感城市"，这是广州第5次得到这一殊荣。

人民幸福、文化繁荣。动漫、游戏、数字文创等文化产业快速发展，粤剧、广绣、醒狮等非遗文化也焕发新光彩。坐落在广州凤凰山麓的文化新地标——中国国家版本馆广州分馆（文沁阁），在人文与自然交融的岭南园林风格中蕴含着"中华典藏、岭南山水、时代新韵、文

新时代中国奇迹的人文经济学观察

2023年5月10日,澳门美高梅举行《醒狮美高梅》新闻发布会,宣布与广州歌舞剧院携手定制舞剧《醒·狮》专属精装版——大型民族舞剧《醒狮美高梅》于今年7月在澳门驻场公演。图为演员在发布会上表演。(新华社记者张金加摄)

明灯塔"的理念。

中山大学教授黄天骥在《岭南新语》中用"淡定"和"生猛"两个词来形容广州人，一方面是广州人懂得善待自己、享受生活；另一方面是广州人生活节奏很快，头脑灵活，敢为天下先。

"闯"的精神，"创"的劲头，"干"的作风，是广州经济发展的内在力量。祖国各地的年轻人奔赴而来，把最美好的年华挥洒在这里，从而成就了广州这座奋斗的城。物质富有、精神富足正成为新时代广州的新品格。

在广州白天鹅宾馆对面，广东美术馆、广东非物质文化遗产展示中心、广东文学馆"三馆合一"的"文化巨轮"即将完工，将成为岭南文化的又一标志性建筑。这一承载着岭南文明、中华文明的"文化航船"，正载着广州的希望，奔向大海，驶向未来。

新华社广州2023年8月30日电
新华社记者陈凯星、肖思思、吴涛、邓瑞璇

扫描二维码查看视频

自从中国旅游标志——马踏飞燕20世纪60年代从这里的雷台汉墓出土那天起，这个奋蹄疾驰的骏马形象便成为武威的精神标识。

武威古称凉州、姑臧、雍州。这座甘肃西部、河西走廊的起点城市，地处古丝绸之路要冲，是古代中原通往西域的枢纽之地，多个王朝都曾在武威设郡置府。在这里，中原文化和西域文化融汇，十余个民族一起融汇进中华民族的血脉，武威也有了"天下文明"之誉。

2023年6月2日，习近平总书记在北京出席文化传承发展座谈会时强调，要坚持守正创新，以守正创新的正气和锐气，赓续历史文脉、谱写当代华章。

让历史看得见、让文化品得着、让人文有动能。今年上半年，武威市地区生产总值同比增长7.4%，经济运行稳中有进。在人文与时代的交响中，这座边塞名城，正跃马扬鞭，奔腾而来。

天马起势再奔腾
——人文经济视野下的武威观察

图为 2023 年 6 月 13 日拍摄的甘肃省武威市文庙景区内的状元桥。（新华社记者郭刚摄）

欞星門

历史 + 创新
浓缩"天马之城"人文密码

图为在甘肃武威雷台汉墓博物馆展出的铜奔马复制品。(李呐摄)

霍去病远征河西击败匈奴后，汉武帝为彰显大汉"武功军威"命名武威。东西方文明的交融碰撞，多民族聚居的交流融合，造就了"姑臧富邑、市日四合"的繁荣富庶。且不说先民在这里生活繁衍，创造出了马家窑等璀璨的史前文化；也不说唐玄奘西去取经路过之时惊叹"五凉京华，河西都会"；单单从1969年雷台汉墓里出土的铜奔马那矫健奔放的身姿，便可一窥古时"天马之城"的辉煌。漫步于这座国家历史文化名城，到处是历史与潮流、古老与青春、传统与创新的交相辉映。

凉州区崇文街，有全国三大文庙之一的武威文庙。走进去，只见这座建于明代的建筑飞檐凌空，牌匾林立，古树参天，灰瓦红墙。"聚精扬纪""书城不夜"等中华名匾文气斐然。文庙旁则是一家装修新潮的创意书店，里面书架林立咖啡飘香。人们或坐或站，品知识、享生活、读岁月。

文庙对面就是武威西夏博物馆。走进博物馆，凝望被称为"西夏文字典"的西夏碑，仿佛听见战场上刀枪交鸣、看见穿着各民族服饰的人们茶马互市。在动态展"西夏之韵"中，历史实物与现代科技相结合，再现古人筑酒肆、演歌舞，悠远的历史在现代人眼中变得触手可及。

这样奇妙而又和谐的"古今同框"在武威举目皆是。

新时代中国奇迹的人文经济学观察

旅游节，这里用催生出霓裳羽衣舞的凉州乐舞欢迎四方宾客；汉唐时的车马互市地而今名为明清街，成了小吃一条街和网红打卡地，千年烟火味越发兴盛。

1972年，被誉为"中华第一医简"的武威汉代医简在当地出土。这是我国迄今发现的最早印证中医辨证施治的医学典籍。秉承着源远

图为2023年6月16日拍摄的绿树环绕下的甘肃省武威重离子中心。（新华社记者郭刚摄）

流长的中医文化,该简成册 1900 多年后,我国首个国产重离子系统治疗肿瘤的医院在武威建成。医院采取的中医辨证施治疗法加上重离子精准治疗的优势,给患者带来了新的希望。

"辉煌的历史落进蓬勃的现实,二者一晃身合二为一,大步往前走。"甘肃省作协副主席李学辉这样形容武威。历史与现代相融,塑造出武威厚重里有人文温度、包容里有创新力度、兼收并蓄又坚韧不拔的城市性格。

从雪山到冰川、从森林到草原、从湖泊到河流、从戈壁到沙漠……这片多样的土地演绎出幸福的音符。

行走在武威市区,宽阔笔直的马路两旁,各类绿植生长繁茂,如在江南水乡。武威市公共服务中心有 24 小时自助服务区和劳动者驿站,市民从便捷中感受暖意,在服务里体验温馨;在宣武街道宋家园社区,"天马行市民云 APP"在线即可办理学生入学申请、有房证明、小饭桌报名、医院预约挂号,甚至燃气缴费等,古老的城市中市民得以感受现代数智赋予的便利生活。

文化 + 产业
打造"双向赋能"发展动力

2023年6月15日,在甘肃省武威市古浪县西靖肉牛养殖基地,一群西门塔尔牛在围栏中休憩。(新华社记者郭刚摄)

文化和经济好比武威发展的两个车轮，经济奠定发展的物质基础，文化提供发展的动力和价值导向，二者相互交融，在高质量发展中的地位和作用日益突出。

文化"软实力"，练就产业"硬实力"——

"垆头酒熟葡萄香，马足春深苜蓿长"。武威自古以来就是可耕可牧、可渔可猎的农桑重地，有着深厚的农耕文化。从千古凉州词中走来，现代农业如何发展、特色优势产业怎样打造，积极构建农业现代产业化体系是武威的答案。

在凉州区武南镇下中畦村，北斗导航辅助驾驶无人播种系统播种的春小麦麦田里，正在进行着一场忙碌的丰收。采用浅埋滴灌水肥一体化技术，省肥节水、增产高效，水和肥料利用率可达90%以上。这样的高标准农田武威已建成约246万亩。

科技增产，挖掘的是现代产业化体系的潜力；而从"凉州之畜天下饶"到产业集群发展，添加的则是农业现代产业化体系的动力。

引龙头、扩规模、提标准。武威市引进伊利乳业、河南牧原、嘉禾牧业等知名龙头企业21家，百亿级的奶产业集群规模居甘肃第一。

凉州葡萄酒、岔口驿走马、天祝白牦牛、苏武沙羊……这些在凉州古诗词中广为传颂的"凉州因子"涅槃为知名品牌和富民产业，成为农业现代产业化体系的有机构成。

经济"新业态"擦亮文化"新标签"——

夜幕降临，坐落在武威市新城区东北一隅的雷台文化旅游综合体灯火通明，游人如织。大汉赋、天马歌、凉州词三大主题展览馆巍然矗

图为2021年3月4日拍摄的武威市民勤县"摘星小镇"。民勤县位于腾格里沙漠和巴丹吉林沙漠之间，这里晴天多，光污染少。近年来，民勤县依托独特的沙漠和星空资源与中国科学院国家天文台合作，建成以科研观测、天文科普和旅游度假为主题的沙漠特色小镇——"摘星小镇"，助力当地特色旅游发展。（新华社记者郎兵兵摄）

立，尽显盛世气魄。这个投资58亿元、占地近1300亩的全省最大综合型城市中央文化观光景区，集遗址保护、文创基地和配套公共服务等为一体，已经成为西北地区文旅业发展的一张新名片。

见证西藏归属中央行政管辖的白塔寺景区、有"石窟鼻祖"之称的天梯山生态文化旅游区等项目加快推进，文化大项目"顶天立地"，小项目"铺天盖地"，文旅竞争力不断增强。

图为2023年2月12日拍摄的天梯山石窟雪景。（新华社记者郎兵兵摄）

新时代中国奇迹的人文经济学观察

"凉州七里十万家,胡人半解弹琵琶""无数铃声遥过碛,应驮白练到安西"。唐代诗人岑参和张籍的两句凉州词,道出了古时武威东西文明交汇的盛景。千年后,扼守丝路枢纽的武威,"开放包容、兼收并蓄"的城市精神在"一带一路"倡议引导下传承创新。

早在2014年,武威就建成国际陆港,以"天马"命名的中欧班列

2014年12月12日,"天马号"中欧国际货运班列旁准备出发。
(新华社记者陈斌摄)

由此开出，装载着西北地区的工业产品、特色农产品和东部地区的家电、服装等百货产品，运往哈萨克斯坦、德国等中亚和欧洲沿线国家。而今，俄罗斯的木材、中亚的小麦也搭乘回程"天马"班列运往国内。2022年，国际陆港开拓跨黑海、里海的"两海"通道，新能源汽车和跨境电商业务搭乘"天马"班列远赴重洋。

"'丝绸西去，天马东来'的历史盛景在今天以新的形式得到继续演绎，文化标签也搭上经济'新业态'得以传播得更广。"武威市国际陆港管委会常务副主任谢国鑫说。

生态 + 发展
打造"双向奔赴"的人文自然

图为 2023 年 2 月 18 日在武威市凉州区九墩滩光伏治沙示范园区拍摄的一处光伏发电项目。(新华社记者范培珅摄)

"大漠孤烟直,长河落日圆"。王维的这两句诗家喻户晓,但很少有人能体会到壮美景色背后的生态苍凉。

武威地处黄土高原、青藏高原、内蒙古高原三大高原交汇带,南部是祁连山,中部是绿洲平原,北部是腾格里沙漠和巴丹吉林沙漠,既是三大高原、两大沙漠的生态缓冲带,也是全国生态格局中青藏高原生态安全屏障的核心区域和北方防沙带的中心地带,生态区位极其特殊,生态屏障作用极为重要。诗中的"大漠"就是武威的腾格里沙漠,"长河"就是河西走廊第三大内流水系、武威的"母亲河"石羊河。

发源于南部祁连冰川的石羊河在滋养了凉州大地后径直向北,流入了巴丹吉林沙漠和腾格里沙漠,润泽绿洲。相传很久以前,丝绸之路上往来的商旅驼队商贸繁荣,当地人在绿洲兴建起了"沙州城"。白驹过隙,"沙州城"掩于黄沙成了传说。

面对石羊河流域整体严重缺水、生态环境退化等问题,武威以壮士断腕的决心关闭机井压减农田配水面积,大力发展高效节水农业、调整农业产业结构,保障生态流量。在这场石羊河流域的保卫战中,武威市关闭农业灌溉机井近4000眼,压减农田灌溉配水面积70余万亩,农业用水下降近7成。

节水的同时，武威扎实推进北部防风固沙区的生态保护，与风沙抗争让沙漠添绿，涌现出八步沙"六老汉"等时代楷模。团结奋斗的大手，成功阻挡巴丹吉林沙漠和腾格里沙漠"握手"，甩掉了"第二个罗布泊"的帽子。

"节"出了社会愿景，"建"出了生态美景、"治"出了发展前景。而今，丰水季节，在石羊河流域尾闾、"沙乡"民勤县的红崖山水库放眼望去，水天相接，水鸟翔集。这个亚洲最大的沙漠水库蓄水面积达25平方公里，约有4个西湖大。

"武威把'沙州城'找回来了。"成都游客沈伊伊说。其实，从保生存到求发展，"沙州城"亦不只是一座城，更是武威人对青山绿水人文价值的追求。

"生态文化是沉浸在武威骨子里的血脉文化，在生态屏障的国之重任面前，武威没有小我，只有大我。"武威市委书记王国斌说，落实新发展理念，打造美好家园，是武威最深厚的人文经济学。

生态嬗变，发展更新。

昔日沙漠"无人区"变成今日"淘金地"。"板上发电、板间养殖、板下种植、治沙改土、工业旅游"的光伏治沙新模式，点沙成金；在大

漠腹地，一碧万顷的苜蓿基地蔚为壮观，吸引众多网友打卡直播，昔日"产业锈带"变身"产业秀带"；五十年护绿，民勤县将沙漠变身产业"新特区"和旅游"增长区"，把生态、体育、旅游有机结合，打造出沙漠雕塑博物馆、沙漠摘星小镇，展示大自然的多彩和灵动；武威神州荒漠野生动物园，大批野生动物自在繁衍……

如果说天梯山石窟"天梯古雪"的美景属于夏季，山顶皑皑白雪，山底一脉绿洲，那么凉州"生态绿野"的美景则藏于武威的人文精神内核，无论季节怎样轮转，恒久的生机漾然。

故城凉州，天马起势再奔腾。

新华社太原 2023 年 8 月 24 日电
新华社记者向清凯、马维坤、姜伟超、王铭禹、郭刚

扫描二维码查看视频

从三江源头到三峡库区，再到黄浦江畔，千百年来，长江流域以水为纽带，连接上中下游、左右岸、干支流，形成完整的自然经济社会大系统，造就了从巴山蜀水到江南水乡的千年文脉。

从成渝地区双城经济圈到长江中游城市群，再到长三角一体化，长江经济带覆盖沿江 11 省市，横跨我国东、中、西三大板块，人口规模和经济总量占据全国"半壁江山"。

从"推动"到"深入推动"，再到"全面推动"，站在历史和全局的高度，习近平总书记多次主持召开会议并发表重要讲话，为长江经济带发展谋篇布局、把脉定向，强调要"使长江经济带成为我国生态优先绿色发展主战场、畅通国内国际双循环主动脉、引领经济高质量发展主力军。"

大江焕新颜
——人文经济学视野下的长江经济带高质量发展观察

2023年4月6日,船舶行驶在三峡大坝上游湖北省宜昌市秭归县水域。(新华社发 郑家裕摄)

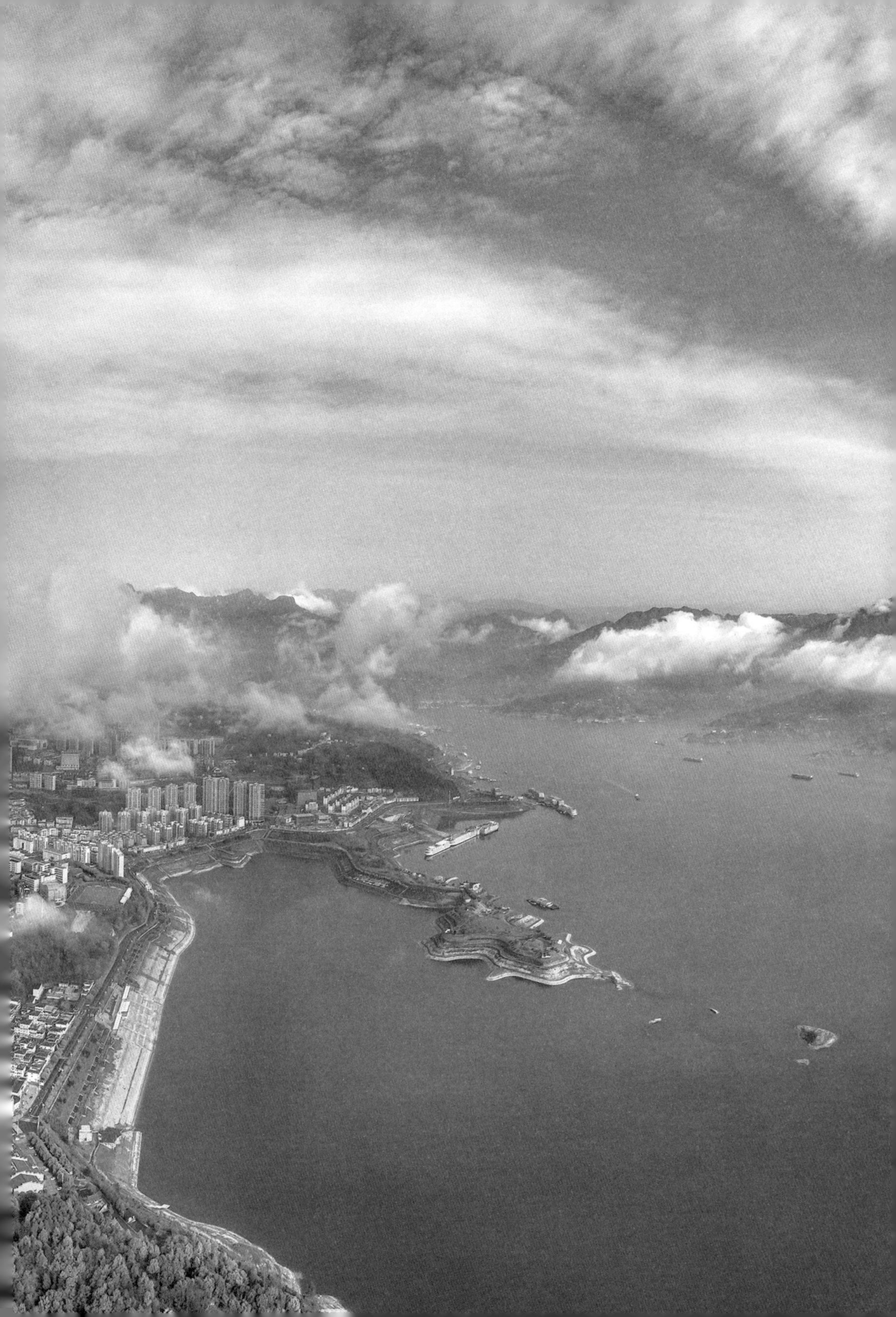

人水和谐：谱写生态优先绿色发展新篇章

2023年5月31日，在四川省宜宾市江安县长江竹岛，市民在由河中村改造成的绿色生态公园里跑步。（新华社记者刘坤摄）

夜深,湖北宜昌,三峡大坝上游的秭归港茅坪游轮码头宁静祥和。虽然闻不到刺鼻的柴油味、听不到发动机轰鸣声,但停靠在这里的"长江三峡10"号游轮上却灯火通明。

宜昌是三峡大坝和葛洲坝所在地,2015年起,当地开始探索岸电建设。"截至今年5月底,长江宜昌段各类船舶累计使用岸电达2634万千瓦时,相当于替代燃油6190吨,减少有害气体排放19500吨,为船舶节约用能成本3000万元以上。"国网宜昌供电公司岸电运维服务人员李兴衡说,污染排放降低,三峡库区环境更好了,旅游品质也大幅度提升。

夜幕下,高峡平湖,波澜不兴。

"星垂平野阔,月涌大江流。"1000多年前唐朝诗人杜甫诗中描绘的情景,如今在壮阔的三峡库区再现人水和谐新篇章。

良好的生态环境,是最普惠的民生福祉。然而,由于污水直排入江、化工企业围江、码头砂石堆积等原因,长江一度水质持续恶化、生态功能退化,生态系统敲响警钟。

治好"长江病",要科学运用中医整体观,追根溯源、诊断病因、找准病根、分类施策、系统治疗。

新时代中国奇迹的人文经济学观察

2023年3月14日,船舶行驶在长江三峡湖北省宜昌市秭归县水域。(新华社发 郑家裕摄)

2023年2月27日，在湖北省宜昌市江边，长江江豚在水中嬉戏。（新华社记者肖艺九摄）

乌江流域，因磷化工生产基地密集曾被污染事件所困扰。贵州省按照"标本兼治、源头优先、末端兜底"思路，关闭一批工艺技术落后、资源开采效率低下的中小型磷矿；积极利用先进工艺技术和装备改造提升磷化工业精细化水平；在全国率先实施"以渣定产"，倒逼磷化工企业提高磷石膏资源综合利用率……2022年，乌江水系92个监测断面中，Ⅰ类至Ⅲ类水质断面占比达96.7%，总体水质为"优"。

长江岸线综合整治攻坚、沿江化工企业关改搬转绿色转型、长江入河排污口溯源整治、长江流域重点水域10年禁渔、制定颁布长江保护法……一场场生态保护修复攻坚战接连打响。

治污、减排、净水，生态环境突出问题加速整改；护山、丰草、清湖，生态环境质量进一步改善。

生态环境部的数据显示，2022年，长江流域水质优良断面比例为98.1%，同比上升了1个百分点；2020年以来，长江干流水质连续3年保持Ⅱ类。

要"治标"，更要"治本"。绿色转型是关键所在。

记者走进位于重庆市长寿区长江之滨的国内最大天然气化工企业中国石化集团重庆川维化工有限公司，只见其污水处理厂的排口处水流清澈。

"2022年产生的危险废物同比下降5.96%，综合利用率达98%以上。"川维化工安全环保部副经理王峰说，生产甲醇的副产品杂醇油，是该企业产量最大的危险废物。2020年通过建设精馏装置回收，将其变成工业燃料，2022年川维化工产生并回收杂醇油约17000吨、收益约3000万元。

坚持走生态优先、绿色发展之路,正确把握整体推进和重点突破、生态环境保护和经济发展、总体谋划和久久为功、破除旧动能和培育新动能、自身发展和协同发展等关系,绿水青山迸发出巨大的生态效益、经济效益、社会效益。

大江流日夜,山水有清音。

"10年来,我们大力推进生态航道建设,护岸工程绿化率达80%以上,生态固滩面积超300万平方米。"交通运输部长江航务管理局副局长李江说,长江岸线整治全面推进,1361座非法码头彻底整改,两岸绿色生态廊道逐步形成。

从巴山蜀水到荆楚大地,再到江南水乡,烟囱林立的化工厂整治了,"灰头土脸"的砂码头消失了,"微笑天使"长江江豚等珍稀生物回来了……步入仲夏,长江两岸曾经的工业岸线逐渐成为沿线居民休闲游玩的好去处。

素有"万里长江第一城"美誉的四川宜宾,大力推进长江、岷江、金沙江生态保护廊道建设。全长192公里的长江生态综合治理项目,累计完成投资76亿元,建成生态廊道约82公里以及亲水节点、休闲驿站、公园15个,新增沿江绿地约300公顷。三江六岸,花草丛生,

图为 2023 年 6 月 14 日拍摄的位于湖北省武汉市的黄鹤楼。
（新华社记者伍志尊摄）

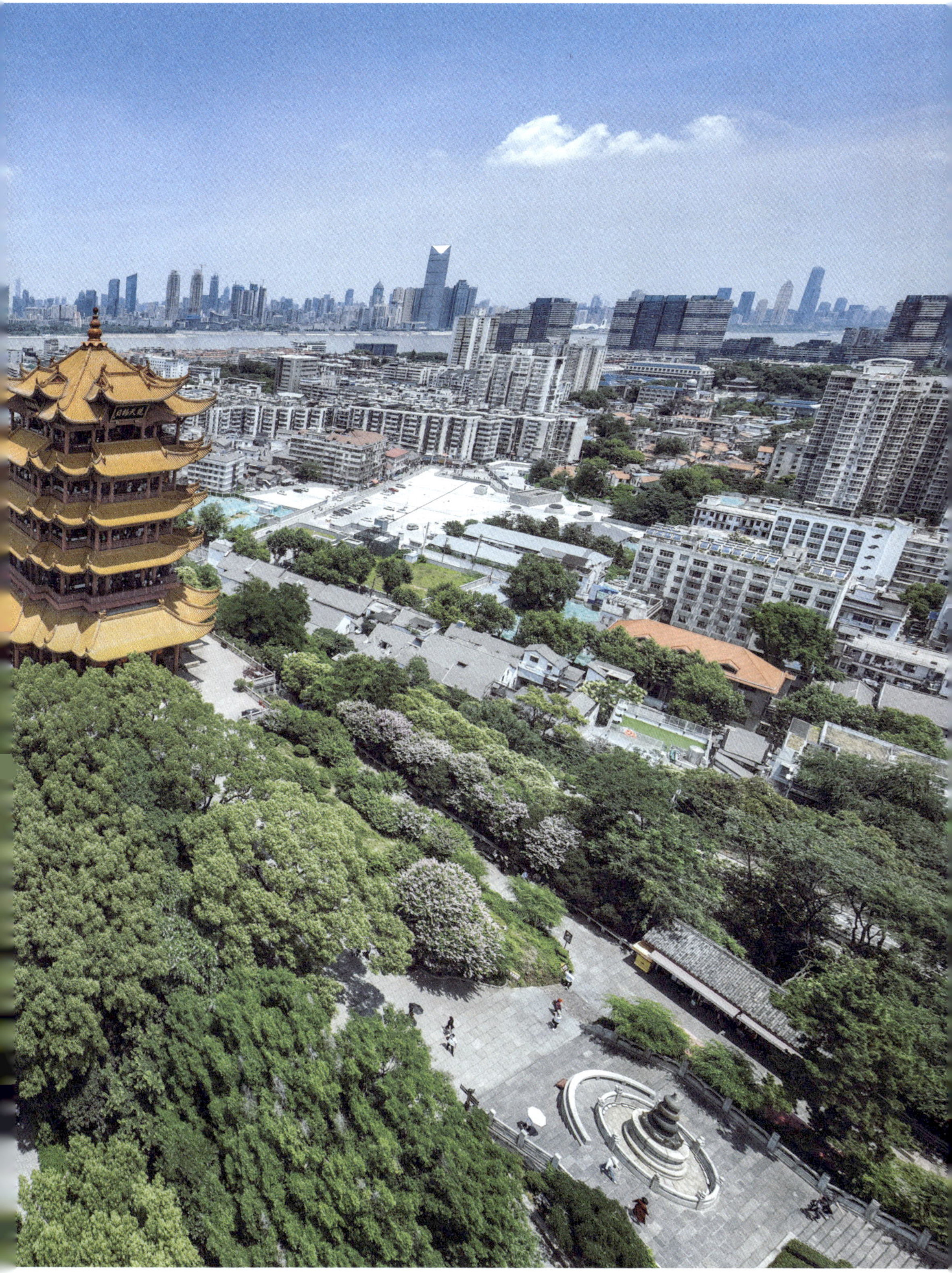

鸥鸟翩跹。

水与人、水与城、人与自然和谐共生，生产空间、生活空间、生态空间互利共荣的画卷正徐徐展开。

长江之畔，武汉黄鹤楼下，观"晴川历历汉阳树，芳草萋萋鹦鹉洲"；上海黄浦江边，望"十八潮头最壮观，观潮第一浦江滩"……新时代的"绿色交响曲"，在黄金水道上奏响。

内联外通：构筑高水平开放新高地

图为 2023 年 3 月 13 日拍摄的江苏太仓港码头。（新华社记者李博摄）

2023年6月22日,来自武汉的20标箱、540吨重的硫酸铵运抵湖南怀化国际陆港,货物将沿着中老铁路一路南下,最终到达老挝琅勃拉邦。

这批货物的发运是鄂湘赣三省合力推动东盟班列开行的首例成功探索。此批货物,在叠加享受各项补贴政策后,运输成本预计比此前的运输方式降低近50%。

从整体出发,树立"一盘棋"思想,长江经济带沿线省份正合力绘就错位发展、协调发展、有机融合,形成整体合力的宏阔蓝图。

接纳百川,汇聚千流,穿巴蜀,过荆楚,行赣皖,经吴越,奔流不息的长江本就有着开放包容、兼容并蓄的特质。

协同联动,区域交通大网络日益畅通——

2023年6月24日,苏州轨道交通11号线正式投入运营,并与上海轨道交通11号线实现无缝换乘,长三角核心城市间首次实现地铁系统跨省互联互通。

这是长江流域深化协同发展的一个缩影。俯瞰长江流域,铁路、公路建设工地星罗棋布,水运、航运线路越织越密,江海联运、铁水联运等多式联运架起立体交通网。

长江上游，成渝中线高铁、成达万高铁被纳入国家规划；长江中游，鄂湘赣三省加快打造长江中游城市群"组合港"；长江下游，杭绍台铁路、合杭高铁湖杭段开通……

长江经济带现代化综合立体交通的效益开始显现，尤其是长江黄金水道功能显著提升，干线拥有亿吨大港15个，干支线高等级航道

2023年6月24日，乘客在苏州轨道交通11号线花桥站进站乘车。（新华社记者李博摄）

里程达上万公里，实现 5 万吨级海轮直达南京、万吨级船舶直达武汉、3000 吨级船舶直达重庆。

据介绍，2022 年，长江干线货物吞吐量达 35.9 亿吨，占全国内河的 64.6%，是国内国际双循环的主要通道。

互联互通，流域经济互动日益强化——

塔吊林立，舟船穿梭。

2023 年 6 月初的江苏太仓港正和集装箱码头，一片繁忙生产景象。"除了水深条件和地理位置好，太仓港还与作为世界最大集装箱港口之一的上海形成了联动发展。"太仓港口管委会副主任周晓荷向记者介绍，上海港不但参与了太仓港的码头投资，太仓和上海之间还开通了"太申快航"，源源不断的集装箱从太仓港出发，乘坐"水上巴士"运至上海港，再发往全球。

协同发展步伐加快，劳动力、资本、技术等要素跨区域流动提速。

据长三角区域合作办公室统计，截至 2022 年底，长三角已有 140 项政务服务事项在 41 个城市跨省市通办。

开放为先，辐射全球联运网络日益构建——

2023 年 5 月 31 日，一天内 7 列返程中欧班列满载物资抵达武汉吴家山车站。这个汉丹线上曾经不起眼的货运三等站,因中欧班列而变得越来越繁忙。

吴家山车站货运负责人刘宏涛告诉记者,中欧班列(武汉)今年以来的开行量已超去年全年,开往欧洲的中欧班列数和从欧洲返回的单日列数不断创新高。

虽深居内陆,武汉立足黄金水道,正加快与世界融合。走陆路,中欧班列(武汉)通过48条跨境运输线路,辐射亚欧大陆40个国家、112个城市,联通欧洲、覆盖中亚、衔接日韩、连接东盟。走水路,阳逻港以自身为物流节点,以长江干线为轴,形成长江内支线及多式联运通道为"内陆辐",江海联运汉亚直航和中欧班列为"远洋辐"的全球性多式联运网络。

江海畅流,天地广阔;大江奔流,巨龙起舞。

看东部,长三角一体化腾飞;看中部,长江中游城市群崛起;看西部,成渝地区双城经济圈兴盛……沿江省市联动发展,推进畅通国内大循环,构筑高水平对外开放新高地。

创新驱动：塑造高质量发展新优势

图为2021年11月20日在位于湖北省武汉市的中国光谷科技会展中心拍摄的"5G+工业互联网成果展"现场。（新华社记者伍志尊摄）

"无边落木萧萧下，不尽长江滚滚来。"从古至今，浩荡长江时刻葆有着旺盛的生命力和进取的活力。

"苟日新，日日新，又日新"的人文特质，在长江经济带高质量发展中奋进求"新"。

为听障人士服务的手语数字人，几分钟就能完成三维建模的智能软件，可以实时查看路况的立体地图……在张江科学城，一家小型创业企业也能开发人工智能技术的最新应用。

"我们与上海科技大学联合完成了这些应用的开发。"叠境数字科技公司首席执行官张朝华告诉记者，公司是高校孵化出来的企业，不仅技术源于上海科技大学，物理空间上也只有一路之隔。

眼下，一大批各具特色的战略性新兴产业在长江沿岸茁壮成长。2015 年至 2022 年，长江经济带的研发经费投入强度从 2% 提升到 2.52%，一批科技创新策源地、新兴产业聚集地加快形成。

联动创新，长江经济带产业链条环环相扣。

2022 年 3 月 16 日，武汉举行的"第二届长江科技创新要素大会"在发布了 300 余项先进技术成果的同时，鄂湘赣三省科技部门还共同启动了长江中游城市群综合科技服务平台共创云和三省大学科技园联盟。

这是长江中游三省加快推进产业链与创新链深度融合的一个缩影。近年来，长江中游城市群聚力打造基于创新资源、产业优势和实际需求的协同创新共同体。长江中游城市群科技创新联盟已有2200余家科技服务机构入驻，累计促成科技服务交易327笔、交易额达1.21亿元。

从长江中游向西眺望，成渝地区的创新协作更加密切；向东远眺，长三角城市群产、学、研正在深度融合。

引领创新，崛起高质量发展高地。

放眼长江流域，围绕产业基础高级化、产业链现代化，发挥协同联动的整体优势，长江经济带正成为推动我国经济高质量发展的生力军。

天府新区，首批天府实验室已建成运行，聚集国家级科研机构26家，落地国家级创新平台96个，引进校院地协同创新项目65个；

两江新区，着力夯实数字基础设施，形成以重庆为核心、成渝联动、辐射西部10省份的标识解析网络；

"中国光谷"，2022年新增国家级专精特新"小巨人"企业70家，新认定"瞪羚企业"559家，高新技术企业总数突破5200家；

长江东端，长三角三省一市2022年相互间技术合同输出25273项、技术交易金额达1863.45亿元，同比分别增长20.3%、112.5%……

来自国家统计局的数据显示：截至2022年末，长江经济带常住人口数量占全国比重为43.1%；地区生产总值占全国比重为46.5%。"半壁江山"的特殊地位更加凸显。

江水浩荡，奔腾不息。

国家发展改革委印发的《"十四五"长江经济带发展实施方案》提出，到2025年，长江经济带生态环境保护成效进一步提升，经济社会发展全面绿色转型取得明显进展，支撑和引领全国高质量发展的作用显著增强。

奋进新时代，长江经济带正在践行新发展理念、构建新发展格局、推动高质量发展的新征程上风帆高悬！

新华社武汉2023年6月29日电
新华社记者惠小勇、李鹏翔、梁建强、侯文坤、李思远、何欣荣

扫描二维码查看视频

苏州网师园内有一处"殿春簃",三扇后窗外分别栽种芭蕉、竹子和腊梅,透过一扇门宇,三种截然不同的画面尽收眼底,虽由人作、宛自天开。

小园极则,巧于因借。在江苏,由有限空间创无限可能,不止园林。虎踞龙盘之南京、人间天堂之苏州、淮左名都之扬州、中国近代第一城之南通……大江大河大海吐纳交汇,孕育出13座中国历史文化名城,更以占全国1%的陆域面积、6%的人口,创造了超过10%的经济总量。人文鼎盛、经济领跑、山川俊秀,构成一组回望历史、理解当下、眺望未来的长镜头,在纵贯5000年华夏文明的尺度上熠熠生辉。

承百代之流,会当今之变;以古之规矩,开今之生面。进入新时代,江苏以文化赋能经济,激活高质量发展新动能;以经济活化文化,塑造文化时代生命力;促进人与自然和谐共生,追求人的自由全面发展……走上了一条物质富足、精神富有的高质量发展之路。坚持"物的全面丰富和人的全面发展",人文与经济交融共生,相得益彰,汇聚成推动中国式现代化江苏新实践的磅礴力量。

奏响新时代的"弦歌之治"
——江苏人文经济学新实践

2020年8月8日，一幅《牡丹亭》稻田3D画展现在昆山市张浦镇尚明甸村的3D稻田艺术画稻田里。（新华社记者杨磊摄）

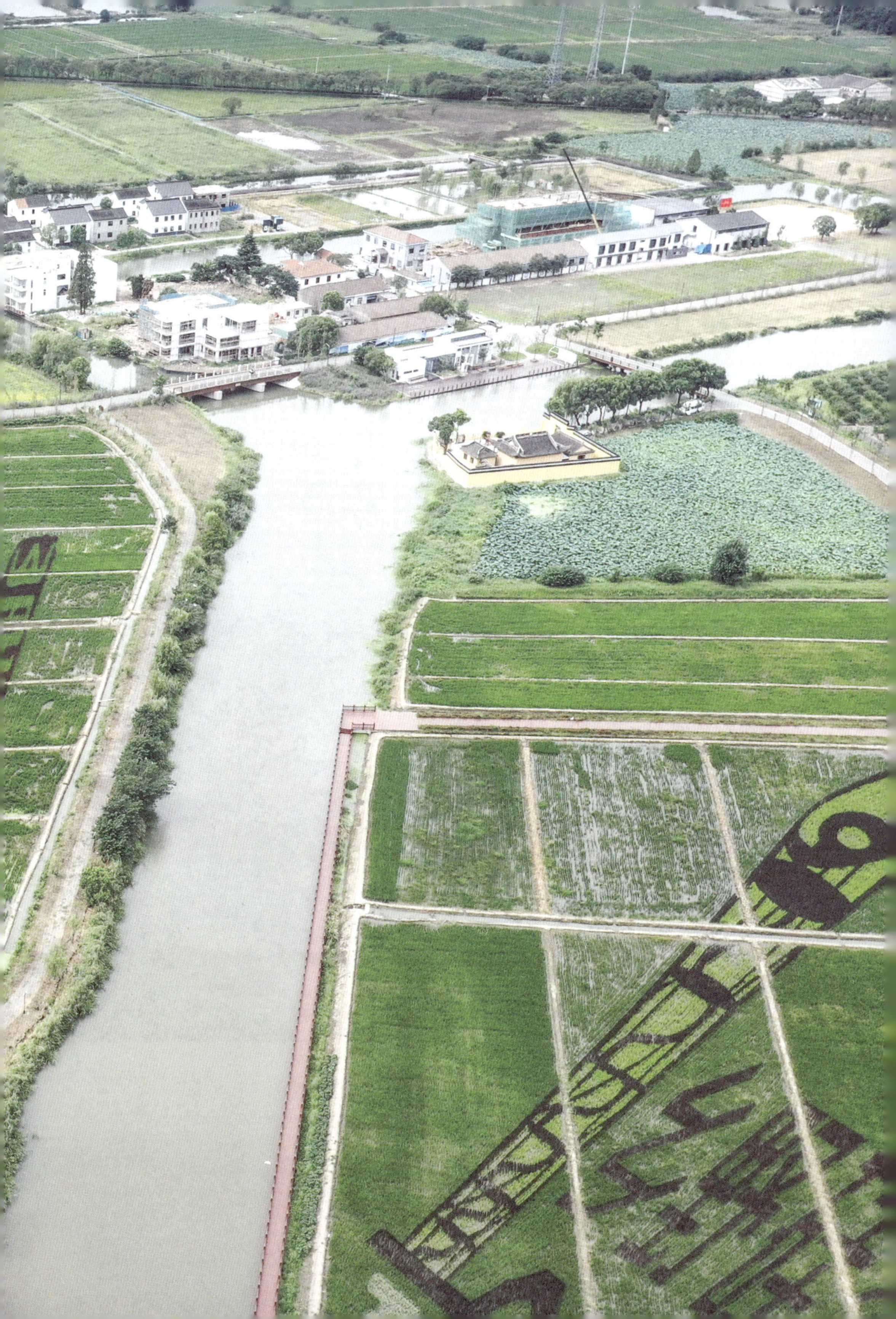

双向奔赴，城以文"名"

2023年6月10日，游船行驶在南京赏心亭旁的秦淮河上。（新华社记者季春鹏摄）

2023年5月，胜科纳米股份有限公司总部大楼在苏州工业园区正式封顶，当日就与日立科学仪器有限公司等8家国际顶尖仪器设备商签约，联合共建胜科纳米总部实验室，展现其扎根中国、深化合作的决心。作为江苏外资总部经济集聚区，苏州工业园区现已汇聚外资研发中心200多家、跨国公司总部118家。

作为中国的"对外开放窗口"，苏州工业园区肇始于1994年。那年，中国与新加坡两国代表就园区合作事宜，在始建于南宋的网师园内反复谈判。激烈讨论后双方下楼散步，观一池碧水、听一曲评弹，苏州独有的文雅让博弈顿时变得柔和。换景也换心境，最终打开了这扇江苏拥抱全球的门窗。

长江万里，支流数百，仅110公里长的秦淮河因"文"著名，因"文人"兴盛。秦淮河畔的江南贡院自建成到科举废止，共走出80多名状元、1万余名进士。

江左英才，斯文在兹。秦淮河畔依旧绿窗朱户，1210家科技型企业落户"秦淮硅巷"，涉及物联网、通用航空、智能制造、电子信息等产业。朱自清笔下的那些"古董铺子"里，收藏最活跃的创意，也集聚最前沿的创新。

岁月流转，唯美江苏与富庶江苏始终双向奔赴、共生共荣，交融激荡生生不息的城市脉动。

"所谓名城，既要历史悠久更要保有独特韵味，江苏可谓得天独厚。"江苏省文旅厅厅长杨志纯说，长江自西向东流经江苏8个城市，大运河自南向北贯穿江苏8个城市，两大中华文化标识在此交汇，吴文化、金陵文化、淮扬文化、楚汉文化在此交融，财富、知识、技术、人才在这里流动，孕育出座座锦绣名城，建城史超过2500年的就有五座。

华夏九州，最早见于《尚书·禹贡》，是中国汉族先民自古以来的民族地域概念。著名作家叶兆言感慨，江苏不仅有五个名字里带"州"的地级市，而且扬州、徐州还与古代九州之名一致，足见传承有脉。

文有脉，行必远。濒临太湖，北依长江，京杭运河南北纵贯；拥有两万余条河道、401个湖泊的苏州缘水而兴：春秋时期造船勃兴，航运起步；汉代以来兴修水利，农业兴盛；隋朝开凿运河，发展漕运，枢纽初成；唐宋以降，港口云集，市集密布，跻身江南雄州，财赋甲于天下。

一架绣绷，十指春风。如今，自寒山寺出姑苏城西行20多公里，

奏响新时代的"弦歌之治"
——江苏人文经济学新实践

2017年9月15日,一名手工艺人在扬州瘦西湖景区活动现场展示扬州通草花传统制作技艺。(新华社发 庄文斌摄)

太湖之畔有全国最大的苏绣生产和销售中心镇湖街道，其顶级技艺双面绣形象诠释苏州魅力：一面江南气韵浓厚、人文鼎盛，一面产业地标耸立、经济繁荣。

公元前486年，吴王夫差"开邗沟，筑邗城"，开启了扬州因"运"而生、因"运"而盛的历程。自春秋筑城，汉置郡国，隋通运河，唐开港埠，至宋元烽火，明清兴衰，扬州几度富庶繁华，历尽废池乔木。仅在唐代就有150多位诗人写下吟咏扬州的诗篇超过400首，从张祜笔下的"十里长街市井连"到杜牧吟诵的"春风十里扬州路"，尽显当时中国东南第一大城市、国际贸易港口的开放繁荣。

望运河帆影、枕长江涛声，诗画扬州光彩依旧：瓜洲古渡、运河三湾、瘦西湖等"运河十二景"串珠成链；始建于明代的文昌阁重檐攒尖，仍是城市地标；古籍修复、园林修造、古琴制作等传统非遗不仅保存在博物馆，也"活"在皮市街、仁丰里等街巷间。

经济是城市的体格，人文是城市的灵魂。夫子庙文化街区矗立着一块"天下文枢"牌匾，不仅是当下网红打卡地，更是这座城人文底蕴的象征。六朝时期的南京是世界最大的城市，也是世界上第一个人口过百万的城市，与罗马城并称为"世界古典文明两大中心"。

2023年8月18日，游客在南京夫子庙景区参观游玩。（新华社记者李博摄）

今天的南京依旧因英才荟萃而名。全市共有53所高校，包括13所"双一流"建设高校，在宁两院院士96人，每10万常住人口中拥有大学文化程度3.52万人，均位居全国前列。"人才第一资源"上的独特优势，为创新第一动力提供了丰沛的内劲。2021年，南京获批建设引领性国家创新型城市，全域创新、协同联动、产城融合，加速构建科创新格局。

江苏13个设区市全部进全国百强城市；在历年百强县和百强区的榜单上，江苏有近一半的区县入列，为小城挣足了"面子"；而真正走进当地博物馆、纪念馆，方能读懂这些城市的"里子"。太湖西岸的宜兴风景秀丽，先后走出32位两院院士、100多位大学校长、上万名教授学者，"一邑三魁""一门九侯"等佳话流传至今。在江南特有的人文精神熏染下，一批又一批大家引领中国艺术走向世界，徐悲鸿在国画中融入西画技法，吴冠中在"油画民族化"和"国画现代化"两个方面均有突破，钱松嵒将时代精神灌注于笔墨意境之中。而在运河之畔的高邮，作家汪曾祺则满怀挚爱之情，用文字向人们述说故乡风物的美好，感慨"四方食事，不过一碗人间烟火"。

千百年来，南北交融、古今熔铸、人文经济相生相融的淬炼，造就了江苏独特的气质。一面看，是古典精巧、韵味无穷；另一面看，是追求极致、探索无限。一面看，是勤勉务实、静稳从容；另一面看，是开放包容、敢为人先。"这正是江苏在不同发展阶段都能快人一拍抢占先机、赢得优势的精神密码和文化自信。"江苏省委常委、省委宣传部部长张爱军说。

相互生发，业以文兴

2023 年 7 月 21 日，游客在江苏省扬州市江都区渌洋湖湿地公园的水上森林乘船游览。（新华社发　孟德龙摄）

新时代中国奇迹的人文经济学观察

　　一块长44米、高10米、直径23米的LED弧形巨幕开启，营造出令人惊叹的视觉奇观。6月底，由中国电影科学技术研究所和无锡国家数字电影产业园共同打造的"电影级巨幕拍摄屏"投入使用，标志着国内首个5G智慧虚拟拍摄联合实验室成立。

　　十余年前，这里还是无锡最大的轧钢厂——雪浪初轧厂。"高耗能

图为2016年5月30日拍摄的无锡国家数字电影产业园。
（新华社记者沈伯韩摄）

产业的'退'换来电影工业产业链的'进'。"无锡国家数字电影产业园党委书记施娟说，园区已集聚了博纳影业、星皓影业、墨境天合等800余家国内外知名数字文化企业，形成年拍摄80至100部、后期制作200至300部影片的能力。

科技一往无前，文化则要瞻前顾后，在江苏，二者并行不悖，相得益彰。

苏州擦亮"最江南"的文化IP，驶入城市文化竞争的快车道。目前，浒墅关古镇蚕里街区、"平江古巷"中张家巷老宅、"虎丘夜游"项目已投入运营，"吴门望亭"大运河文体馆、盘门城墙夜景提升、石湖景观改造提升等项目已建成，以"江南文化"重写江南故事。

从"伏羊夜市"到"国潮汉风"，"两汉文化发源地"徐州围绕"汉文化"布局，将文旅发展重点放在赓续文脉上。近年来，创作大型实景剧《大风歌》，举办全国汉服设计大赛、模特大赛，创办汉文化旅游节，突出"汉文化、徐州味、烟火气、时尚潮"元素，推动汉服、汉礼、汉乐、汉舞等汉文化符号创造性转化、创新性发展。

政策引导、资金扶持、技术迭代、人才创新……2021年全省文化及相关产业增加值达5907亿元，占GDP比重达5.03%，增加值总量

2020年10月24日,在徐州市汉纳国际演艺中心,演员在实景剧《徐州之夜·大风歌》上表演。(新华社记者才扬摄)

稳居全国第二位,成为国民经济支柱产业。《江苏省促进文化产业竞争力提升行动计划(2022—2025年)》提出,到2025年文化产业增加值占全省生产总值比重力争达到6%,并把"两中心三高地"列为新愿景,即积极打造文化科技融合中心和文化创意设计中心,建设有竞争力的内容生产高地、文化装备制造高地、文旅融合发展高地。

在江苏,经济活化文化,文化也能赋能经济。

——厚文之"道"与精工之"技"融为一体。"苏人以为雅者，则四方随而雅之。"古人如此形容苏州时尚。不久前，以"有巢"为主题的宋锦成衣亮相2023中国国际时装周，悠久文化融入现代服饰，韵味格调惊艳全场。"文化之丝"盛而不衰，"科技之丝"亦名扬天下。亨通集团从乡镇电缆厂起步，以光纤发力，抢位产业新赛道，成长为全球光纤通信三强，已建立12个海外产业基地，自主研发的超大尺寸光棒，拉丝长度全球第一。

无独有偶，化金条、拍叶、做捻子、沾捻子、打开子、装开子、出具、切箔……国家级非遗"南京金箔锻制技艺"代代相传，除了广泛应用于雕塑、工艺品、书画等方面的贴金装饰，其核心技术在国防、航天等领域也能一展风采。

一部苏作流光史，半部中国制造史。"苏工、苏作就是当年的专精特新。"苏州市市长吴庆文一语道破经济发展里的人文传承。目前，苏州已累计培育171家国家级专精特新"小巨人"企业。到2025年，全省计划累计培育制造业单项冠军300家、专精特新"小巨人"企业1500家，省级专精特新中小企业1万家以上。

——经世致用的人文传统与务实惟新的实践思维一以贯之。17世

图为 2019 年 12 月 12 日在南京金线金箔总厂拍摄的金箔装饰艺术品。（新华社记者杨磊摄）

纪后半期，以昆山人顾炎武为首的实学派反对明末空谈心性的空疏学风，提出经世致用的见解主张、身体力行的实践态度，领风气之先。这一朴素的唯物论思想对后世影响深远：民族危难之际，南通人张謇选择实业救国路线，作为民族企业家的先贤和楷模至今影响当代企业家实干创新，实业报国；改革开放年代，无锡人胡福明作为主要作者撰写

的《实践是检验真理的唯一标准》发表,在全国掀起关于真理标准的大讨论,江苏坚持先行先试、在实践中创新;进入新时代,江苏更加注重锻造实体经济看家本领,重视科技创新创造,已拥有联合国产业分类全部41个工业门类中的40个,制造业增加值占全国13.7%、全球近4%……

不仅知识分子有修齐治平、惠民利民思想,企业家亦有居安思危、家国一体的奋斗精神。古镇盛泽曾以"日出万绸、衣被天下"誉满于世。镇上的恒力、盛虹,分别从织造和印染小厂起家,沿产业链上拓下延,双双成长为世界500强企业,生动谱写了保持"恒心定力",终见"盛世长虹"的产业传奇。早已稳坐行业龙头多年,盛虹集团董事长缪汉根却说"还要不断突破,以永不止步搏击全球市场"。

——文化交流互鉴与竞逐全球的开放基因一脉相承。地理上的"江尾海头"、经济上的"天然良港"、人文上的"衣冠南渡",让长江江苏段成为南北方文化、东西方文明交流前沿。千百年间,不同属性、不同时段、不同地域的文化在此叠加、碰撞、交融、创新,既孕育了江南、江淮、江海三个基本文化形态,也形成了在吸纳中扬弃、在融合中创新、兼收并蓄吐故纳新的文化特质,成为今天江苏推进高水平对外开放、开展文明交流互鉴的价值支撑。

苏州从2014年主办国际声乐艺术节，招录全球优秀青年歌唱家齐聚苏州共飨文化盛宴。近十年的耕耘结出硕果，2023年1月，来自10个国家的15位歌唱家，在美国费城交响乐团的伴奏下用汉语演绎《静夜思》《将进酒》等唐诗，为观众奉献一场东方诗歌与西方音乐交相辉映的视听盛宴。下半年，费城交响乐团又将回访苏州献上演出，人文上的交流互鉴，在中美两国艺术家的演绎下化作一场动人"回响"。

创造性转化，赓续文脉；创新性发展，活化传承。"注重传承人文精神、激活时代价值，将其融入经济社会发展全过程，成为推动高质量发展的强大动能。"江苏省省长许昆林说，新征程上，江苏将牢记习近平总书记谆谆嘱托，以社会主义文化强国先行区建设为引领，推动文物和文化遗产在有效保护中活起来，加强公共文化产品和服务供给，打造新时代江苏文化标识，为铸就中华文化新辉煌贡献江苏力量。

人为标尺，弦歌浩荡

图为 2023 年 6 月 14 日拍摄的扬州中国大运河博物馆和古运河相映成趣。（新华社记者季春鹏摄）

常熟人言子是孔门七十二贤弟子中唯一的南方弟子，后葬于虞山。这位道启东南的"南方夫子"倡导以礼乐教化人心，"弦歌之治"后世尊崇千年，使得海拔不到300米的虞山成为江南文化高峰。

"绵世泽莫如为善，振家声还是读书。"小城常熟历来藏富于民，发轫于20世纪80年代初的千亿服装城，从马路市场起步，实现了"兴一方产业、活一片经济、富一地百姓"，如今的常熟人均存款达27万元。或许是自古富庶殷实，常熟人很少以领跑的经济指标沾沾自喜，而是把教育上升到城市核心竞争力的高度，"崇文"刻入基因。

高质量发展创造高品质生活，文化丰盈程度成为衡量百姓幸福指数的重要尺度。

江苏大剧院的原创民族舞剧芭蕾舞剧《红楼梦》，开票即售罄；南京保利大剧院引进的法语版《罗密欧与朱丽叶》开票五分钟就被抢光。今年第一季度，南京市演出数量较2022年同期增长55.6%。在业内人士看来，南京演出市场在全国位于前三名，是上海、北京之外的演出第三城；如果一部剧没来南京，那就不能说是成功的。

"过去，看剧、看展，是'尝鲜'高雅艺术，现在艺术成为高品质生活的一部分，给城市的考验是，要供给更加丰富、更加优质的文化产

品。"南京保利大剧院管理有限公司总经理巩升林满是自豪。

为心仪的好戏去抢票,为期待已久的展览去排队,收看戏曲名家直播……在江苏,艺术点亮美好生活,经济持续反哺,渐成良性循环。据统计,近3年来江苏省财政累计投入超10亿元,支持全省120余家公共博物馆、纪念馆向社会免费开放;去年,全省博物馆举办陈列展览2000余个,接待观众超5000万人次。持续加大对江苏地域文明探源工程等重点考古项目支持力度,常州寺墩遗址等地域考古探源工程持续推进,重大成果不断涌现。

"我们致力于让精品展从'限定'变为'常态'。"苏州博物馆馆长谢晓婷介绍,苏州博物馆西馆设置常态化"临展厅",注重传统文脉挖掘、延续的同时,也在尝试解答"博物馆与现当代艺术交融"的新课题。扬州中国大运河博物馆馆长郑晶告诉记者,从零藏品、零展品,到建成并获全国博物馆十大陈列展精品奖,该馆已成为大运河国家文化公园建设的标志性项目,每天1.8万张预约门票常常"秒空"。

发展为了谁,这是发展价值取向的根本问题。进入新时代,江苏坚持把75%以上的一般公共预算支出投入到民生领域,以满足人民日益增长的美好生活需要为指向,追求更高水平的"民生七有"。

电针仪、艾灸盒、理疗床，常州市武进区河南村卫生室的医疗设备不断增加，大学生村医王娥有了更大用武之地：从只能看头疼脑热小病，升级为监测村民健康、提供康养理疗。像王娥这样的大学生村医，武进区有200多位。"赤脚医生"转为备案制乡村医生，村医收入增加，村民幸福感提升。

从生存型、保障型向改善型、品质型转变，百姓生活更加便利、更有保障。在全国率先开展高值医用耗材联盟集中带量采购、普惠性幼儿园覆盖率超过90%、护理院数量占全国总数近40%……

天地之大，黎元为先。南京屇骨里邻里生活中心，居民可以自助办理身份证、进行签注；无锡市长安街道，部分核酸小屋改造成匠人便民服务站，理发、缝补、磨刀等"小修小补"回归……规模适宜、软硬兼备、功能完善的"完整社区"，添力"宜居、韧性、智慧"城市，成为烟火气十足的美好家园。

细"治"方能入微，参与度决定满意度。在宿迁，百姓坐着说，干部站着听，一次次"广场夜谈"成为"民声"直通车；在张家港永联村，通过代表大会议大事、议事团体议难事、楼道小组议琐事、媒体平台议丑事，乡风文明渐入人心；南京泰山街道，社会治理现代化

奏响新时代的"弦歌之治"
——江苏人文经济学新实践

2023年7月12日，一些家长带着孩子在江苏扬州中国大运河博物馆参观。（新华社发　孟德龙摄）

新时代中国奇迹的人文经济学观察

指挥中心实时调度全部网格,"区块链＋人脸识别"助力小区治理便捷高效。

推窗能见绿,转角遇到美。随意走进无锡一条街巷,就可能发现藏在转角处的文保建筑;扬州大大小小的书店、图书馆分布在城区各处,无论何时都有人在逛;行走江苏各地,历史和文化自然而然地融进城市肌理,无时无刻不带给人丰富的生命体验。

讲到中华文化,人们想到故宫、长城、天坛等国家象征之余,也会向往亭台楼阁、小桥流水、粉墙黛瓦等生活烟火。而这些与人们美好生活息息相关的文化元素、最能唤起人内心个体认同的文化资源,大

2023年4月10日，游客在江苏苏州山塘街休闲游玩。
（新华社记者李博摄）

多属于江南。

"千年积淀形成的文化腔调,不仅收藏在博物馆,更浸润在苏式生活中。"在江苏省委常委、苏州市委书记曹路宝看来,人文精神是中华文化最醒目的标识之一,人文经济相融共生,为的是成果全民共享、实现人的全面发展。新时代的"弦歌之治",以人文精神、人文关怀激发创新创造活力、彰显文明成果,使人民获得感、幸福感、安全感更加充实、更有保障、更可持续。

《礼记·礼运》有载,孔子与言子关于"大同小康"的讨论,传递儒家的社会理想和政治主张,寄托了中国人民对美好生活的向往和追求;

1983年早春,邓小平同志视察江苏后,以苏州为例证,系统阐述了小康目标内涵,再次点燃了小康这个千年梦想;

党的十八大以来,习近平总书记四赴江苏,亲自擘画"建设经济强、百姓富、环境美、社会文明程度高的新江苏"宏伟蓝图,赋予"在改革创新、推动高质量发展上争当表率,在服务全国构建新发展格局上争做示范,在率先实现社会主义现代化上走在前列"的光荣使命。今年全国两会上,习近平总书记参加江苏代表团审议时,又提出"在高质量发展上继续走在前列"的殷切希望。

跨越千年的梦想与奋进"第二个百年奋斗目标",竟如此神奇地在这里交汇,新时代的"弦歌之治"再度奏响。

"经济发展以社会发展为目的,社会发展以人的发展为归宿,人的发展以精神文化为内核。"江苏省委书记信长星表示,正是几千年来深深植根于中华民族灵魂深处的大同理想,让我们自强不息;正是始于45年前的改革开放,让我们敢为人先;正是新时代"强富美高"蓝图,引领我们始终走在前列。"今天,我们要努力创造属于这个时代的新文化,书写好建设中华民族现代文明的江苏答卷。"

新华社北京 2023 年 7 月 5 日电
新华社记者刘亢、蒋芳

扫描二维码查看视频

编后记

经济繁荣、人文鼎盛，是中国人对休明盛世的美好向往。

习近平总书记在党的二十大报告中指出，"中国式现代化是物质文明和精神文明相协调的现代化。物质富足、精神富有是社会主义现代化的根本要求""传承中华文明，促进物的全面丰富和人的全面发展"。一系列重要论述，彰显我党带领全国人民高质量发展的人文价值取向。

党的十八大以来，从指出"满足人民日益增长的美好生活需要，文化是重要因素"，到强调"推动高质量发展，文化是重要支点"，再到要求做好经济工作必须"敬畏历史、敬畏文化、敬畏生态"……经济发展和文化繁荣相融互促、相得益彰的发展之道，更加鲜明。

以人文视角看中国经济，穿透力在于"见数""见物"更"见人"。以人文视角看中国经济，穿透力在于文化的"根和魂"使我们在文化

激荡中站稳脚跟。以人文视角看中国经济，穿透力在于对现代经济学理论的吸纳与超越。

我们用几十年的时间走完了发达国家几百年走过的发展历程，我国经济发展进程波澜壮阔、成就举世瞩目，蕴藏着理论创造的巨大动力、活力、潜力。国家之魂，文以化之，文以铸之。人文精神是中华文化最醒目的标识之一，有中国特色、时代内涵的人文视角可以更好透视中国经济奇迹密码，也将为解答世界经济发展面临的重大问题提供中国智慧、中国答案。

2023年5月28日起，新华社开设"人文经济学观察"专栏，播发系列精品报道，深刻阐释人文经济的中国特色、时代内涵，产生广泛社会影响。为便于广大读者理解中国经济奇迹背后的人文经济新实践，我们以新华社上述系列稿件为基础，开篇收录新华社国家高端智库发布的《新时代人文经济学》智库报告，并随文配设新华社公开播发的图片数十幅，编辑出版了《新时代中国奇迹的人文经济学观察》一书。该书正文部分收录了3个直辖市、16个其他城市，以及长江经济带、江苏等特色区域的人文经济学观察稿件。其中16个城市按照所属省份、自治区的行政区划顺序编排。

本书内容权威、图文并茂、通俗易懂，可以作为广大干部群众学习理解新时代人文经济学的参考读物。